ARIANE GOLPIRA | GISA GOLPIRA

DSCHUNGEL LEBEN

ARIANE GOLPIRA | GISA GOLPIRA

DSCHUNGEL LEBEN

Wie ich der Zivilisation den Rücken kehrte und als Goldgräberin mit meiner Tochter in den Urwald zog

riva

Bibliografische Information der Deutschen Nationalbibliothek
Die Deutsche Nationalbibliothek verzeichnet diese Publikation in der Deutschen Nationalbibliografie. Detaillierte bibliografische Daten sind im Internet über http://dnb.d-nb.de abrufbar.

Für Fragen und Anregungen
info@rivaverlag.de

Originalausgabe
1. Auflage 2020

Nymphenburger Straße 86
D-80636 München
Tel.: 089 651285-0
Fax: 089 652096

Redaktion: Susanne Schleußer
Umschlaggestaltung: Marc-Torben Fischer
Umschlagabbildungen und Bildteil: alle Bilder © Michael Dianda
Satz: Carsten Klein, Torgau
Druck: GGP Media GmbH, Pößneck
Printed in Germany

ISBN Print 978-3-7423-1195-5
ISBN E-Book (PDF) 978-3-7453-0851-8
ISBN E-Book (EPUB, Mobi) 978-3-7453-0852-5

Weitere Informationen zum Verlag finden Sie unter

www.rivaverlag.de

Beachten Sie auch unsere weiteren Verlage unter www.m-vg.de

INHALT

PROLOG

Ich wusste, wie eine Buche aussah und konnte eine Kastanie identifizieren. Aber bis vor sieben Tagen war mir die Natur egal gewesen. Ich bin im Allgäu aufgewachsen und wollte nie Bäuerin werden. Niemals hätte ich mich auch freiwillig abends vor den Fernseher gesetzt und eine Tierdokumentation geschaut. Ich empfand keine Sehnsucht nach der Natur, zumindest dachte ich das. Ich war ein Stadtmensch, der in diesem Moment im peruanischen Urwald fernab jeglicher westlichen Zivilisation ausgesetzt worden war.

Zunächst nahm ich die tief von den Ästen hinabhängenden Blätter wahr. Sie sahen aus wie Herzen. Am Boden verlief eine Ameisenstraße, und die kleinen Wesen transportierten auf ihren schmächtigen Rücken verhältnismäßig gigantische Blätter. Ich hörte die Stimmen der Vögel. Sobald es irgendwo raschelte, flog gleich ein ganzer Schwarm hoch. Da war auch das Zirpen der Grillen, das Grunzen eines Wildschweins. Der Sound des Urwaldes. Dann wurde es auf einmal ganz still. Wussten die Tiere, dass ich da war?

Mein Blick glitt an den Baumstämmen entlang bis hinauf zu den Kronen, und ich spürte die Kraft, die hier vereint war. Eine Kraft, die mich nicht bedrängte, nicht auf mir lastete. Stattdessen war da etwas Übermächtiges. So erhaben erschien mir der Urwald. Ich beobachtete jetzt nicht mehr. Ich fühlte. Es war ein unglaublicher Moment für mich: Ich spürte den Urwald.

Worüber hatte ich mir zuletzt eigentlich Gedanken gemacht? Dass mein Handgepäck auf der Flugreise nach Peru geklaut worden war? Ob ich mich nach der Scheidung wieder auf einen Mann einlassen wollte? Nichtige Gedanken, gemessen an dem, was sich hier ereignete. Ich verschmolz geradezu mit der Heiligkeit dieser Natur. Es war ein Gefühl, als hätte ich eine Kathedrale betreten. Gläubig war ich nie gewesen, hier aber hatte ich zum ersten Mal im Leben den Eindruck, es gäbe doch einen Gott und ich wäre ihm ganz nah. Der Urwald war mächtig und er hatte mich in seinen Bann gezogen.

Natürlich war ich mir auch der Brutalität bewusst, mit der sich die Natur zu ihrem Recht verhalf. Auch Tiere töten, aber wenn sie Brutalität an den Tag legen, dann hat es seinen Sinn und geschieht nicht, um sich dem Konsum hinzugeben oder sich persönlich zu bereichern. Warum ließ ich mich von einem solchen Rhythmus nicht treiben? Warum lief ich noch immer hektisch einem Leben hinterher, an dem ich selbst zunehmend zweifelte?

In den vergangenen Wochen hatte ich sehr viel über einen alternativen Weg gelernt. Mit meinem neuen Freund Michael war ich in Peru unterwegs. Er wollte mir das Land zeigen, das seit einigen Jahren für ihn zu einer zweiten Heimat geworden war. Er plante, hier künftig noch mehr Zeit zu verbringen. Bis zu diesem Tag war es für mich ein Urlaub gewesen. Ich hatte nur beobachtet. Jetzt aber begann ich Michael zu verstehen, und dieser spezielle Urwaldmoment, den ich nur für mich allein erlebte, hatte mir dabei geholfen.

Gewiss war nicht alles auf dieser Reise so romantisch gewesen, aber sie hatte mir in vielerlei Hinsicht die Augen geöffnet. Für Schmuck war ich nie sonderlich zu haben gewesen. Ich besaß zwar eine feine goldene Kette mit einem in Gold gefassten Onyxanhänger, dazu die passenden Ohrringe – Geschenke meines Vaters. Außerdem hatte ich von meiner Mutter ein feingliedriges goldenes Armband und einen Diamantring bekommen. Zu Hause in Deutschland lag in einer Schublade auch noch mein Ehering. Nach Peru hatte ich kein Teil dieser überschaubaren Sammlung mitgenommen, natürlich nicht. Michael hatte mich zuvor gewarnt: Mit Schmuck am Körper ginge man das Risiko ein, eine Südamerikareise nicht unbeschadet zu überstehen. Meinen Ehering hatte ich ohnehin schon vor längerer Zeit abgelegt.

Aber auch in der Zeit, als ich ihn trug, hatte ich mir keine Sekunde Gedanken darüber gemacht, woher das verarbeitete Gold stammte und unter welchen Umständen es gefördert worden war. Welches Leid es für andere Menschen und die Natur vielleicht bedeutete.

Die Faszination des Goldes hatte nicht nur die Spanier vor knapp 500 Jahren auf Raubzüge in diesen Teil der Welt gebracht, Gold hatte bereits zuvor die Kriege im Heiligen Römischen Reich finanziert. Für die Menschen war Gold eine wichtige Währung geblieben, und das hielt einige weiterhin kaum davon ab, anderen unfassbare Schäden zuzufügen und in der Natur zu wüten. Michael hatte es mir erzählt, aber wahrscheinlich musste ich es erst mit eigenen Augen sehen: die Kinder, die mit physischen Fehlbildungen zu leben hatten, wie Beinen, die zu Schwänzen deformiert waren, und gespaltenen Fingern. Mit geistigen Behinderungen. Es waren die Folgen des Quecksilbers, das hier wie selbstverständlich bei der Goldwäsche zum Einsatz kam und dessen Dämpfen die Arbeiter ausgesetzt waren. Das Gift konnte sich in den Organen absetzen und über die Plazenta auch zum Fötus gelangen.

Ich musste bei diesem Anblick auch an mein eigenes Kind zu Hause denken, an meine süße, lebensfrohe fünf Jahre alte Tochter Gisa. Und daran, dass es ja eine Alternative gab. Michael hatte in den vergangenen Jahren als Goldwäscher gearbeitet, ohne den Einsatz von Chemikalien.

Dass Goldabbau auch Kinderarbeit, Sklaverei und Zwangsprostitution bedeuten konnte, ganz abgesehen davon, dass dafür ganze Berge abgetragen werden mussten und so ebenfalls hochgiftiges Zyanid zum Einsatz kam, das ins Grundwasser sickerte und Unbeteiligten großes Leid zufügte, wurde mir erst hier richtig bewusst. Ich war fassungslos, dass man das einfach so hinnahm, dass der Einsatz von Quecksilber sogar noch gefördert wurde. Von Gold würden die Menschen auch weiterhin fasziniert sein. Wenn man ihnen also den Rohstoff anbieten konnte, ohne dabei die Natur, aus der man ihn entnahm, zu schädigen, dann wäre das vielleicht doch ein Schritt in die richtige Richtung.

Als Michael mir zuvor gesagt hatte, entscheidend für ihn sei, im Urwald leben zu können, nicht das Geld, das er dort mit der Goldgewinnung verdiente, hatte ich ihn nicht so recht verstanden. Was genau zog ihn in die Wildnis? Jetzt aber spürte auch ich die enorme Anziehungskraft dieses Ortes auf unserem wunderschönen Planeten. Hier wollte ich bleiben. Nicht nur für einen Urlaub, sondern länger. Und nicht aus Habgier, sondern um im Einklang mit der Natur mein Leben zu bestreiten, zu fühlen, was Leben im ursprünglichen Sinn bedeutet.

Ich schaute noch einmal bis hoch in die Baumkronen und konnte mich kaum lösen. Mit meinen Fingern berührte ich die raue feste Rinde des Stammes. Allein dieser Baum war eine Welt für sich. An seinem Stamm krabbelten Käfer, jederzeit musste man mit Baumsteigerfröschen rechnen, vor denen mich Michael so gewarnt hatte. So eine Schönheit durfte man nicht zerstören. Aber vielleicht konnte man ja mit ihr zusammenleben.

EIN LEBEN VOR DEM URWALD

Zwei Männer und eine Frau saßen mir auf der dritten Etage eines Gebäudekomplexes am Stadtrand von Düsseldorf gegenüber. Ich hatte ein Vorstellungsgespräch bei einer Modeagentur. Die Anzeige hatte ich in der *Rheinischen Post* gelesen. Gesucht wurde eine Verkäuferin für den Textilhandel. In diesem Job sah ich mich. Das würde passen. Es dauerte keine zwei Minuten, bis mir einer der beiden Männer die unerfreuliche Nachricht überbrachte: »Tut uns leid, die Stelle ist schon vergeben.«

Was für ein Blödsinn, dachte ich. Warum sitze ich dann überhaupt hier? Das hätten sie mir auch gleich an der Tür sagen können. »Aber ziehen Sie mal bitte Ihren Mantel aus«, sagte die Frau. »Und laufen Sie eine Runde. Einmal nach vorne und wieder zurück.« Etwas perplex und überrumpelt ließ ich mich auf das Spiel ein, rückte meinen Stuhl zur Seite und lief einmal vor bis zum Fenster. Als ich mich wieder dem Konferenztisch zuwandte, sah ich, wie einer der beiden Männer nickte und die Frau zufrieden lächelte. Es machte die Situation nicht weniger skurril.

»Alles klar, das passt«, sagte die Frau. »Am Gangbild müssen wir ein bisschen arbeiten, aber Ihre Maße stimmen. Wir würden Sie gerne als Hausmodel engagieren.« »Was, ich?« Ich konnte nicht anders, als überrascht zu reagieren, obwohl ich noch immer bei einem Vorstellungsgespräch war. »Als Model?« Die drei verzogen keine Miene. Sie schienen das ernst zu meinen. »Ja, nicht für Röcke«, sagte einer der drei. Ich habe eher stabilere Beine. Aber für Trenchcoats, für Hosenanzüge und Hüte sei ich perfekt.

Eine Woche später fing ich als Hausmodel bei der Modeagentur an, die im Gebäude des Düsseldorfer Einzelhandelszentrums Imotex ihren Sitz hatte. Ich war zu diesem Zeitpunkt vieles und schon vieles gewesen. Zunächst einmal war ich 28 Jahre alt und Mutter eines drei Jahre alten Kindes. Ich war eine Ehefrau, die sich in ihrer Ehe zunehmend unwohl fühlte. Ich war im Allgäu aufgewachsen, mit einer sechs Jahre älteren Schwester und einer Mutter, die an gewissen Konventionen festhielt und andere für völlig überholt hielt. Sie war alleinerziehend, hatte sich aber selbst in unserem urkonservativen, erzkatholischen bayerischen Dorf mit ihrer Lebensweise in den 1960er-Jahren, nach dem Umzug aus Düsseldorf, Respekt verschafft. Wir waren zu dritt dorthin gezogen. Mama, Gaby und ich. In den Siebzigern, nach der Realschule, diskutierten Mama und ich über meine Zukunft und Berufspläne. Ich wollte nach Indien! Das war nicht so einfach. Meine Mutter sagte, ich solle zur Polizei gehen. »Auf gar keinen Fall«, schoss es aus mir heraus. »Buchhaltung«, schlug ich vor. »Buchhalterin, bist du verrückt«, rief meine Mutter. »Grafikerin«, sagte ich, hatte dann aber nicht genug Mut für einen Beruf, in dem ich über Jahrzehnte jeden Tag auf neue kreative Lösungen kommen musste.

Schlussendlich entschied ich mich für eine Ausbildung zur Hotelfachfrau. Es war sowieso das Einzige, was man hier in einem bayerischen Dorf realistisch machen konnte. Trotzdem stand fest, dass ich nach der Ausbildung wegmusste, wenn ich Karriere machen wollte. Bei uns gab es ausschließlich Familienbetriebe, und wenn einem der im Hintergrund fehlte, kam man nicht weit. Mir passte das gut, denn ich wollte weg.

Zunächst zog ich nach Sindelfingen und arbeitete als Assistentin der Geschäftsführung in einem Hotel. Die Nähe zu Stuttgart machte den Ort schon mal etwas urbaner. Doch ich wollte mehr. Als Mensch, der sich schnell langweilt, landete ich schon ein halbes Jahr später in Düsseldorf, wo mein Vater eine gut laufende Werbeagentur aufgebaut hatte.

Ich nahm mir schnell eine eigene Wohnung und arbeitete in verschiedenen Hotels, verdiente nicht viel und schmiss die Läden häufig alleine.

»Warum machst du dich nicht selbstständig«, fragte mein neuer Freund Heinz, den ich in Düsseldorf gerade kennengelernt hatte. Wir schauten uns um. Das Hotel »Haus Oberkassel« stand zur Pacht, heruntergekommen und viel zu teuer. Ich hatte 1000 DM auf der hohen Kante und Heinz wollte weitere 1000 beisteuern. Ich brauchte aber 45 000 DM und weitere 12 000 DM für die Mietkaution. Ich fragte daraufhin meinen Vater. »Werd du erst mal 30«, entgegnete er auf meine Bitte um Geld. »Du bist gerade mal 20, in dem Alter macht man sich nicht selbstständig.« Meine Entscheidung war allerdings längst getroffen. Wenn ich mir über etwas klar geworden bin und dafür das Für und Wider abgewogen habe, dann ziehe ich es anschließend auch durch. Ich versetze mich in solchen Situationen selbst in Person A und Person B und führe Selbstgespräche. So stand mein Entschluss unumstößlich fest, dass das mit dem Hotel genau das Richtige für mich sein würde. Meine Oma half mir, meinen Vater zu überzeugen. Kurz darauf erschien er mit einem schweren Aktenkoffer in dem Hotel, in dem ich gerade arbeitete. Er stellte ihn auf den Tresen am Empfang und sagte: »Mach so etwas nie wieder.« Papa war verärgert, dass ich seine Mutter da mit hineingezogen hatte.

Geld gab er mir trotzdem, es war als zinsloses Darlehen gedacht. Und er ging daraufhin mit mir zur Bank. Dort verhandelte mein Vater für mich, und ich unterschrieb wenig später einen Kreditvertrag. Am 1. April 1980 eröffnete ich mein eigenes Hotel, mit gerade mal 21 Jahren. Bereits am 1. Dezember konnte ich der Bank die 45 000 schon wieder zurückzahlen.

Es lief. Ich war erfolgreich. Lebte in der Großstadt, dort, wo ich immer sein wollte. In meinem Hotel war immer etwas los, Messegäste kamen, die umliegenden Unternehmen quartierten regelmäßig ihre Gäste, Geschäftspartner, Kunden oder Mitarbeiter bei mir ein.

Nach wenigen Jahren sehnte ich mich trotzdem nach mehr, nach Familie. Ich liebte die Großstadt, aber merkte, wie ich dort zunehmend vereinsamte. Die Beziehung zu Heinz war nach zwei Jahren in die Brüche gegangen. Ich lernte Mohsen kennen und ließ mich sehr schnell auf ihn ein. Zu heiraten und Kinder zu bekommen, ein Familienleben aufzubauen, das war meine Triebfeder. Beruflich hatte ich für mich zum damaligen Zeitpunkt alles erreicht.

Mohsen war im Iran aufgewachsen und mit 18 Jahren nach Deutschland gekommen. Hier hatte er Medizin studiert und arbeitete als Oberarzt in Grevenbroich. Es dauerte nicht lange, bis ich schwanger wurde. Seit Mai 1983 waren wir ein Paar, im Dezember fand die Hochzeit statt, am 28. August 1984 kam unsere Tochter Gisa zur Welt. Wir hatten uns wahnsinnig auf sie gefreut, sie war ein absolutes Wunschkind. Ein Wonneproppen mit einem dicken schwarzen Haarbüschel auf dem Kopf. Das Hotel unterhielt ich weiterhin und wohnte mit Gisa in Oberkassel. Gisa war kein einfaches Baby, in den ersten drei Monaten folgte eine Kolik auf die andere, sie schrie viel. Meine Arbeit im Hotel beeinträchtigte das aber kaum. Trotzdem merkte ich, dass die Situation – Mohsen in Grevenbroich, ich mit Gisa im Hotel – kein Dauerzustand sein konnte. Ein Jahr nach ihrer Geburt entschied ich, das Hotel aufzugeben und zu ihm zu ziehen. Das war meine Entscheidung gewesen. Mohsen hatte mich nicht dazu gedrängt, ganz im Gegenteil. Aber für die Familie tat ich es gerne.

Wir lebten beengt in seiner Wohnung in Grevenbroich. Das Schlafzimmer gestalteten wir zum Büro um, von dem aus ich mich zunächst um die organisatorischen Aufgaben kümmerte, denn inzwischen arbeitete mein Mann als ambulanter Anästhesist. Wir schliefen im Wohnzimmer. Es dauerte nicht lange, bis es zwischen uns kriselte. Als Tochter von getrennt lebenden Eltern dachte ich immer, dass es bei mir mal ganz anders laufen würde. Weit gefehlt. Wir versuchten es trotzdem. Mohsen kaufte ein Haus in beschaulicher Lage in Meerbusch-Ilverich mit großem Garten und großem Vorplatz an einer verkehrsberuhigten Straße mit lauter frei stehenden Einfamilienhäusern und Nachbarn mit Kindern. Gisa würde sich aussuchen können, wo und mit wem sie künftig spielen wollte. Ein paar Hundert Meter weiter war man direkt am Rhein. Dieser Ort war ein einziges Idyll inmitten von Pferdekoppeln und Feldern, an dem Menschen lebten, die keine nennenswerten Sorgen im Leben hatten. Bis Düsseldorf war es trotzdem nicht weit. Hier sollten wir glücklich werden. Wir feierten Einweihung und luden dazu auch die Nachbarn ein. Ich buk Pizza mit Zwiebeln nach sizilianischer Art. Die Frauen hier mussten so etwas zuvor noch nie gegessen haben, sie waren jedenfalls begeistert. »Du solltest einen Partyservice eröffnen«, schlugen sie vor. Ich bemühte mich tatsächlich darum, eine andere Tätigkeit zu finden. Ausschließlich für Mohsen zu arbeiten, das tat mir nicht gut und unserer Ehe schon gar nicht. Ich wollte finanziell unabhängig sein. So wie mein Auto vor der Tür stehen musste, bedeutete auch eigenes Geld für mich Freiheit. Dann entdeckte ich die oben erwähnte Anzeige in der *Rheinischen Post*, und so wurde ich das Hausmodel der Modeagentur. Das war auch für mich ein überraschender Karriereschritt. Als ich Mohsen davon erzählte, freute er sich für mich. Vielleicht konnte sich ja so endlich alles fügen.

Dem Familienleben half es leider nicht, die Ehe war eine Sackgasse. Fünf Monate nachdem wir unser Zuhause in Ilverich bezogen hatten, gestand ich mir das ein und verließ meinen Mann. Ich zog mit Gisa ein paar Kilometer weiter nach Osterath und suchte mir eine zweite Anstellung als Model. Weil ich nun die alleinige Verantwortung zu tragen hatte, nahm ich zusätzlich zwei Putzstellen in Privathaushalten an. Dafür war ich mir nicht zu schade, denn es ging darum, finanziell unabhängig zu sein. Gisa war im Kindergarten versorgt. Vormittags war ich Putzfrau, nachmittags Model. Wenn ich am Wochenende arbeiten musste, konnte sich Mohsen um seine Tochter kümmern.

So hart der Anfang auch war, es sollte besser werden. Mohsen bot mir an, im Haus in Ilverich wohnen zu bleiben und selbst in die Wohnung nach Osterath zu ziehen. Aber ich wollte nicht zurück dorthin. Der Ort kam mir vor wie ein Gefängnis. An das Haus waren für mich viel zu viele Verpflichtungen geknüpft. Die Wohnung war überschaubarer, und ich richtete sie uns schön ein. Ich war jetzt Single und glücklich, verdiente gut. Für Gisa und mich hatte ich es geschafft. Ein Mann sollte mir so schnell nicht mehr ins Haus kommen.

Ich glaubte nicht mehr an die ewige Liebe. Wenn ich das Bedürfnis nach einem Mann hatte, dann nahm ich mir einen als One-Night-Stand. Gelegenheiten dafür ergaben sich immer, denn ich hatte einen großen Bekanntenkreis, zu dem auch öfter neue Leute stießen. Für länger als eine Nacht konnte es mir aber niemand recht machen, ich sah immer zu, dass es dabei blieb, denn dafür war ich viel zu überzeugt von meinem Singleleben. Das genoss ich auch, selbst wenn die Vorstadt einem Familienparadies glich. Über Konventionen habe ich mich noch nie definiert. Ich respektiere und achte jeden. Auch meine Mutter konnte als alleinerziehende Mutter in einem kleinen Dorf gut leben.

In Osterath zu leben war praktisch, denn Gisa konnte weiter in den Kindergarten gehen, und ihr Vater lebte nicht weit entfernt. Wie ein Zuhause fühlte sich dieser Ort allerdings nie für mich an. Gisa war glücklich, das war wichtig. Ich verdiente gut und konnte mir alles leisten, was ich mir wünschte. Superteure Unterwäsche war kein Problem. Daran erfreute ich mich eine Woche. Dann war der Spaß vorbei. In den Ferien konnten wir in die Toskana fahren. Ja, super. Schön. Alle waren dort glücklich, und ich war es auch. Aber irgendwas fehlte doch, und es war kein Mann. Es fehlte etwas anderes, und mit der Zeit stellte sich bei mir eine leichte Melancholie ein. Es war nicht direkt Traurigkeit, mir machte eher der Stillstand zu schaffen. Ich war jetzt 30 Jahre alt und stellte mir elementare Fragen wie: »Was ist das Leben?« und:

»Soll das alles gewesen sein?« Vielleicht musste mein Leben für eine Weile in solch geordneten Bahnen verlaufen, damit ich es wieder neu hinterfragen konnte. Und im Hinblick auf meine Karriere stellte ich mir zunehmend die Frage: »Bist du echt auf der Welt, um als lebendiger Kleiderbügel zu arbeiten?«

ALS SICH ALLES VERÄNDERTE

Ich begann zu schwitzen, wenn er in meine Nähe kam. Das war sehr untypisch für mich, denn eigentlich schwitzte ich nie. Selbst wenn ich mit meinen Freundinnen in die Sauna ging, begann ich erst nach dem dritten Aufguss leicht zu transpirieren. Auf Michael reagierte ich heftiger als auf Hitze. Ausgerechnet auf einen Mann. Dieser aber brachte zunächst meinen Körper und anschließend meine Gefühle durcheinander. Mein Leben und meine Überzeugungen – alles sollte sich mit Michael von Grund auf ändern. Zugleich konnte ich meine innere Stimme nicht überhören, die eindringlich warnte: Vorsicht!

Wir hatten uns auf einer Modenschau kennengelernt. Ein verrückter Tag. Ich war für zwei verschiedene Veranstaltungen gebucht. Alles begann am Nachmittag mit einer Schau für Pelzjacken. Bei der überschaubaren Gesellschaft dauerte es nicht lange, bis ein Mann den anderen Models besonders auffiel, ein fremdes Gesicht unter den vielen Einkäufern, die einem nach einer Weile in dem Geschäft schon bekannt waren. »Habt ihr den gesehen? Wer ist denn das?«, tuschelten die Kolleginnen backstage. Aufgrund meiner starken Kurzsichtigkeit war mir der Mann entgangen – ich vertrage keine Kontaktlinsen, und eine Brille kam für mich als Model eh nicht infrage. »Was ihr immer seht«, tat ich den Tratsch ab, denn vor meinen Augen verschmolzen die Zuschauer sowieso zu einer schwarzen Masse.

Unterdessen ahnte ich nicht, dass sich dieser gewisse Mann in der Menge genau dieselben Fragen im Hinblick auf meine Person stellte. Er nahm zufällig an der Modenschau teil, da der Veranstalter ein Freund von ihm war. Besagter winkte mich im Anschluss an die Präsentation herbei. »Ariane, darf ich dir Michael vorstellen. Ein guter alter Freund von mir.« Längere Haare, die ihm wirr ins Gesicht hingen, ein Wildlederjackett, so stand Michael vor mir.

Wir schauten einander an. Ich war schon im ersten Moment verwirrt. Michael sah wirklich supertoll aus, aber ich spürte, dass da noch mehr war. Zugleich glaubte ich ja nicht mehr an die große Liebe, schon gar nicht an das Konzept von Liebe auf den ersten Blick. Ich versuchte mich möglichst zügig aus dieser Dreierrunde zu lösen. »Entschuldigt bitte, ich habe noch einen Termin, eine andere Schau am Abend.« »Wie wäre es denn anschließend noch mit einem Treffen?«, fragte Michael. Seine Stimme klang ungewöhnlich hoch. Aber sein Blick war ruhig. Er schaute mir tief in die Augen.

Ich sagte spontan zu und ließ einfach auf mich zukommen, was sich aus diesem Date entwickelte. Ich war es gewohnt, mit Männern zu spielen. »Halb zehn am Hotel Hilton«, mit diesen Worten lief ich hinaus. Die zweite Pelzschau an diesem Tag wartete nicht. Ich freute mich auf das Wiedersehen und darauf, diese Nuss zu knacken.

Michael erwartete mich bereits. »Komm, lass uns von hier weg«, sagte ich. In der Hotellobby befanden sich noch genug Modeleute, die nicht mitbekommen mussten, dass ich gerade auf dem Weg zu einem Date war. In einer nahe gelegenen Bar nahmen in schweren Clubsesseln Platz und bestellten Kaffee, den ich nach den zwei Veranstaltungen jetzt brauchte. Anstrengung und Müdigkeit fielen schnell von mir ab, und es trat eine gewisse Aufregung an ihre Stelle.

Michael saß einfach da, den Ellenbogen so aufgestützt, dass er sein Kinn in die Handfläche legte, den Blick auf mich geheftet. Wir redeten und redeten – stundenlang. Über mich, über ihn, über Südamerika, wohin er unbedingt bald zurückwollte. Vor sehr vielen Jahren war er mal Teil der Modewelt gewesen und hatte ein Label geführt. Doch nach einer Weile hatte er begonnen, zunehmend mit dieser Welt zu fremdeln. Er begann, sich mit Gartenbau zu beschäftigen, und legte für andere Leute Landschaften an. In jeder freien Minute fuhr er in die Natur, raus zum Angeln. Doch auch das hatte ihm nicht gereicht. Er musste erst elf Jahre als Goldgräber in Südamerika verbringen, um sich zu finden. Seine Zukunft, so eröffnete er mir an diesem Abend, liege im Urwald. Er plane, dort weiterhin nach Gold zu schürfen.

Während wir redeten, schaute er mich nur an, und ich brannte lichterloh – für ihn.

Der Abschied verlief dann ganz anders als erwartet. Kein Kuss, kein Telefonnummerntausch, Michael öffnete nur seinen Kofferraum und reichte mir daraus sein neues Buch, das er über seine Zeit in Südamerika geschrieben und gerade druckfrisch erhalten hatte. Der Titel: *Das letzte große Abenteuer*. Und er sagte: »Ich werde immer an dich denken.«

Das war alles? War nicht ich diejenige, die sonst mit den Männern spielte? Da hatte ich einen Mann jetzt viel näher an mich herangelassen, als ich es jemals wieder vorgehabt hatte, und wurde so verabschiedet? Unglaublich! Er brachte mich noch zu meinem Auto, das auf einem Parkplatz in der Nähe stand, und mit gemischten Gefühlen machte ich mich auf den Heimweg.

Natürlich fand ich in der Nacht keinen Schlaf. Stattdessen nahm ich mir sein Buch zur Hand. Es handelte von seinen Jahren in Südamerika, von den Umweltproblemen, die sich im Regenwald abzeichneten und mit denen wir uns früher oder später alle auseinandersetzen müssten. Er entwarf darin ein Szenario, wie viel Bestand im Regenwald aufgeforstet werden müsse, um eine weltweite Steigerung der Durchschnittstemperatur zu verhindern. Dazu kamen Aufnahmen von Stränden, an denen sich der Plastikmüll türmte. Die Erkenntnis traf mich wie ein Schlag: Vor dem bist du gerade in der Pelzjacke aufgetreten!

Am nächsten Tag klingelte das Telefon: Michael. Meine Nummer hatte er aus dem Telefonbuch, und es war der Beginn seiner Eroberungsaktion. In Osterath hatten Gisa und ich eine Wohnung im ersten Stock, und eines Morgens fand ich auf dem Balkon eine Tüte mit Brötchen und Brezeln, die er hinaufgeworfen hatte. Darin befand sich ein Zettel: »Zeit zu frühstücken.« Es folgten Telegramme und Blumen. Und ich ließ diesen Mann entgegen meinen Vorsätzen einfach so einen Platz in meinem Leben einnehmen, zunächst allerdings unter Ausschluss der Öffentlichkeit. Wir trafen uns nur in meiner Wohnung. Immer noch bekam ich Schweißausbrüche, wenn er vor meiner Tür stand, ja selbst bei dem bloßen Gedanken an ihn durchfluteten mich Hitzewellen.

Wir waren keine drei Wochen zusammen, da machte er mir einen ernsthaften Heiratsantrag. Ich lehnte ab, da ich ja noch nicht einmal geschieden war, stellte ihm aber im Gegenzug Gisa vor als Zeichen, dass es auch mir mit ihm ernst war. Zugleich stand das große Thema »Urwald« im Raum, der Ort am anderen Ende der Welt, an den Michael unbedingt zurückwollte. Früh sprach er mich darauf an, ob ich mir vorstellen könne, dort mit ihm zu leben. Das konnte ich natürlich überhaupt nicht. Dem Landleben im Allgäu, der Kuh direkt vor meinem Fenster, war ich erfolgreich entkommen. Ich gehörte in die Stadt. Auf keinen Fall wollte ich mich auf ein Leben im Zelt einlassen. Einlassen konnte ich mich hingegen auf Michaels Vorschlag, zusammen mit ihm für drei Wochen Peru zu bereisen. Ich war zu diesem Zeitpunkt noch nie außerhalb Europas gewesen. Peru, Urlaub mit meinem Freund in trauter Zweisamkeit für einen begrenzten Zeitraum – das klang spannend.

Gisa blieb bei meiner Schwester, und so machten Michael und ich uns auf zum Flughafen nach Luxemburg. Wir hatten viel zu viel Gepäck und fragten die anderen Gäste, ob sie uns etwas von ihrem Kontingent abgeben könnten. Am Ende blieben noch 46 Kilogramm Handgepäck, eine riesige Reisetasche, in der wir einen Generator transportierten und meine teuren Kleider. Der Platz in den Koffern war durch Geschenke für Michaels Freunde in Peru, ebenso mit Ausrüstung wie Zelt und Schlafsäcken belegt. Die Aeroflot-Maschine kam aus Moskau, und Landungen in Kanada und auf Kuba lagen noch vor uns. Beim ersten Zwischenstopp stiegen wir aus, während der Flieger neu betankt wurde. Wir waren nun seit einigen Monaten ein Paar, aber redeten noch immer ohne Unterbrechung. So war es auch jetzt in der Cafeteria. Den Aufruf, dass alle Passagiere wieder zurück an Bord kommen mögen, überhörten wir einfach. Es mussten an diesem Tag erst zwei kanadische Polizeibeamte vor uns stehen, die fragten, ob wir vorhatten, Asyl zu beantragen, bis wir wieder in die Realität zurückfanden und uns schleunigst auf den Weg zum Flieger machten.

Während des zweiten Zwischenstopps auf Kuba ging die Reisetasche verloren. Da man sie aufgrund ihrer Schwere und Sperrigkeit nicht im Gepäckfach hatte verstauen können, stand sie vorne bei der Crew. Als diese in Kuba wechselte und auslud, war anschließend auch die Reisetasche weg. Unser Handgepäck mitsamt meinen teuren Sachen. Einzig ein Overall blieb mir, der im Koffer lag. Nach der Landung in Lima war das die erste Erkenntnis. Die zweite: Es war unglaublich, wie viel Müll auf den Flüssen auf dem Weg vom Flughafen ins Stadtzentrum trieb, mehr Dreck als Wasser, und über dieser Kloake kreisten die Geier. Herzlich willkommen in Lima.

Dass ich schlechte Erfahrungen mit der Liebe gemacht hatte, wusste Michael natürlich. Dass ich die Entscheidung, an diesem Ort künftig zu leben, nicht zuletzt deshalb unabhängig von ihm treffen musste, war ihm bewusst. Ich musste auf dieser Reise für mich selbst herausfinden, ob ich mir in diesem Land ein Leben mit Kind vorstellen konnte. An meiner Seite war mein neuer Freund, der sich nichts sehnlicher wünschte, als dass ich mit ihm für längere Zeit als nur für einen Urlaub hierherkäme. Aber allzu großen Druck bereitete mir diese Situation in diesen Tagen nicht. Ich musste mich hier mit gar nichts identifizieren. Mein Leben spielte in Düsseldorf, und dort lief es, abgesehen von dem Gefühl der Leere, ganz gut.

Peru bedeutete erst einmal Urlaub: durch Lima schlendern, Fünfuhrtee einnehmen, aus der großen Brieftasche leben, Ella kennenlernen, die Betreiberin des Hostels, in dem Michael in seiner Zeit hier schon öfter abgestiegen war. Sie war eine kleine, schmale, disziplinierte Person, die trotz ihrer mehr als 80 Lebensjahre die Geschäfte am Laufen hielt. Zusammen mit ihrem vor Jahren verstorbenen Mann, einem Ingenieur, war sie aus Italien nach Peru ausgewandert. Ihre Tochter hatte einen Diplomaten geheiratet. Sehr schnell realisierte ich die große Kluft zwischen Arm und Reich, und sie schockierte mich. Auf der Straße sah ich Kinder, deren Eltern ihnen Gliedmaßen abgetrennt hatten, damit sie erfolgreicher betteln konnten. Hinter den schweren Eisentoren von Miraflores, einem der wohlhabenden Viertel von Lima, traf ich hingegen Menschen, die in die Schweiz zum Skifahren flogen.

Wir verbrachten ein paar Tage in Lima und machten uns anschließend auf den Weg nach Cusco. Machu Picchu sollte unser Ziel sein. Das typische Touristenprogramm. Michael hatte sich für den sanften Peru-Einstieg für mich entschieden. Zunächst bekam ich die Eindrücke mundgerecht serviert, und mit den Routen und Points of Interest orientierte er sich am vorgeschlagenen Programm eines Reiseführers, mit der einen oder anderen Sondereinlage, auf die nur ein Ortskundiger wie er kommen konnte. Doch schon bald änderte sich unser Kurs. Von Cusco aus ging es nach Puerto Maldonado. Von dem Ort heißt es, er sei das Tor zum Urwald. Mein erster Eindruck: Es roch hier anders. Sobald die Crew die Tür des Flugzeugs geöffnet hatte, strömte die Tropenluft herein, eine extrem feuchte Schwüle, die innerhalb von Sekunden auf dem Körper lastete. Wenn wir bis jetzt Urlaub gemacht hatten, war jetzt augenblicklich Schluss damit. Es begann die Urwalderfahrung, auf die ich von Anfang an bestanden hatte. Wie sonst sollte ich eine belastbare Entscheidung pro oder contra Urwald treffen? Los ging es hier, in Maldonado, einem Ort, an dem zwei Flüsse zusammenfließen: der schlammig-braune Río Madre de Dios und der ein wenig klarere Río Tambopata. Wenn der Río Tambopata in den Río Madre de Dios mündet, ergibt sich ein wunderschönes Farbspiel.

Der Ausblick von unserer auf einem Hügel gelegenen Lodge war ein einziges grünes Meer. Dazu Bananenstauden, Kakaopflanzen und Kaffeesträucher – ich bekam eine ganze Flut an neuen Eindrücken. Schrittweise ließen wir die Zivilisation hinter uns. Wir machten noch ein paar notwendige Besorgungen, denn dafür würde es dann später keine Gelegenheit mehr geben. Michael organisierte das noch fehlende Equipment wie Batterien, eine Machete, Plastikplanen für das Zelt. Mir trug er auf, mich auf dem Markt um den Proviant für eine Woche zu kümmern. Natürlich standen Reis und Nudeln ganz oben auf der Einkaufsliste. Aber für unseren ersten Abend wollte ich ihn mit etwas Besonderem überraschen. Die Paprika sahen hier ganz anders aus als bei uns, aber Paprikagemüse gelang mir immer gut. Das konnte man dünsten, dazu Hühnchen. Ich kaufte ein, voller Vorfreude auf das, was ich damit kochen würde. Und voller Vorfreude auf das, was da noch kommen sollte. Michael hatte jemanden organisiert, der uns mit seinem Peque-Peque-Boot am nächsten Morgen den Madre de Dios zwei Stunden flussabwärts Richtung Bolivien bringen sollte. In aller Herrgottsfrühe ging es los, und immer wieder passierten wir Stellen, an denen die Menschen gerade ihren Tag begannen. Sie putzten sich am Fluss die Zähne, wuschen sich die Haare oder badeten die Kinder. Der Fluss mit seinem Wasser, das auf mich als zivilisierte Westeuropäerin nicht gerade einen sauberen Eindruck machte, war fester Bestandteil ihres Lebens. Ich trug meinen Overall und ein Halstuch, das man nach Bedarf ins Wasser tauchen konnte, um den Nacken zu kühlen und den Kreislauf in Schwung zu halten. Nach gut zwei Stunden Fahrt stiegen wir an einer Uferböschung an Land. Alles war zugewuchert und weit und breit keine Lagune in Sicht, wie Michael sie angekündigt hatte. »Wir folgen dem Trampelpfad«, sagte er. »Warte nur ab.«

Ich bekam Angst, als mir klar wurde, dass wir jetzt in den Wald reinmussten. Vor allem vor Schlangen hatte Michael mich gewarnt. Was, wenn ich gleich auf eine trat? Michael schulterte den schweren

Seesack mit unserem Equipment und lief voran. Ich hinterher, auf dem Rücken ebenfalls einen Rucksack. Ich bemühte mich, ausschließlich in seine Fußstapfen zu treten, so ging es mal bergauf, mal bergab, über Baumstämme. Michael lief schnell. Als er merkte, dass ich ihm folgen konnte, erhöhte er das Tempo. Hätte ich ihn besser gekannt, hätte ich ihm zugerufen, ob er noch ganz bei Sinnen sei, so schnell zu laufen. Aber die natürliche Hemmschwelle zwischen frisch verliebten Paaren hinderte mich daran. Also lieber Schritt halten, als mich zu blamieren. Die Strecke, für die man normalerweise zweieinhalb Stunden gebraucht hätte, bewältigten wir in gut 50 Minuten. Als wir an der Lagune ankamen, war ich fix und fertig, rang nach Luft, und Schweiß lief mir die Schläfen herunter. Vor mir allerdings lag ein Ort, der jedes bisschen Anstrengung wert gewesen war: eine wunderschöne und unglaublich romantische Lagune. Hinter dem blaugrünen Wasser erstreckte sich das grüne Urwaldpanorama. Ein paar Häuser standen am Ufer, und Michael ging los, um uns ein Kanu zu organisieren. In der Zwischenzeit beeilte ich mich, meinen Handspiegel aus dem Rucksack zu holen und mein Äußeres zu kontrollieren. Ohne Schminke ging es für mich auch hier nicht. Seit meinem 14. Lebensjahr legte ich Wert darauf, dass mein Augen-Make-up saß. Ich erschrak darüber, was ich jetzt sah: Wimperntusche und Kajalstrich waren total verwischt, um meine Augen herum lauter schwarze Flecken, der Kopf hochrot. Ich war noch nicht fertig mit den Instandsetzungsmaßnahmen, da kam Michael schon zurück, nahm mich zunächst von hinten fest in den Arm und gab mir einen Kuss. »Du bist so schön.« Er meinte damit nicht mein Äußeres. Das wusste ich.

Das Kanu lag bereit zum Ablegen. Es sollte noch einen besseren Ort an dieser Lagune geben als jenen, an dem wir uns befanden. Sobald mein Freund im Kanu saß, bemerkte ich, wie er sich veränderte. Seine Bewegungen waren nicht mehr kantig, sondern geschmeidig. Wie das Kanu übers Wasser glitt er in seine Welt, für ihn bedeutete der

Urwald Freiheit. Wir näherten uns dem anderen Ufer. Ich saß vorne. Auf einmal trieb ein Baumstamm direkt vor dem Kanu entlang. Ich dachte, Michael hätte ihn nicht gesehen, und stupste ihn kräftig aus dem Weg. Nach ein paar weiteren Metern hörte ich von hinten Michaels unaufgeregte, aber bestimmte Stimme sagen: »Weißt du, was du da gerade weggeschoben hast? Das war ein Krokodil.«

Ich schrie auf. Urwald war für mich kein Urlaub, das merkte ich spätestens jetzt. Ich musste erst lernen, mich in dieser Welt zu bewegen. Nichts war mehr selbstverständlich. Nach einer guten Dreiviertelstunde kamen wir zum anderen Ufer, obwohl von einer Uferzone oder einem Zugang nicht viel zu sehen war. Alles war grün und zugewuchert. Im Heck des Bootes stehend entfernte Michael grobe Sträucher mit der Machete, sodass das ganze Kanu wackelte. Das Unterholz schlug er mit der Machete frei, um unser Lager zu errichten, das Zelt aufzustellen und Feuer zu entfachen. Es war schon später Nachmittag, bald schon sollte es dunkel werden, und so machte ich mich ans Kochen. Während ich die Paprika zerkleinerte und das Hühnchen grillte, hörte ich Michael im Hintergrund singen. Er war glücklich, das spürte ich. Und mir ging es in der Fremde den Umständen entsprechend auch ganz gut. Der Fußmarsch und die Krokodilbegegnung waren vergessen. Wir nahmen ein Bad in der Lagune und genossen die Abkühlung. Als Michael mir allerdings eröffnete, dass es hier Piranhas gab, schwamm ich fluchtartig wieder an Land.

Nachdem ich mich an diesem Tag also oft genug wie ein Tölpel gefühlt hatte, konnte ich ihm jetzt zeigen, was in mir steckte. Dass ich imstande war, am offenen Feuer ein tolles Abendessen für uns beide zuzubereiten. Ich tischte auf, die Paprika mit dem Hühnchen. Michael nahm den ersten Löffel. Erwartungsvoll schaute ich ihm in die Augen und sah im Licht des Feuers, wie sie sich mit Tränen füllten. Er schluckte schwer. »Hm«, mehr brachte er nicht heraus. Also nicht, dachte ich. Michael nahm noch einen weiteren Löffel, spuckte die Pampe aber postwendend wieder aus. Erstaunt probierte daraufhin auch ich einen Löffel, und noch bevor ich irgendetwas schmecken konnte, begann ein Feuer in meinem Mund zu lodern, und ich spuckte alles wieder aus. Statt Paprika hatte ich scharfe Chili gekauft.

So war das Abendessen schnell beendet, wir krabbelten in unser Zelt, und Michael schlief schnell ein. Meine erste Nacht im Urwald: Ich lag wach und konnte kein Auge zutun, weil die Angst vor dem, was da draußen um unser Zelt kreuchte und fleuchte, zunehmend von mir Besitz ergriff. Erst im Nachhinein wurde mir bewusst, dass ich in diesem Moment einfach noch nicht bereit war, mich dem Leben in der Wildnis hinzugeben. Ich musste erst noch ankommen. Dazu trug auch nicht das Wissen darum bei, dass wir nächtlichen Besuch von einem Jaguar gehabt haben mussten, dessen Spuren mir Michael am nächsten Morgen zeigte. Die Stapfen verliefen einmal um das Zelt herum. Was genau machte ich eigentlich an diesem Ort?

Es brauchte ein paar Tage, bis ich das verstand. Wir gingen angeln, erzählten uns so viel, dass ich meinen Freund in dieser Zeit noch einmal ganz neu kennenlernte. Die paar Monate in Deutschland waren damit gar nicht vergleichbar gewesen. Wir liebten uns. Und dann, wie aus dem Nichts und unvorhersehbar, passierte es: Ich hatte mich gerade ins Urwalddickicht aufgemacht, zu dem Loch, das wir als Toilette benutzten, als ich plötzlich diese herzförmigen Blätter wahrnahm. Ich war allein und spürte zum ersten Mal, wie mich die ganze Kraft der Natur übermannte. Der Urwald wurde für mich zur Kathedrale, und es war plötzlich ganz klar, dass es sich hier um einen Ort handelte, an dem ich nicht nur leben konnte, sondern von dem ich gar nicht mehr wegwollte.

Kein einziges Mal hatte mich Michael auf der Reise dazu gedrängt, irgendetwas schön zu finden. Natürlich, er hatte mich an tolle Orte geführt, wie an diese romantische Lagune, aber trotzdem war es auch für ihn klar, dass ich allein für mich herausfinden musste, ob ein längerer Aufenthalt im Urwald von Peru etwas für mich und Gisa sein konnte. Denn dass ich nicht ohne meine Tochter gehen würde, stand von Anfang an fest. Als ich allein im Urwald stand, fühlte ich erneut, wie mein Körper auf diese Umgebung reagierte. Nicht, dass ich wieder zu schwitzen begann, wie in der Zeit, als ich Michael kennenlernte, Nein, ein anderes Gefühl ergriff von mir Besitz. Nach den Tagen an der Lagune sah ich die Natur mit anderen Augen. Sie hatte etwas Göttliches. Hier gehörte ich hin, ich merkte, wie ich hier einen Sinn im Leben für mich sah, unabhängig davon, ob Michael darin eine Rolle spielte. Ja, dachte ich in diesem Moment. Eine Weile würde ich hier mit meiner Tochter leben können. Aber noch konnte ich Michael davon nichts erzählen. Der Entschluss musste in mir weiter reifen, um mir meiner Sache wirklich sicher zu sein. Zum Beispiel machte ich mir ernsthafte Gedanken darüber, welche Auswirkungen ein Umzug auf Gisas Leben haben könnte. Aber überall am Fluss hatte ich so viele Kinder gesehen. Natürlich, sie lebten anders als die Kinder in Deutschland. Aber es bedeutete ja nicht, dass meine Tochter es hier schlechter haben würde, zumindest nicht, wenn sich der Aufenthalt auf eine bestimmte Zeit beschränkte. Auch Michael war immer liebevoll mit meiner Tochter umgegangen. Drei Wochen Urlaub und Urwalderfahrung in Peru waren vorüber. Michael wollte hierbleiben und ein Basiscamp errichten. Schließlich teilte ich ihm meine Entscheidung mit. »Ich brauche ungefähr vier Wochen, dann komme ich zurück. Und ich bringe Gisa mit.«

Nach meiner Rückkehr nach Deutschland musste ich jede Menge Überzeugungsarbeit leisten. Zwar kamen meine Tochter und Michael schon gut miteinander aus, und Michael hegte auch keinen Zweifel daran, dass Peru auch für eine Fünfjährige aus der westlichen Zivilisation ein guter Ort zum Heranwachsen war. Nur war es ja nicht meine alleinige Entscheidung. Zunächst musste ich mit Gisas Vater sprechen –

und mich gleichzeitig von ihm scheiden lassen. Das Trennungsjahr war vorüber. Ich sollte das Aufenthaltsbestimmungsrecht bekommen, das Sorgerecht teilten wir uns hälftig. Die Vermögensverhältnisse waren schnell geregelt. Die Scheidung brachten wir unproblematisch über die Bühne. Als alles vor Gericht erledigt war, schlug ich Mohsen vor, dass wir uns ohne Gisa auf neutralem Boden in einem Café in Meerbusch treffen sollten. »Wo genau bist du eigentlich hingefahren, als Gisa drei Wochen bei deiner Schwester war?«, fragte Mohsen zu Beginn, nachdem wir uns an einen ruhigen Tisch in die hintere Ecke gesetzt hatten. »Sie hat ja vom Allgäu geschwärmt, Gaby muss sie ganz schön verwöhnt haben.« Er wusste zu diesem Zeitpunkt lediglich, dass ich weg gewesen war und jemanden kennengelernt hatte. »Ja, genau darüber wollte ich mit dir sprechen.« Ich war zwar nervös, aber entschlossen, meinen Wunsch zu verwirklichen. »Ich war mit meinem neuen Freund Michael drei Wochen in Peru. Er wird dort künftig leben. Er hat mir vom Urwald erzählt. Das wollte ich mit eigenen Augen sehen, da sind wir zusammen hingereist.« Ich atmete tief durch. »Mohsen, ich muss dir sagen, dass ich gerne eine Weile mit Gisa an diesem Ort verbringen würde.«

Seine Miene versteinerte. In dem Bewusstsein, dass dieses Gespräch nicht leicht werden würde, redete ich einfach weiter: »Weißt du, dort leben auch Kinder. Natürlich, sie leben ganz anders als die Kinder hier in der Vorstadt von Düsseldorf, wo die Eltern das Bestreben haben, sie im Grünen aufzuziehen. Diese Kinder leben wirklich mitten in der Natur, und ich könnte nicht sagen, ob sie glücklicher oder unglücklicher sind. Was ich weiß, ist, dass ich mich für eine Weile nach einem Leben an diesem Ort sehne und auch für Gisa dort eine einmalige Chance sehe.«

Mohsen war in Teheran aufgewachsen, bevor er nach Deutschland kam. Zwar hatte er sich in der Vorstadt eingelebt, aber weiter raus aufs Land hatte es ihn nie gezogen. Etwas Neues zu wagen oder aus dem bisherigen Leben auszubrechen bedeutete für ihn nicht so viel wie für mich. Er hatte Medizin studiert und damit seine Berufung gefunden. Ich hingegen war zunächst in der Hotellerie und dann in der Modebranche tätig gewesen. Jetzt eröffnete ich ihm abermals einen neuen Plan, und es war schon verständlich, dass ihn das überforderte. Er brauchte einen Moment, um sich zu sammeln. »Ist das ein Witz?«

»Nein, Mohsen, ich meine es ernst. Gisa und ich würden in drei Wochen losfliegen. Sie ist jetzt fünf. Wir beide waren uns doch ohnehin unsicher, ob wir sie als August-Kind schon in die Schule schicken sollten. Und es ist nur für zwei, drei Monate. Ich werde sie in dieser Zeit unterrichten, sodass sie vielleicht sogar schon in diesem Herbst im laufenden Schuljahr einsteigen kann. Schlimmstenfalls nächstes Jahr. Und bitte, was ist ein Jahr Kindergarten gegen ein Jahr im Urwald?« Ich merkte, dass auch für ihn dieses letzte Argument nicht ganz unerheblich war und dass er zugleich seine Bedenken nicht sofort abschütteln wollte und konnte. »Ariane, Gisa hat sich seit der Trennung toll entwickelt, sie macht das wunderbar. Aber damit überforderst du sie doch völlig. Was soll eine Fünfjährige denn fernab der Zivilisation, wo sie bislang aufgewachsen ist? Im Urwald! Warum ziehst du mit ihr nicht gleich in die Wüste? Glaub mir, ich weiß, dass unsere Tochter in verschiedenen Kulturen zu Hause sein kann, das ist sie schon jetzt, und sie findet sich gut zurecht. Aber ganz abgesehen davon, dass ich diesen Schritt für zu groß halte, kann ich mir kaum vorstellen, wie du in der Wildnis leben möchtest. Und was ist mit mir? Du weißt, wie lieb ich Gisa habe. Dass mir schon die drei Wochen, in denen ich sie nicht sehen konnte, wehgetan haben. Und jetzt willst du sie mir drei Monate lang vorenthalten?«

Mohsen klang wirklich beunruhigt, das half niemandem. Ich musste ihm seine Vorbehalte nehmen. »Ich mache das doch nicht mit böser Absicht«, entgegnete ich und versuchte auf ihn einzugehen. »Ich war zunächst auch skeptisch und habe lange darüber nachgedacht. Aber ich glaube einfach, dass es für ein Kind eine echte Chance ist, eine andere Welt kennenzulernen, und dass so eine Möglichkeit nicht so schnell wiederkommt. Nicht, wenn Gisa erst einmal in der Schule ist.« Nach allem, was zwischen uns beiden vorgefallen war, hoffte ich, dass Mohsen noch immer das Gute in mir sah. Dass er wusste, dass ich keine hinterhältigen Absichten hegte, schon gar nicht, wenn es um den Erhalt des Vater-Tochter-Verhältnisses ging. »Hier hat sie doch alles, was das Herz begehrt.« »Aber auch dieser Aufenthalt könnte ihren Horizont erweitern«, erwiderte ich. »Und es ist ja nur für eine Weile. Auch meine Wohnung wird so weiterlaufen. Ich verspreche dir, dass ich für einen regelmäßigen Kontakt sorgen werde. Dass sie dir Post schickt.« Irgendwann lenkte Mohsen ein. »Gut, also wenn es ein Kurzaufenthalt ist, möchte ich dem nicht im Wege stehen. Aber wenn ihr zurück seid, dann möchte ich die Zeit mit meiner Tochter nachholen und sie auch entsprechend lange bei mir haben dürfen.« Damit hatten wir eine Abmachung, mit der wir beide leben konnten. Ich wusste, dass sie Mohsen sehr viel Großzügigkeit abverlangte.

Meine Mutter reagierte wesentlich aufbrausender. Ich hatte ihr am Telefon von dem Plan erzählt, dass es so war wie es war, und dass wir nach Peru gehen würden. Ihr Kommentar: »Ach du lieber Gott, da hat man dir doch ins Gehirnkäschtle reingspuckt.« Es war besser, das Thema persönlich zu klären, und so fuhr ich am darauffolgenden Wochenende zu ihr ins Allgäu. Gisa war bei Mohsen versorgt. »Willkommen in der Natur«, rief meine Mutter, als sie mich am Hauseingang empfing. »Hier, schau dich um, Wiesen, Felder, Kühe und Bäume, Bäume, Bäume. Du brauchst nicht in den Urwald ziehen. Natur kannst du auch hier haben. Wir haben hier genug Wald. Hier kannst du, wenn du magst, wochenlang im Wald leben.« Zu ihrer Unterstützung war auch meine Schwester gekommen. Meine Mutter hatte sie vorab entsprechend geimpft. »Sie tickt nicht mehr richtig«, rief meine Mutter ihr zu, als ich eintraf. Und damit legte sie gerade erst los: »Hör mal, dass du dich hast scheiden lassen, kann ich gut verstehen, auch wenn ich den Mohsen immer mochte.« Sie und er waren sehr gut miteinander ausgekommen. Aber da sie sich selbst vor Jahrzehnten dafür entschieden hatte, meinen Vater zu verlassen, brachte sie Verständnis für jede Frau in einer ähnlichen Situation auf. »Du hast dein Leben doch in sehr gute Bahnen gelenkt«, sagte meine Schwester, als ich mich zu ihnen an den Küchentisch setzte. Eigentlich hatte ich diesen unmittelbaren Einstieg in das Urwaldthema vermeiden wollen, aber die beiden ließen mir keine andere Wahl. »Du hast doch alles, was du willst, eine schicke Wohnung, du kannst mit deiner Tochter unternehmen, wozu du Lust hast. Du hast Geld. Freunde. Ein spannendes Sozialleben. Männer. Du kannst jeden haben. Was soll denn das auf einmal?« Meine Schwester gestikulierte beim Reden wild herum. Auch sie war aufgeregt. Ich versuchte zu erklären, was ich im Urwald erlebt hatte. Wie nah ich mir plötzlich selbst gekommen war und dass ich schon nach wenigen Tagen realisiert hatte, was mir in meinem Leben fehlte. Ich erzählte von der unglaublichen Energie, die dieser Ort ausstrahlte. »Was für ein Hirngespinst«, rief meine Mutter. Meine Empfindungen wurden bei diesem Gespräch als nichtig abgetan. Ich glaube, meine Mutter war auch deshalb panisch, weil sie schon fast damit rechnete, dass die Richtung damit für länger definiert war. Auch wenn ich mir darüber zu diesem Zeitpunkt selbst noch keine Gedanken machte.

»Wovon willst du dort überhaupt leben?«, fragte meine Schwester. »Michael baut ein Basiscamp auf. Dort arbeiten wir als Goldwäscher. Ich kümmere mich natürlich vorrangig um Gisa, hätte aber Interesse daran, auch in dieser Richtung zu arbeiten.« »Für einen Mann!«, rief meine Mutter erstaunt. »Ausgerechnet du, die immer betont hat, wie wichtig ihr die eigene Freiheit sei. Auch in finanzieller Hinsicht.« Sie fuhr sich durch ihre kurzen roten Locken. »Pass auf, Mama, in Peru ist so viel mit mir passiert. Du kannst und willst es nicht begreifen, aber meine Entscheidung steht, und auch Mohsen ist einverstanden. Er ist auch der Meinung, dass ein weiteres Jahr Kindergarten kaum vergleichbar ist mit ein paar Monaten im Dschungel.« »Aber das Kind ist doch so klein«, sagte meine Schwester, die Gisa über alles liebte. »Ja, und da leben auch andere kleine Kinder. Die sind glücklich, Gaby. Ich möchte Gisa und mir dieses Leben für eine Weile ermöglichen.« Meine Familie wusste, dass sie mich nicht halten konnte, also ließ sie mich ziehen. Man hoffte, dass ich sehr viele negative Erfahrungen machen würde, damit ich schnell keine Lust mehr auf Urwald hätte.

Die Vorbereitungen begannen jetzt auf Hochtouren. Was brauchte es alles, um mit einem Kind in den Urwald zu ziehen? Nun, zunächst musste ich Gisa vom Kindergarten abmelden und in der Grundschule einen Termin vereinbaren. Die Lehrerin, die künftig die erste Klasse unterrichten sollte, war erstaunlich hilfsbereit, gab mir eine Liste der Bücher, mit denen sie im ersten Jahr arbeiten wollte. Ich kaufte zudem Hefte und Stifte, um Gisa im Urwald unterrichten und auf die Grundschule vorbereiten zu können. Meine Entscheidung sollte nicht dazu führen, dass sie hier in Deutschland etwas verpasste und benachteiligt war. Ich durfte als Mutter nicht versagen, und weder Mohsen noch meine Familie noch ich selbst durften diesen Eindruck bekommen. In der Apotheke kaufte ich stapelweise Medikamente – auch Gisa würde jede Woche vorbeugend Malariatabletten schlucken müssen. In einem Kindergeschäft in der Altstadt in Düsseldorf kleidete ich sie neu ein: einmal bitte eine Urwaldgarderobe. Sie bekam eine Weste, Jeans, Halstücher, eher nicht aus Baumwolle, denn die würde bei der Feuchtigkeit dort niemals trocknen. Stattdessen wählte ich Pflegeleichtes und Praktisches und sehr viel Unterwäsche zum Wechseln. In der Kinderabteilung der Buchhandlung ließ ich mich zum Stichwort Dschungel beraten. Gisa und ich schauten uns Bilderbücher mit Tieren an, mit Indianern, und irgendwann eröffnete ich ihr, dass wir diese Welt bald »in echt« bereisen würden. Wir packten Lernspiele statt Kuscheltiere ein. Die liebte Gisa zwar, aber im Urwald waren sie aus hygienischen

Gründen vollkommen unbrauchbar. Natürlich machte ich mir Gedanken, ob ich eine Fünfjährige einfach so aus ihrer Welt reißen konnte. Durfte ich mir selbst dazu das Recht geben? Was, wenn sie bald nur noch weinte und ihren Papa zu sehr vermisste?

Der Tag des Abflugs war gekommen, und so machten Gisa und ich uns mit allerlei Gepäck – auch Michael hatte mir eine lange Liste mitgegeben – auf nach Luxemburg zum Flughafen. Wir fuhren allein, nur sie und ich in meinem kleinen, bis unters Dach beladenen Peugeot. Den konnte ich für wenig Geld auf dem Hof des Hotels parken, in dem Michael und ich schon vor dem letzten Abflug übernachtet hatten. Wie auch beim letzten Mal machten wir uns am Flughafen daran, die anderen Passagiere in der Warteschlange am Schalter um jeweils ein paar Kilogramm Freigepäck zu bitten. Es war Sommer 1990, als Gisa und ich mit 90 Kilogramm Gepäck in den Dschungel aufbrachen.

GISA

Einen Mann wie Michael hatte ich noch nie gesehen. Eines Tages stand er in meinem Kinderzimmer. Das war also Mamas neuer Freund. Seit Mama und ich bei Papa ausgezogen waren, lebten wir in einer Wohnung in Meerbusch-Osterath, nicht zu weit weg von Papa. Mama hatte angekündigt, mir jemanden vorstellen zu wollen. Ich war gerade mitten im Spiel, als sich meine Kinderzimmertür öffnete.

Lange Haare, langer Mantel, Stiefel. Michael sah interessant aus, ganz anders als Papa und die Männer, die in unserer Nachbarschaft wohnten. Auch ganz anders als die Väter, die im Kindergarten zu den Festen dabei waren, zum Laternenumzug, zu Erntedank und zum Adventsbasteln. In den Kindergarten ging ich gerne, ich war in der blauen Gruppe zusammen mit dem Dani und der Caroline. Es gab Schlafübernachtungen, einen großen Sandkasten, und zu Karneval verkleidete ich mich als Katze. Am

Wochenende unternahm Papa viel mit mir. Ich war es gewohnt, dass Mama und er nicht mehr zusammen waren. Michael wurde schnell zu einem Teil der Familie. Er ging mit mir auf den riesigen Spielplatz in der Nähe unserer Wohnung und schubste mich beim Schaukeln kräftig an. Er kam manchmal allein in mein Kinderzimmer, ohne Mama, und erzählte mir dann vom Urwald. Häufig aß er auch mit uns Abendbrot. So ging das eine Weile. Dann sagte Mama mir, dass sie ein paar Wochen mit ihm verreisen wolle und ich in der Zeit bei Tante Gaby bleiben dürfe. Eine tolle Zeit. Mama kam dann alleine zurück, und eines Tages führte sie ein Gespräch mit mir. »Du hast den Michael ja auch eine Weile nicht gesehen, aber wir werden ihn bald besuchen. Er wohnt jetzt nicht mehr in der Nähe, sondern wieder im Urwald, bei den Tieren. Davon hat er dir doch erzählt, und stell dir vor, da fahren wir hin. Wir dürfen dazu sogar mit dem Flugzeug fliegen, wie damals in den Urlaub nach Kreta, nur dass diese Reise viel länger dauern wird.« So weit weg war ich noch nirgendwohin geflogen. In dem riesigen Flieger saß ich am Fenster und Mama in der Mitte. Der Flug dauerte lange, zwischendurch landeten wir, weil die Maschine betankt werden musste und andere Passagiere aus- und einstiegen. Mama und ich aber blieben sitzen, wir sollten bis ans andere Ende der Welt fliegen, so hatte Mama es mir erklärt.

Und dann landeten wir in Lima. Alles sah anders aus als in Düsseldorf. Bis auf ein Gesicht in der Empfangshalle, das ich erkannte. Michael! Da stand er, die gleichen Stiefel, die langen Haare, nur der Mantel fehlte. Michael trug jetzt eine sandfarbene lange Hose und dazu ein Seidenhemd. Und auf seinen Schultern, ich konnte meinen Augen kaum trauen, thronte ein kleiner Affe. Und es kam noch besser, denn der Affe war für mich. Von der einen auf die andere Sekunde vergaß ich meine Müdigkeit. »Gisa, darf ich vorstellen, das ist Isauro. Dein erster Freund in Peru«, sagte er, nachdem er mich in den Arm genommen hatte. Ich war sprachlos. Ein Totenkopfäffchen! Mund und Augen waren umrahmt von weißem Fell, das sich von dem grün-bräunlichen Flaum am Rest des Körpers abhob. Um den Bauch trug Isauro eine rote Leine. Er schaute mich mit seinen großen Augen an und war in diesem Moment so still wie ich. Michael hob den Affen hoch und setzte ihn auf meine Schulter. Ich spürte die Krallen und sein Gewicht auf meiner Schulter. Wenn es nach mir gegangen wäre, hätte Isauro die Leine gar nicht gebraucht. Er war total zahm. So verließen wir die Ankunftshalle.

Es war Vormittag, und alle zusammen gingen wir in ein Café frühstücken. Vor mir stand ein Glas Orangensaft, Isauro saß auf meinem Schoß. Wenn das Peru sein sollte, gefiel es mir hier. Mama und Michael beachtete ich gar nicht mehr. Sie hatten eh nur Augen füreinander und hielten sich die ganze Zeit an den Händen. Ich war auch euphorisch. Ich hatte ja Isauro! Dann kam die Kellnerin und stellte Brötchen, Marmelade, Honig, Spiegeleier, Speck und Kuchen auf den Tisch. Das war Mamas Einsatz, und prompt wandte sie sich mir zu und sagte: »So, jetzt kommt das Essen. Jetzt gibst du mir mal bitte den Affen.« Mama streckte beide Arme aus. »Den Affen? Auf gar keinen Fall gebe ich dir jetzt Isauro«, sagte ich und hielt ihn mit beiden Händen umklammert. Ein Wort gab das andere, und natürlich zog ich irgendwann den Kürzeren und sie mir Isauro vom Schoß. Mein Frühstück interessierte mich jetzt nicht mehr, und Mama zuliebe wollte ich schon gar nichts essen. Wir stritten. Tränen der Wut liefen mir über die Wangen, und ich fand alles vollkommen ungerecht. Sie platzierte Isauro also auf ihrem Schoß. Wahrscheinlich war es zu viel Aufregung für meinen armen Affen gewesen, denn es dauerte nicht lange, bis sie angeekelt aufschrie. Ich sah den dunklen Fleck auf ihrer Hose. Isauro hatte Mama angepinkelt. Alles war nass, und sie ärgerte sich unheimlich. Meine Wut war hingegen von einer Sekunde auf die andere vergessen. Das geschah ihr recht. Ich konnte nicht aufhören zu lachen. Ich schaute Mamas Hose an, Mamas Gesichtsausdruck, dann Michael. Auch er lachte.

Fortan sollte es nicht mehr viele Momente geben, in denen der Affe und ich getrennt waren. Auch nachts nicht. Entweder schlief er mit in meinem Schlafsack im Zelt oder wir bauten ihm draußen eine Höhle, in der er sicher und geschützt vor der Kälte war. Ich sollte im Dschungel noch einige Kinder kennenlernen und Freunde finden. Aber niemand war so wichtig für mich wie Isauro. Er war einzigartig und gehörte mir allein. Wir waren schon ein paar Tage in Lima, als ich auf der Straße ein Mädchen entdeckte, das auch mit einem Affen auf der Schulter herumlief. War das in diesem Land etwa normal?

Aber was war hier schon so wie in Meerbusch. Auf den Ampeln saßen Papageien in Rot, Gelb und Grün. Auch beim Essen gab es gewaltige Unterschiede. Wir sind hauptsächlich essen gegangen, weil in unserem Hostel wenig Platz war. Vieles, was da aufgetischt wurde, kannte ich nicht. Große Stücke von irgendetwas Undefinierbarem schwammen in der Suppe. Mama sagte in solchen Momenten häufig, das seien Schnitzel- oder Fischstäbchenstücke. Ich fand das komisch. Fischstäbchen sahen bei uns ganz anders aus. Zu Hause schmeckten sie mir auch besser. Ich hatte jetzt auch kein Kinderzimmer mehr. Isauro und ich schliefen in Lima in einem Zimmer mit Mama und Michael. Ich musste jetzt nicht mehr wie zu Hause fragen, ob ich nachts zu Mama ins Bett kriechen dürfte. Ich war immer bei ihr. Wir schliefen alle miteinander im selben Raum. Das Haus war schon älter, die Farbe blätterte von den Wänden, die Böden knarzten. Lustig war es trotzdem.

Sicher, nicht alles war unbeschwert. Mama wurde zum Beispiel streng, wenn ich auf den Balkon wollte. »Gisa, das ist lebensgefährlich«, warnte sie mich dann in scharfem Ton. »Man darf noch nicht mal mit einem Fuß darauf treten, so marode ist er.« Marode, das war so ein Wort, das ich erst hier in der Fremde lernte. Ein weiteres war Malaria. Ich machte auch ganz neue Bekanntschaft mit Insekten: Eines Nachts wachte ich davon auf, dass Mama mich in meinem Zustellbett panisch wach rüttelte. Dann sah ich auch, weshalb: Mein Körper war übersät mit Kakerlaken. Sie krabbelten über meinen Schlafanzug, über meine Hände, sie hingen in meinen Haaren. Über die Bettdecke zog sich eine ganze Kakerlakenstraße. Widerlich. Diese braunen Dinger waren viel größer als die eine Kakerlake, die ich mal auf Kreta gesehen hatte. »Mama, wie eklig«, schrie ich und spürte im nächsten Moment schon ihren festen Griff. Sie packte mich, lief mit mir ins Badezimmer und stellte mich unter die Brause. Wir ekelten uns beide unheimlich. Mama hatte auch plötzlich viel mehr Respekt vor den Mücken. Ständig juckte auch sie etwas. Einmal die Woche gab sie mir drei runde weiße Pillen, die ich schlucken musste. Sie selbst nahm sie auch. »Das ist für unseren Schutz, denn die Mücken übertragen Krankheiten, und wir dürfen nicht krank werden.« Hier musste ich, gesund, wie ich war, mehr Pillen schlucken, als ich zu Hause jemals bekommen hatte. Auch das war seltsam.

Trotzdem war Peru sehr schön. Trotz der Pillen, trotz des Essens, trotz der Wände, durch die ich hören konnte, wenn sich andere Leute wuschen, und trotz der Tatsache, dass es so auch alle mitbekamen, als ich einmal nachts ins Bett machte. Mama wusch die Bettlaken und hängte sie anschließend draußen auf. Mir war das furchtbar unangenehm. Alle bekamen es mit, natürlich auch Ella, die das Hostel unterhielt. Zu dieser lieben alten Dame hatten Mama und Michael ein sehr gutes Verhältnis. Sie zwickte mich immer in die Wange, so auch an unserem letzten Tag, als wir nach einer Woche in Lima zum Flughafen aufbrachen. Es ging an einen Ort namens Maldonado, von dem Mama und Michael mir schon erzählt hatten, dass es der erste richtige Schritt zum Leben im Urwald sei. Lima war schon ganz anders als alles, was ich von zu Hause kannte, aber das war kein Vergleich zu Maldonado. Wir stiegen aus dem Flugzeug aus, und die Welt änderte sich schlagartig. Hier war es noch viel heißer und feuchter als in Lima. Mein T-Shirt klebte an meiner Haut. Isauro hatte ich den Flug über wie ein Baby unter meinem T-Shirt festgehalten, damit er keine Angst bekam. Erst nach der Landung fiel mir auf, wie wir beide schwitzten.

Jetzt waren wir wohl mitten in der Natur angekommen. Wir wohnten in Holzhäusern auf Stelzen, Michael stellte mich schnell der Nachbarsfamilie vor. Die Mutter Isabel kümmerte sich noch um einige andere Kinder, und mit ihnen ging ich fortan zum Spielen. Natürlich verstand ich sie nicht. Die Kinder sprachen Spanisch. Aber das war kein Problem, wir tobten auch ohne Sprache gemeinsam, spielten Fußball oder mit dem Hund, der zur Familie gehörte. Und wir machten zusammen Quatsch. Die Frauen wuschen hier die Wäsche und legten sie anschließend auf die heißen Steine zum Trocknen. Die anderen Kinder und ich gingen dann häufig dorthin, und wir zogen die nassen T-Shirts einfach über. Eine echte Abkühlung und ein großer Spaß.

Auch Michael hatte Zeit und beschäftigte sich viel mit mir. Unsere Siedlung war direkt an einen Hang gebaut. Den stapften wir gemeinsam hoch und liefen dann Hand in Hand so schnell wir konnten wieder hinunter. Er zog mich mit, meine Füße kreiselten. Die Natur war hier schon jetzt mein Spielplatz, und auch alle anderen lebten mit ihr. Der Fluss lag direkt vor der Haustür, hier badeten die Menschen und wuschen sich. Die Frauen spülten darin auch die alten Tüten aus, um sie wiederzuverwenden, um zu sparen. Das beeindruckte mich sehr. Sie hatten hier nicht so viel Geld wie die Menschen in Deutschland. Manche trugen Kleider mit Löchern, und die anderen Kinder liefen häufig mit freien Oberkörpern herum. Auch der Fluss war nicht vergleichbar mit dem Rhein vor Papas Haustür. Er hieß Madre de Dios und diente den Menschen als Transportweg wie bei uns die Straßen. Unsere Holzhäuser lagen nicht weit entfernt vom Ufer, und so beobachtete ich gerne die Kanus, die vollbeladen mit üppigen Bananenstauden vorübertrieben. Das waren viel mehr Bananen, als ich jemals im Supermarkt in Meerbusch gesehen hatte. Vielleicht waren die Kanus auf dem Weg zu den umliegenden Märkten, dort, wo auch wir einkauften. Zum Frühstück wurden Spiegeleier serviert, ansonsten viel Obst. Natürlich jede Menge Bananen und Papayas, denn die gab es im Überfluss. Ebenso viel Fisch. Mama zog noch immer ihre Fischstäbchen-Nummer durch, aber ich gewöhnte mich langsam an die fremden Geschmäcker und Gerüche, und Michael schenkte mir hin und wieder eine Stange Zuckerrohr, die fast einem Lolli zu Hause gleichkam. Aber auch Maldonado war nur ein Zuhause für kurze Zeit. Bald schon packten Mama und Michael unsere Sachen. Jetzt sollte es in den Dschungel gehen. Wir machten uns auf zu unserem Camp.

ANKOMMEN IM URWALD

Gisa rannte einfach los. Rief noch »Tschüss, Mama«, und weg war sie. Die Gedanken und Zweifel, die ich vor der Abreise gehabt hatte, waren wie verflogen. Meine fünf Jahre alte Tochter war jetzt stolze Halterin eines Affen, nahm ihre Aufgabe, für uns Wasser zu holen, wie selbstverständlich an und war so schnell über die Veranda der Lodge mit den zusammengezimmerten Möbeln aus dunklem Holz verschwunden, dass ich gar nicht schnell genug gucken konnte. Sie war selten allein, spielte meistens mit den anderen Kindern. Dass sie sich auf Spanisch nicht verständigen konnte, stellte kein Problem dar. Kinder muss man laufen lassen, dachte ich öfter, für sie ist alles viel einfacher. Ich selbst brauchte mehr Zeit. Es sollte Monate dauern, bis ich mich in der Sprache zurechtfand. Und so ganz konnte ich mich auch noch nicht von den Ansprüchen der Zivilisation verabschieden. Ich hatte Läuseshampoo eingepackt und prüfte zugegebenermaßen in den ersten Tagen nicht nur regelmäßig den Kopf meiner eigenen Tochter, sondern auch mal jene der Kinder, mit denen sie spielte.

In Maldonado war schon vieles anders. Man spürte, dass man dem Urwald nahe war – die Natur hatte eine unbeschreibliche Kraft. Die Bananenstauden vor unserem Haus wuchsen in einer Regennacht um gut 25 Zentimeter.

Jeder ging in diesen Tagen seinen Aufgaben nach. Michael baute mit den Mitarbeitern, die uns bald in den Urwald begleiten würden, an einer Vierer-Dredge – eine Art auf dem Wasser schwimmender Staubsauger –, die wir für die Goldsuche benötigten. Wir kauften ein Kanu, denn dort, wo sich das Fleckchen Land befand, auf dem wir unser Basiscamp errichten wollten, gab es keinerlei Infrastruktur. Die Pacht für das Gebiet hatten wir in Maldonado erworben, die Goldschürfrechte in der Gegend vom Minenministerium in Lima bekommen. Unser neuer Wohnort war nicht über Straßen zu erreichen, sondern ausschließlich über den Fluss. Ganz abgesehen davon, dass man es kaum wohnlich nennen konnte.

Trotz der vielen neuen Eindrücke war ich bemüht, Gisa so schnell wie möglich einen regelmäßigen Tagesablauf zu bieten. Es bedeutete, dass wir schon in Maldonado jeden Morgen mit dem Unterricht begannen. Anfangs saß nur sie vor mir, mit der Zeit hockte in sicherer Entfernung auch der Rest ihrer Bande. Erst Isabels Kinder, dann auch andere aus der Nachbarschaft. Bis zum Mittag waren wir mit unseren Büchern und Heften beschäftigt. Am Nachmittag ließen wir es uns dann gut gehen. Wenn die Frauen mit großen Schalen mit Rührkuchen ankamen, lief Gisa zu ihnen, fasziniert davon, wie sie die Schalen auf dem Kopf balancierten. Wir kauften ihr dann häufig ein Stück, das frisch abgeschnitten wurde, obwohl Michael ansonsten sehr streng war, was das Essen anbelangte. Er war immer darauf bedacht, dass wir uns nichts einfingen, was uns krank machen konnte.

In Maldonado standen an jeder Ecke Mototaxis, mopedähnliche Gefährte, die zwei, manchmal auch drei Personen von A nach B beförderten. Man konnte sie aber auch einfach so für ein paar Runden in halsbrecherischem Tempo buchen, ein improvisiertes Fahrgeschäft fast wie auf dem Rummel. Gisa liebte das vor dem Zubettgehen. Die Geschwindigkeit. Die Abkühlung durch den Fahrtwind, nachdem es tagsüber so heiß gewesen war. Mal gönnten wir uns den Spaß zu zweit, mal zu dritt mit Michael.

Ich selbst musste erst noch meine Rolle und meinen Platz finden. Ich sog die vielfältigen Eindrücke auf wie ein Schwamm und ließ alles auf mich wirken. Anfangs überforderte mich schon der Einkauf der Lebensmittel für einen so langen Aufenthalt. Das Paprikaerlebnis damals an der Lagune hing mir noch nach, und jetzt ging es darum, Reis, Mehl und Salz für Wochen im Voraus einzukaufen. Ich musste für etwas planen, von dem ich gar nicht wusste, wie es sein würde: Dass wir mit dem Schimmelpilz, der im Reis bei der Feuchtigkeit gut gedeihen konnte, um die Wette essen mussten. Dass eines Tages im Urwald Indianer vorbeikommen würden, für die man besser kleine Präsente vorrätig hatte. Oder dass das Kind vor mir stehen konnte, mit großen Augen und großem Appetit auf was Süßes. Mit solchen Situationen musste ich erst mal konfrontiert sein, bevor ich beim nächsten Mal eine bessere Liste anlegen konnte. Eine, auf der nicht nur Zucker stand, sondern auch genug Milchpulver, um schnell ein paar Karamellbonbons zuzubereiten.

Auch die veränderten Gefahren mussten mir erst bewusst werden. In der Nacht war ein schwerer Regen über Maldonado hinweggezogen. Am nächsten Morgen sollte Gisa zum Fluss laufen, um Wasser zu holen. Längst war ihr die Gegend vertraut, und ich hatte meine anfänglichen Sorgen abgelegt. Dann passierte es: Der Regen hatte die Böschung glitschig gemacht. Gisa stolperte, rutschte den Hügel hinunter und landete im Wasser. Wäre in dem Moment niemand zur Stelle gewesen, dann hätte sie mit großer Wahrscheinlichkeit keine Chance gehabt. Sie konnte zwar schon schwimmen, so wie sich eine Fünfjährige im Freibad eben über Wasser halten kann. Gegen den reißenden Strom des Madre de Dios wäre sie aber machtlos gewesen. Es war ein glücklicher Zufall, dass gerade zu diesem Zeitpunkt ein Dorfbewohner am Fluss seine Zähne putzte. Er zog Gisa heraus und brachte mir das tropfnasse Kind. Mir wurde ganz anders, als er erzählte, was gerade passiert war. So leicht, wie das Leben hier in vielen Situationen mit Kind schien, so gefährlich konnte es eben auch sein. Der Unfall war mir eine Lehre. Und er konnte mir zugleich kaum eine sein. Ich musste lernen, Gefahren besser einzuschätzen. Selbst vorauszusehen, dass die Böschung nach dem Regen nass sein würde, und Gisa warnen.

Und sie zugleich trotzdem losschicken. Es würde nichts bringen, mich von der Angst lähmen zu lassen. Ich würde das Kind hier nicht in Watte packen können.

Mein Leben mit Michael begann für mich in diesen Tagen erst richtig. Hier ergab es noch mehr Sinn als in der Zivilisation. Er gehörte hier hin. Er veränderte sich, ließ sich einen Bart stehen, der fortan für mich einfach zu ihm gehörte. Obwohl wir uns vorher ja noch gar nicht so lange gekannt hatten, merkte ich schnell, dass er jemand war, auf den ich mich ohne Wenn und Aber verlassen konnte. Michael war anders als die Männer, mit denen ich zuvor zusammen gewesen war. Er sah mein Inneres, nur mein Inneres.

In drei Etappen mit Übernachtungen sollten wir unser Basiscamp von Maldonado aus erreichen. Mit dem Lastwagen ging es zunächst Richtung Puerto Rosario de Laberinto. Einige Mitarbeiter begleiteten uns, darunter Alejandro, einer unserer wichtigsten Helfer, und dessen Familie. Morgens um fünf Uhr beluden wir dort unser Kanu mit den Maschinen für die Goldsuche, dem Proviant für die nächsten Wochen, unserem Hab und Gut und dem unserer Mitarbeiter. Und wir gönnten uns noch einen Teller warmer Hühnersuppe inklusive Hühnerbein, die zwei Frauen auf der Straße die ganze Nacht über servierten. Sie wärmte von innen, denn trotz der Pullover und Jacken war es echt kalt. Der Außenbordmotor wurde gestartet, und los ging es Richtung Boca Colorado, wo unser erster Halt sein sollte. Der Ort war auch ein Goldgräbertreffpunkt, wenn sie es am Wochenende mal krachen lassen wollten. Kein schöner Anblick, und nicht der letzte unangenehme Eindruck, den andere Goldgräber auf mich machten. Mit etlichen Plastikplanen, die uns gegen den Regen schützen sollten, ging es von dort aus weiter. Unsere Reise in den Urwald begann.

Als wir anlegten, waren wir im Nirgendwo. Das sollte unser Fleckchen Erde sein. Hier wollte Michael mithilfe der Arbeiter ein Haus bauen. Aktuell stand hier gar nichts. Zweifel machten sich in mir breit –

was hatte ich mir da nur eingehandelt. Die Männer wählten eine Stelle aus, auf der nicht viele Bäume standen und die sie gut roden konnten. Das Holz würde zum Hausbau vor Ort dienen. Bambus gab es im Überfluss. Aber er musste erst einmal trocknen. »Es wird dauern«, sagte Michael, als wir zusammen das Land begutachteten, auf dem unser Haus entstehen sollte. Hilfreich war, dass der Ort vor nicht allzu langer Zeit bewohnt gewesen war, obwohl jetzt wieder alles zugewachsen war. Aber wir stießen auf einen kleinen Bachlauf, auf Kakao- und Kaffeepflanzen, auf Zitronen- und Tonkabohnenbäume. Michael stapfte mit der Machete voran, Gisa und ich folgten ihm. »Fürs Erste errichten wir die Zelte unter Plastikplanen«, sagte er. Für längere Zeit, als wir in diesem Moment abschätzen konnten, sollten sie unsere Schlafzimmer sein. Wir gruben Löcher für die Toiletten. Unser Badezimmer war der Fluss. Wir verstauten unser Gepäck, sobald das Vorratszelt errichtet war: Proviant, Maschinen, Werkzeuge und Spritfässer. Bis zum Einbruch der Dunkelheit waren wir beschäftigt. Willkommen im neuen Zuhause.

Es war schon spät, die Kinder schliefen, und Michael und ich hatten uns an einem dieser ersten Abende im Camp von der Runde am Lagerfeuer mit Alejandro, dessen Frau und ein paar weiteren Mitarbeitern verabschiedet. Auf dem Weg zum Zelt kündigte Michael an, noch etwas mit mir besprechen zu müssen, und als wir unter uns waren, zückte er einen Revolver aus der Ecke mit seinen persönlichen Sachen. Nicht größer als eine Spielzeugwaffe. Ich hatte Michael schon des Öfteren mit einem Revolver in der Hand gesehen, mit insgesamt drei Waffen waren wir ins Camp aufgebrochen. »Noch einer?«, fragte ich, erstaunt über das hohe Sicherheitsbewusstsein meines eigentlich so friedliebenden Freundes. Michael verabscheute Gewalt. »Ein 32er. Vom Schwarzmarkt in Lima. Er ist für dich.«

Nicht gerade das Geschenk, das ich mir herbeigesehnt hatte. Für die anderen drei Waffen hatte er Lizenzen. Für diese nicht. Michael wusste, dass ich nicht furchtbar begeistert sein würde. »Ach du, das ist ja sehr nett, dass du an mich gedacht hast, aber den brauche ich wirklich nicht. Die sind hier doch alle total freundlich.« »Das sagst du jetzt, aber glaub mir, Ariane, wenn du in eine Notsituation gerätst, oder jemand Gisa bedroht, dann wirst du froh sein, ihn bei dir zu haben.« »Bei mir?« »Ja, im Zelt bringt er dir im Zweifel nichts. Ich möchte, dass du ihn immer trägst. Verdeckt natürlich, unter der Weste. Erkläre es Gisa in einem ruhigen Moment, damit sie sich nicht erschrickt, wenn ihre Mama künftig bewaffnet herumläuft. Ariane, die Sache ist die: Du kannst niemandem trauen. Nicht, wenn es vielleicht um Geld geht. Und jeder hat andere Gelüste nach Wochen in der Wildnis. Der eine flippt aus, wenn er Gold sieht, der andere schon, wenn es um eine Tasse Kaffee geht. Es ist in jedem Fall besser, wenn du ihn hast.« Zunächst empfand ich es als unangenehm, den Revolver ständig am Körper zu tragen, und ich gewöhnte mich nur allmählich daran. Nicht, dass ich im Ernstfall nicht damit hätte umgehen können. Meine Mutter war in unserem Dorf im Allgäu im Schützenverein gewesen. Sie ließ mich auch schießen. Waffen waren für mich selbstverständlich, zu Hause gehörten sie zum Inventar in Mamas Schlafzimmer, und ich hatte mir sogar mal zugetraut, eine auseinanderzunehmen und zu säubern. Nur zusammensetzen konnte ich sie anschließend nicht mehr.

Eigentlich hatte ich keinen besonders großen Spaß am Jagen. Aber jetzt kam diese Aufgabe wohl oder übel auch auf mich zu. Wenn ich die Wahl hatte, ging ich trotzdem viel lieber angeln. Gisa, Michael und ich waren von Beginn an abends häufig zu dritt am Fluss. Angeln war für uns das Fernsehen im Urwald. Mein erster Fisch war ein Sábalo, wie er in den Gewässern in Südamerika häufig vorkommt. Zuvor hatte ich schon mal einen Rochen an der Angel gehabt, war aber so überrascht gewesen, dass ein Fisch angebissen hatte, dass ich gar nicht so schnell ziehen konnte, wie Michael mir die Angel aus der Hand nahm. »Komm her, ich mache das!« »Nein, Quatsch, lass mich«, rief ich. Michael ließ sich nicht beirren, und ich war beleidigt, dass er mir diesen Moment nicht zugestand, den Fisch selbst herauszuholen. Auch Michael musste noch lernen, mir nicht alles, was nicht auf Anhieb klappte, abnehmen zu wollen. Dass ich imstande war, schnell zu lernen, zum Beispiel dass man am besten Maden, Raupen und Fleischreste als Köder verwendete. Und wie man ein Tier in diesem Umfeld aufbrach, nämlich nicht im Camp, was Raubkatzen angelockt hätte, sondern unten am Fluss. Das Fell musste abgeschabt, das Tier zerlegt und zerteilt werden. Am Fluss hatte das alles den Nebeneffekt, dass man so nebenbei noch gut angeln konnte, denn die Arbeit zog auch die Raubfische in den Uferbereich.

Ein typisches Problem im Urwald war, dass man entweder Fleisch und Fisch im Überfluss oder gar nicht zur Verfügung hatte. Ohne Tiefkühltruhe, stattdessen aber bei tropischem Klima galt es, Verderbliches schnell haltbar zu machen. Also räucherten und trockneten wir Fisch und Fleisch, sodass wir noch Tage später etwas davon hatten. Das erste Tier, das ich im Urwald auseinandernahm, war aber weder ein Ozelot noch ein Schwein, sondern eine Schlange. Eine Anakonda mit gelber Haut und schwarzen Tupfen, die sich in den ersten Wochen in unserem Stellnetz am Flussufer verfangen hatte und dort mangels Luftzufuhr verendet war. Obwohl Schlangen weiß Gott nicht zu meinen Lieblingstieren zählten, schlitzte ich sie in der Küche auf, die Haut spannten wir auf, das Fleisch verspeisten wir direkt. Ein großer Genuss im Vergleich zum für meinen Geschmack viel zu strengen Ozelot. Auch Gisa mochte das kräftige Muskelfleisch – nachdem ich ihr gesagt hatte, sie würde Fischstäbchen essen.

Trotzdem bedeutete all das nicht, dass mein Überlebenstraining an dieser Stelle beendet gewesen wäre. Michael war sich dessen bewusst, bevor ich mir selbst darüber Gedanken machen konnte. Und er legte zügig los mit der Einweisung. »Gisa lernt angeln, aber du musst alles können. Im Notfall musst du mit ihr den Urwald verlassen können, auch ohne mich. Du musst dazu in der Lage sein, ohne zu sagen, Eduardo« – so der Name eines unserer Mitarbeiter – »sei doch bitte so nett und bringe mich nach Boca Colorado. Stattdessen musst du stehenden Fußes mit deiner Tochter gehen können.«

Von Tag eins an trug ich meine Überlebensweste. Auch Gisa hatte eine. In ihren Seitentaschen waren Angelhaken, in meiner war hingegen eine ganze Ausrüstung, die uns beide über Tage in der Wildnis retten konnte – verschweißte Streichhölzer, ein Sturmfeuerzeug von der Bundeswehr, Nähzeug, denn auch daraus konnte man Angelhaken basteln, eine Sicherheitsdecke und Medikamente. Ich musste den Urwaldführerschein machen. Abends paukten Michael und ich Theorie, tagsüber, nachdem er mit der Goldarbeit fertig war, übten wir praktisch. »Schau dich um«, sagte er bei einer dieser Gelegenheiten abseits des Camps, in der Nähe des kleinen Bachs. Wir standen auf einer Lichtung. »Du hast Hunger. Was kannst du essen?« Ich suchte nach Pflanzen zum Essen. Das Keimblatt einer Palme sei Salatersatz mit hohem Energiegehalt, lernte ich. Auch mit Maden würde man es über ein paar Tage schaffen können. »Gut, dein Hunger ist fürs Erste gestillt. Aber du willst hier raus. In welche Richtung gehst du?« Michael klang herausfordernd. Das war einfacher. »Ich folge dem Fluss.« »Genau. Denn der Fluss wird irgendwann ins Meer münden, egal, wo du bist, kommst du so zur Urwaldpfanne, und da sind Menschen. Dann bist du wieder in der Zivilisation«, sagte er.

Michael brachte mir bei, wie ich aus Blättern einen Unterschlupf bauen konnte, damit ich vor der nächtlichen Feuchtigkeit Schutz fand. »Am besten ist es, wenn du eine Dachschräge bauen kannst. Darauf kommen Äste, dann Laub, dann noch einmal Äste. Wenn du viel Zeit hast, flichtst du die großen Blätter ein. Wenn dir wenig Zeit bleibt, reicht es auch, die Blätter obenauf zu legen und zu fixieren. Oder schau, da drüben ist eine Liane. Wie können wir die nutzen?« »Hm?« »Du reißt sie auseinander, dann hast du einen Strick«, sagte Michael, als wäre es eine Selbstverständlichkeit. »Damit kannst du deinen Unterschlupf sichern. Dann wird alles noch stabiler. Das ist vor allem in den Bergen wichtig. Du musst dich immer den Gegebenheiten anpassen.« Michael verwendete wirklich viel Zeit auf die Übungen zum Urwaldführerschein. In jeder freien Minute bombardierte er mich mit Fragen: »Wo sitzen die Würmer, die du als Köder zum Angeln brauchst?« – »Wie baust du eine Falle?« – »Wie kannst du dich wärmen, wenn du doch auf einmal keine Sicherheitsdecke hast?« Die Antwort lag stets in der Natur. Hier würde sich alles finden, ich musste nur wissen, wie ich sie nutzte. Hier gab es Wurzeln, die man essen konnte, Blätter, die einem ein Dach über dem Kopf gaben und die auch Wärme spendeten, wenn man aus ihnen einen Umhang bastelte.

Nach einigen Wochen war ich fit. Der Begriff Urwaldführerschein war eine gute Beschreibung für das, was ich jetzt konnte. Ich sollte mit der Zeit noch Indianerkinder beobachten, die kaum saßen und schon eine Machete in der Hand hielten – ohne sich zu schneiden. Dazu musste ich noch herausfinden, an welchen Stellen die Machete scharf war. Intuition war gefragt, um diesen Ort besser zu verstehen. All das Wissen würde mir nichts nützen, wenn ich angegriffen werden würde. Was, wenn ich nicht schnell genug den Revolver aus der Seitentasche ziehen konnte? Michael brachte mir ein paar Judogriffe bei, einen Trick, bei dem ich als Frau mit verhältnismäßig geringem Kraftaufwand auch einen Mann mit zwei Fingern beim Schlafittchen packen konnte und der sich daraufhin nicht mehr bewegen konnte. Michael bestärkte mich dabei auch in meiner Selbstsicherheit. »Angst führt zu Fehlverhalten«, sagte er. Also müssten wir dafür sorgen, dass ich keine Angst hätte. »Der Bösewicht wird mit sehr hoher Wahrscheinlichkeit kein Karate oder Judo können«, sagte er. »Mit diesen Griffen schaffst du eine Distanz, die es dir erlaubt, im entscheidenden Moment die Waffe herauszuholen.« Wenn es wirklich zu einem Angriff kommen sollte, war ich bereit, mein Gegenüber umzubringen, und zwar sofort.

Was Michael nicht ansprach, worauf ich aber als Frau auch gefasst sein musste, war eine mögliche Vergewaltigung. Natürlich, auch dann würde ich versuchen, mit allen Mitteln dieser Situation zu entfliehen. Falls das nicht möglich sein sollte und ich schnell erkennen müsste, wie meine Chancen standen, um am Ende nicht mein Leben zu riskieren, würde ich den Übergriff akzeptieren, über mich ergehen lassen müssen und versuchen, dabei mein Bewusstsein vom eigenen Körper zu trennen. Das Schlimmste, was bei einer Vergewaltigung passieren konnte, wären Verletzungen am Unterleib, ein Trauma und mögliche Geschlechtskrankheiten. Alles äußerst unschön. Aber kein Vergleich zu der Tatsache, dass Gisa ohne Mutter aufwachsen müsste.

Oder ein Schlangenbiss. Auch diesen möglichen Vorfall durchdachte ich Hunderte Male. In Lima gab es zwar Schlangenserum zu kaufen, aber man musste es kühl lagern: Keine Chance im Urwald. Ich müsste die Wunde also sofort aufschneiden, versuchen, so viel Gift wie möglich herauszusaugen, und die Stelle dosiert abbinden, um nicht am Ende zu riskieren, den ganzen Arm zu verlieren. Am wichtigsten war es – übrigens bei allem, was man tat –, Ruhe zu bewahren. Egal, ob ich mich mit Menschen oder Tieren konfrontiert sah, zählte ein besonnenes Handeln. Im Bruchteil von Sekunden musste ich einschätzen lernen, ob der Angreifer nur die Brieftasche oder mich wirklich umbringen wollte. Bei einer Schlange würde es nicht helfen zu schreien, denn Schlangen sind taub. Hier müsste ich hingegen fest mit den Füßen trampeln. Das bläute ich auch Gisa ein, die ich in den ersten 14 Tagen im Camp selten aus den Augen ließ. Der Vorfall in Maldonado, als sie fast ertrunken wäre, steckte mir noch in den Knochen. Indem ich mich auch mental mit den möglichen Gefahren auseinandersetzte, fühlte ich mich vorbereitet und sicherer.

Ich merkte schnell, dass da etwas in mir schlummerte, von dem ich gar nicht gewusst hatte, dass es existierte. Ich war nicht mehr nur die Ariane, die die Annehmlichkeiten der Zivilisation zu schätzen wusste, die ihr Auto vor der Tür brauchte und bereit war, 500 DM für Unterwäsche auszugeben. Gut, ich war noch immer die Ariane, die sich jeden Tag schminkte. Die nicht ohne massenhaft Kajalstifte in den Urwald gezogen war und einen davon auch jetzt immer in ihrer Überlebensweste trug. Aber davon abgesehen ließ ich mich gerne und leicht auf den Urwald ein und wollte mich den Umständen anpassen. Ich wollte hier leben. Jene Unabhängigkeit, die mir schon in der Zivilisation heilig gewesen war, erlernte ich hier aufs Neue. Trotzdem gab es Momente, in denen mir doch etwas davon fehlte. Hier war ich keine Einzelkämpferin, die ihr eigenes Geld verdiente. Hier war ich zwar anders frei, aber zugleich Teil eines großen Ganzen. Das war schön, wenn ich mich verantwortlich fühlen konnte. Und es frustrierte mich, wenn ich mir in den ersten Wochen häufig vorkam wie das fünfte Rad am Wagen.

Wir hatten eine Köchin, die mich in jedem passenden Moment aus der Küche scheuchte. Ihr war es offensichtlich zu viel, mich in die Versorgungsmechanismen einzuweihen. Um Holzstämme für den Bau des Hauses zu tragen, war ich wiederum zu schwach. Und kleinere Aufgaben gab es noch keine zu erledigen. Die Wäsche, ja, darum konnte ich mich kümmern. Wenn man in den Tropen im Zelt schläft, ist die Schlafsackunterlage am nächsten Morgen klatschnass. Also hängte ich sie zum Trocknen und Lüften raus. Anschließend widmete ich mich Gisa. Der Unterricht sollte trotz der vielen neuen Eindrücke auf keinen Fall auf der Strecke bleiben. Regelmäßigkeit war wichtig, in jeder Hinsicht. Und so sorgte ich schnell für Rituale. Nach dem Frühstück richtete ich ihr einen Platz auf einem Baumstamm im Schatten ein. Legte Stifte, die Bücher und Papier zurecht. Sagte noch mal »Guten Morgen« und prüfte die Hausaufgaben, die ich ihr am Vortag aufgegeben hatte. Kleinigkeiten, die sie schreiben und rechnen sollte. Dann begannen wir, uns in den Büchern weiter vorzuarbeiten.

Wir machten auch das gemeinsame Singen vor dem Schlafengehen im Zelt zur Regelmäßigkeit. Ich schmetterte los: »*Wir lagen vor Madagaskar / Und hatten die Pest an Bord / In den Kesseln, da faulte das Wasser / Und täglich ging einer über Bord.*« Kein typisches Einschlaflied für Kinder Anfang der 1990er-Jahre. Aber was war schon typisch? »*Wir lagen schon vierzehn Tage / Und kein Wind in die Segel uns pfiff / Der Durst war die größte Plage / Da liefen wir auf ein Riff.*« Ich wurde nicht nur fitter im Umgang mit dem Alltag im Urwald. Ich konnte auch immer besser einschätzen, was meiner Tochter hier zuzumuten war. In welchen Situationen es wichtig war einzugreifen. Was Gisa am Tag erlebt hatte, sprachen wir in ihrem Zelt beim Gutenachtsagen noch mal durch. Dafür gab es in unserer Fantasie den kleinen Elefanten. Er hatte Haare in drei verschiedenen Farben und drei verschiedene Knöpfe. Und er hatte erlebt, was Gisa erlebt hatte. Das Schöne und das Traurige. So hielten wir es jeden Abend.

GISA

Seit über zwei Tagen waren wir nun unterwegs, erst mit dem Lastwagen, dann mit dem Kanu. Eine aufregende Reise. Wir, das waren Michael, Mama und ich, meine neuen Freunde, deren Eltern, das Baby und ihr Hund saßen hinten. Und natürlich Isauro. Vorne türmte sich unser Gepäck. Wir trieben auf dem breiten Fluss entlang, und schon von Weitem sah man die Krümmung am Flusslauf. »Gleich haben wir es geschafft! Da vorne ist es«, rief Michael. Kein einziges Mal hatte ich bis zu diesem Zeitpunkt gequengelt, wann wir denn endlich da wären. Die Fahrt war spannender gewesen als alle Bootsfahrten, die ich bislang erlebt hatte. Immer wieder sah ich am Ufer Menschen, die sich wuschen, und Kinder, die spielten. Michael manövrierte unser Kanu ans Ufer, und wir legten an. Als wir ausstiegen, knirschten die vielen Steine unter unseren Füßen. Dahinter erblickte ich einen

Hang, an dem wir fortan wohnen würden. Michael hatte mir das vorher erklärt, und jetzt verstand ich es auch. Gerade war das Wasser flach. Aber es würde steigen, je nachdem, wie viel es regnete, und deshalb war es wichtig, das Camp auf einem Hügel zu errichten.

Das war also der Urwald. Isauro und ich sollten in einem Zelt schlafen. Überhaupt war alles in Zelten organisiert. Es gab ein Zelt für die Küche, und Mama und Michael schliefen auch in einem direkt neben meinem. Sie hatten ein grünes Zelt, ich bekam ein blaues zugewiesen. Es gab auch Regeln fürs Zelt: Man konnte nicht so einfach eine Zimmertür öffnen und sie dann eben mal offen stehen lassen. Mama kniete mit mir vor meinem blauen Zelt und zog am Reißverschluss, um die Luke zu öffnen. Ein Ratsch. Ich konnte ins Innere schauen, und zugleich war dazwischen noch ein Netz. Eines, wie ich es aus dem Hostel in Lima kannte, wo wir unter Moskitonetzen geschlafen hatten. »Moskitos gibt es auch hier«, sagte Mama. »Deshalb ist es wichtig, dass du immer, wirklich immer, erst den einen Reißverschluss öffnest, ihn hinter dir schließt und dann den anderen öffnest und ihn wieder hinter dir schließt.« Sie ließ mich das ein paarmal üben. Um in mein Zelt zu gelangen, musste ich somit zunächst eine Art Parcours durchlaufen. Mir gefiel das.

Mama schaute mich eindringlich an. »Es sind auch nicht nur Moskitos, Gisa. Wir sind im Urwald. Hier gibt es Schlangen und Skorpione. Zubettgehen wird sich für dich verändern. Du hast jetzt einen Schlafsack statt einer Bettdecke, und jeden Abend, bevor du hineinschlüpfst, musst du prüfen, ob sich nicht vielleicht Tiere oder Käfer hineinverirrt haben.« Mama war deutlich. Fortan schaute ich jeden Abend nach, im Schlafsack und unter dem Kissen. Es war so heiß. In der ersten Nacht konnte ich überhaupt nicht schlafen. Das lag auch an den fremden Geräuschen, den Stimmen des Urwaldes, die mir zu diesem Zeitpunkt noch fremd waren. Das Rauschen des Flusses, das schon tagsüber laut war und mir nachts noch lauter vorkam. Dazu das Gekreische der Papageien. Ich lag auf meiner Matte im Schlafsack, hörte auch die Grillen und Frösche und konnte nicht einschlafen. Angst hatte ich keine. An meiner Seite war ja Isauro, dem es genauso ging wie mir. Er lag ganz lieb mit weit geöffneten Augen in seiner Höhle. Auch für ihn war das alles neu. Zu Mama und Michael ins Zelt mussten wir uns aber nicht hinüberschleichen. Wir hatten uns zwei. Das genügte. Ich brauchte diese eine Nacht, um mich an den Urwald zu gewöhnen. Später beruhigte mich die nächtliche Geräuschkulisse geradezu.

Mama hatte ihre Ankündigung wahr gemacht. Als wir Deutschland verlassen hatten, war ich zwar noch im Kindergarten, aber sie schien es gar nicht abwarten zu können, mich zu unterrichten. »Die anderen Kinder in Deutschland kommen alle bald in die Schule«, sagte sie. Auch ich sollte lesen, schreiben und rechnen lernen, von ihr. Sie zog das konsequent durch und war eine strenge Lehrerin. Im Flugzeug von Lima nach Maldonado hatte ich schon erste Aufgaben lösen müssen. Dann auf der Veranda in der Lodge. Jetzt im Urwald hatte ich meinen Platz auf einem Baumstamm. Selbst im Kanu kam Mama auf die Idee, mir Aufgaben zu stellen. Egal, wo wir waren, ich musste lernen. So lange durfte ich auch nicht mit Isauro zusammen sein, und er durfte erst dann auf meinen Schoß, wenn Mama sich vergewissert hatte, dass alles erledigt war. Und das musste jeden Tag sein. Erst dann konnte ich auch mit den anderen Kindern spielen. Ich fand das schon unfair. Unsere Köchin hatte zwei Kinder, einen Sohn und eine Tochter in meinem Alter. Und da waren auch die Indianerkinder, die uns öfter besuchten. Sie alle wurden von ihren Müttern nie mit Aufgaben belästigt. Deren Mütter kamen nie mit Heften an, in die sie Buchstaben einzutragen hatten. Deren Mütter hatten auch keine Bücher dabei. Und deren Mütter stellten auch keine komplizierten Fragen: »Was ist 2 plus 4 plus 8 minus 7?« Selbst wenn gerade nicht Unterrichtszeit war, stellte Mama mir gern spontan solche Fragen. Und sie erwartete, dass ich wie aus der Pistole geschossen antwortete. Mama war immer auch meine Lehrerin. Beim Lernen sah und hörte ich das Rauschen des Flusses. Aber bis ich dort spielen durfte, war es Nachmittag.

Wenn wir mit dem Unterricht fertig waren, gab es noch eine weitere Aufgabe für mich. Ich war fürs Angeln zuständig. Michael hatte es mir beigebracht. Die Angel bestand aus einer leeren Coladose und einer Schnur mit Haken. Als Köder gab es Teigkügelchen aus angerührtem Mehl, die ich daran befestigen konnte. So warf ich die Leine in den Fluss und wartete, bis ein Fisch anbiss. Die Fische waren ganz klein und gar nicht zum Essen, sondern als Köder vorgesehen. Michael zeigte mir auch, wie ich diese süßen zappelnden Fische zwischen zwei Finger klemmen und hart gegen einen Stein schlagen musste. Als er es mir vorgemacht hatte, war mir fast schlecht geworden. »Es ist leider der einzige Weg, Gisa. Wenn du es nicht machst, leidet der Fisch noch mehr«, sagte Michael und streichelte mir über die Schulter. Ich hätte den Fisch am liebsten zurück in den Fluss geworfen, aber Michael erklärte: »Wir brauchen sie. Die kleinen Fische, die du tagsüber fängst, sichern uns gegen Nachmittag genug Köder, um große Fische zu fangen, die wir dann essen können.« Jeder hatte eine Aufgabe im Camp. Das war meine. Es dauerte eine Weile, bis ich Spaß daran fand. Aber dann war ich immer mit der Coladose unterwegs und warf die Leine in den Fluss, sobald ich am Ufer war. Meine Beziehung zu Michael war zu diesem Zeitpunkt auch noch recht neu für mich. So gab es noch etwas, das er und ich gemeinsam hatten. Das gefiel mir. Ich wollte ihn beeindrucken und ihm beweisen, dass er auch stolz auf mich sein konnte. Das Angeln, das war etwas zwischen ihm und mir.

Eines Nachmittags – ich ging mal wieder meiner Angelbeschäftigung nach – beobachteten mich drei Indianerkinder vom Ufer aus. Sie hatten dunkle Haut, dunkle Haare und trugen ganz kurze Hosen, freie Oberkörper. Die hatten es gut, denn trotz der Hitze musste hier immer mit T-Shirt und langer Hose bedeckt herumlaufen. Wegen der Insekten und Schlangen und überhaupt allem, was gefährlich war, hatte Mama gesagt. Das nervte. Mit meiner Coladosentaktik war ich mittlerweile schon sehr geübt, als ich an jenem Nachmittag hörte, wie die Gruppe Jungs in meinem Alter anfing zu lachen. Sie saßen auf einem Baumstamm, der ins Wasser ragte. Aus dem

Augenwinkel hatte ich bemerkt, dass sie mich beobachteten. Einer von ihnen kletterte nun, ohne ein Wort zu sagen, zu mir herüber. Ich hätte ihn eh noch nicht gut verstanden, obwohl sich mir die Welt auf Spanisch von Tag zu Tag mehr erschloss. Der Indianerjunge nahm sich ein paar Steine aus der Uferzone und baute daraus im flachen Wasser einen Kreis. Darauf platzierte er eine Steinplatte. Einen anderen Stein ließ er mit einem lauten Knall aus etwa einem Meter Höhe auf die Platte fallen. Ich erschrak. Alle anderen Kinder lachten daraufhin, und so lachte auch ich mit. Sie machten ein freundliches Gesicht, das half, die Situation zu verstehen. Der Indianerjunge wollte mir helfen und zeigte mir eine bessere Methode, wie ich künftig sehr viele Fische auf einmal »erlegen« konnte. Als er die Platte von den Steinen hob, lagen da 20 kleine tote Fische, die er mir gab. Allein mit Schall und ein bisschen Futter wie zum Beispiel gekochtem Reis unter der Platte, so lernte ich, konnte man viele Fische auf einmal töten.

Im Gegensatz zu Mama musste ich keinen Urwaldführerschein ablegen. Mir wurden die Dinge einfach gesagt: Du musst bekleidet sein! Immer Schuhe tragen! Du musst trampeln, wenn du dich im Wald bewegst, damit Schlangen und Skorpione sich verstecken. Mit Isauro zog ich oft alleine los, pflückte große Zitronen, die superlecker waren, wenn man sie halbierte und direkt in das Fruchtfleisch biss. Das neue Leben nahm ich im Vergleich zu Mama als viel selbstverständlicher hin. Ich war erst fünf Jahre alt, als wir ankamen, wurde dann schnell sechs, aber hatte mich einfach noch nicht so sehr an die Annehmlichkeiten der westlichen Welt gewöhnt.

Zum Wasserholen schickte man mich ständig zum Fluss. Dort badeten wir auch. Dort spülten wir unser Geschirr. Ich machte mir gar keine Gedanken darüber, ob das Wasser sauber oder dreckig war. Ich lernte intuitiv, mich in mein neues Umfeld einzufinden und es zu akzeptieren. Mehr noch: Der Urwald war ja auch ein großartiger Spielplatz. Aus vielem, was ich fand, ließ sich etwas machen. Ich spielte mit dem, was mir der Urwald gab. Mit dem Holz, das Michael und die Männer nicht zum Bau unseres Hauses verwenden konnten, errichteten wir nach langem Betteln ein Baumhaus. Wir schaukelten auf den Lianen. Ließen Steine über das Wasser flitschen. Auch das brachte Michael mir bei. Und er zeigte mir, wie man Feuer mit zwei Steinen machte. Ich spielte weder »Mensch ärgere Dich nicht« noch mit Lego, sondern bastelte aus Blättern lustige Ohren und versuchte beim Beobachten von Tieren so nah wie möglich an sie heranzukommen. Ich lebte hier im Urwald im Einklang mit der Natur.

DIE GOLDGRÄBERIN

Da war es doch: Ich stand am Ufer des schmalen Bachs, der ein Nebenarm eines Zubringers des Madre de Dios war. Dessen sumpfiges breites Becken funktionierte als Hauptverkehrsader in diesem südöstlichen Teil von Peru. Der viel kleinere Bach, zu dem Gisa und ich gelaufen waren, bot hingegen beste kristallklare Wasserqualität. Es kam direkt aus dem Berg. Am Boden glitzerte etwas in Gelbgold. Gisa und ich wollten hier eigentlich nur zwei Eimer Wasser holen und waren dabei ein bisschen weiter als gewöhnlich den Flusslauf entlanggewandert. Das hatte sich gelohnt, dachte ich. Gold! Zum Greifen nahe. Jeden Tag sah ich die Männer losziehen zum Maschinenpark am Ufer zehn Minuten Fußweg entfernt von unserem Basiscamp. Dabei war es offenbar so einfach, an Gold zu kommen. Ich nahm mein Halstuch, belud es mit dem Gestein, knotete es zu, und wir beide traten zufrieden den Heimweg an. Michael würde staunen.

Im Camp breitete ich meine Fundstücke stolz auf der Tischplatte aus, die aus der Rinde einer Chonta-Palme bestand. »Und«, rief ich erwartungsvoll, als Michael gerade von der Arbeit kam. »Wie viel Gold habt ihr heute gefunden? Nun, ich für meinen Teil habe nämlich das hier.« Ich deutete in die Richtung des ausgebreiteten Halstuchs, darauf die glitzernden Gesteinsklumpen. Michael kam näher und schmunzelte. »Kein schlechtes Ergebnis, oder?« »Na ja, Ariane, wenn es so einfach wäre.« Ich wusste nicht, was er meinte. »Das, was du da gefunden hast, und ich nehme an, es war im Bach recht deutlich sichtbar, ist Pyrit, besser bekannt als Katzengold. Auf den ersten Blick ähnelt es zwar Gold, aber bei näherem Hinschauen siehst du es an der Farbe und dem Verlauf. Am Muttergestein. Nimm es mal in die Hand«, sagte Michael und reichte mir einen Klumpen. »Der ist doch viel leichter als das Gold, das wir bislang gefunden haben.« Zum Einstand als Goldsucherin hatte ich Narrengold gefunden. Ich war nicht nach Peru gekommen, um nur ein bisschen Abenteuer zu erleben oder nur Zuschauerin zu sein. Das Goldschürfen ermöglichte uns, ein Leben hier im Urwald leben zu können. Dazu wollte ich meinen Beitrag leisten. Und das, so lernte ich an diesem Spätnachmittag kurz vor Einbruch der Dunkelheit, bedeutete wohl mehr, als beim Wasserholen zufällig auf vermeintliches Gold zu stoßen.

Ich begann mich einzulesen. Michael hatte bereits drei Bücher über seine Zeit in Südamerika und die Goldarbeit geschrieben, und seine Aufzeichnungen brachten mir die praktische Arbeit in der Theorie näher. Er wusste auch von meinen Plänen, bald mithelfen zu wollen. Gisa konnte ein bisschen Übung ebenfalls nicht schaden. Und so stellte er uns regelmäßig Eimer voller Geröll und Wasser direkt aus dem Fluss hin. Er hatte sie zu Übungszwecken mit ein bisschen Gold präpariert. »So, und jetzt trainiert ihr das Waschen mit der Pfanne«, sagte er, als er die Eimer vor uns platzierte. »Wenn ihr fertig seid, müsst ihr sechs, sieben Flitter Gold gefunden haben. Wenn ihr die nicht verliert, ist das schon mal sehr gut.« Michael reichte uns die Waschpfannen.

Der Inhalt der Eimer, das Goldkonzentrat, kam hinein. Die ganz groben Steine sortierten wir sofort aus, gröbere konnte man abtragen, wenn sie durch die Rotation nach außen getragen worden waren. Alles, was schwer war, blieb unten liegen, sodass am Ende also nur noch das Gold und schwermineralhaltiger schwarzer Sand übrig war. Dieser eignete sich somit auch als Goldfalle, denn er legte sich über die Flitter und hielt sie so lange in der Spitze des Trichters, bis alle Steine mit der Fliehkraft des Wassers abgetragen waren. Irgendwann hatten wir unsere paar Flitter. Wer Gold im Fluss finden wollte, also Waschgold, der musste zunächst lernen, mit der Pfanne umzugehen. Sie kann flach sein oder spitz zulaufen wie ein Kegelhut. Wir bevorzugten letztere Variante, und zwar nicht aus Holz, sondern aus robusterem Aluminium, die auch einem Marsch über die Berge standhielt.

Schon bald sollte ich im Dienst eingeteilt werden wie jeder andere Goldwäscher auch: Goldstellen finden, Tauchgänge übernehmen, dem Weg des Goldes folgen. Allerdings musste ich mir zunächst einen Platz in dem Team erkämpfen, mich aktiv einbringen. Ständig boten mir die Mitarbeiter an, für mich tauchen zu gehen. Der Taucher arbeitete sich auf dem Grund des Bachs durch klares Flusswasser, wo die Sicht gut war. Indem wir Gold förderten, schafften wir Steine von Punkt A nach Punkt B, ähnlich dem Vorgang, der sich gewöhnlicherweise auch bei Hochwasser im Fluss abspielt. Die grobe Arbeit der Goldwäsche verrichteten wir mit der Dredge, die Michael und seine Belegschaft in Maldonado gebaut hatten. Mit dem Rohr dieser staubsaugerähnlichen Maschine, die auf dem Wasser schwamm, galt es, tauchend das Flussbett abzusuchen. Man musste sich dafür durch die Geröllschicht arbeiten. Mit Glück war diese nur ein paar Zentimeter dick, wenn man Pech hatte, bis zu fünf Meter. Das Wasser war erfrischend kühl, aber ich trug ohnehin meinen Taucheranzug, dazu sehr robuste Handschuhe als Schutz bei der händischen Arbeit durch das Geröll. Denn es war wichtig, keine schweren Steine mit dem Saugrohr zu erwischen, die das Rohr sofort verstopft hätten. Über dieses Rohr gelangte das goldhaltige Konzentrat dann vom Flussbett mit hoher Geschwindigkeit zunächst in die Baffle Box, einen Plastikkasten, in dem die Strömungsgeschwindigkeit fast zum Erliegen kam, und anschließend auf die Auffangrutsche der Maschine, die Sluice. Das Wasser, der schwermineralhaltige Sand, Geröll und Gold wurden nun über ein Gitter aus verwobenen Teppichen geschleust, in denen die schweren Elemente hängen blieben. Also auch das Gold. Aber es musste immer jemand am Rand der Sluice sitzen, um große Steine, die sich vielleicht auf der Rutsche verfingen, schnell wegzuräumen. Denn sie konnten auch das Gold jederzeit mit sich ziehen.

Dass es je nach Flussgröße verschiedene Arten von Dredges gab, hatte ich schon in Maldonado gelernt, als Michael und unsere Mitarbeiter die Vierer-Dredge gebaut hatten. Mit der Achter-Dredge, deren Name wie auch bei allen anderen auf den Durchmesser des Rohrs zurückzuführen war – in diesem Fall auf einen Durchmesser von acht Inch, was ungefähr 20 Zentimeter entspricht –, würden wir später besonders häufig arbeiten. Aber aktuell mussten wir uns mit der Vierer-Dredge begnügen. Während ich das Flussbett nach Gold absuchte, lernte ich auch, dass man die Maschine je nach Gesteinsformation und Konzentration des schwermineralhaltigen Sandes unterschiedlich häufig abschalten und auswaschen musste. Setzte der den Riffeln zu sehr zu, würden die Teppiche ihre Feinmaschigkeit verlieren und das Gold würde einfach weiterwandern. Die ganze Goldarbeit wäre umsonst gewesen.

Der Weg des Goldes ließ sich berechnen. Gold hat ein hohes spezifisches Gewicht und geht somit immer einen möglichst geraden Weg. Es setzt sich hauptsächlich an oder hinter der Innenseite von Flussschleifen in sogenannten Flussseifen ab. Diese Seifen können versanden, wenn der Fluss oder Bach mäandert, und das Gold bleibt dort zusammen mit anderen schweren Mineralien, Gesteinen und ganzen Steinblöcken liegen, da sich die Strömung des Wassers hinter der Kurve verringert oder eine leichte Gegenströmung entsteht. In so eine Goldstraße franste man sich mit ein bisschen Glück und Wissen hinein. Gleichermaßen musste man auch zahlreiche Abweichungen je nach Gesteinsformation und je nach Wasserstand des Flusses mit einkalkulieren – man hatte es ja schließlich mit Natur zu tun. Ich bin keine Geologin, sondern eignete mir dieses Wissen vor allem durch die praktische Arbeit an. Ich arbeitete mich auch in das Lesen und Deuten geologischer Karten ein und suchte sie nach Gebieten ab, in denen man vielleicht auf Goldadern stoßen könnte. Und lernte, die Natur mit dem Verstand eines Goldgräbers zu lesen.

Unten in der Urwaldpfanne am Madre de Dios saßen in jeder Flussschleife Goldwäscher. Wenn das Gold, das über die Flüsse aus den Bergen transportiert wurde, dort unten ankam, war es schon so zermahlen und zerschlagen, dass davon allenfalls noch mehlartige Spuren im Konzentrat übrig waren. Wie bei der Arbeitsweise mit der Dredge wird auch hier zur Goldgewinnung ein Konzentrat auf einer hölzernen Sluice Box, die mit Jutesäcken und Plastik ausgestattet ist, geschaffen. Dieses Konzentrat wird mit der Goldwaschpfanne von gröberen Steinen getrennt. Zurück bleiben Goldstaub und schwermineralhaltiger Sand. Nun walkt man in einem Verhältnis von eins zu eins Quecksilber in dieses Konzentrat, in jener Menge, wie man meint, Gold sei enthalten. Das Quecksilber bindet sich daraufhin mit dem Gold, wodurch sich das Gold leicht vom schwermineralhaltigen Sand mit der Pfanne auswaschen lässt. Zurück bleibt eine knetgummiartige Masse, die über dem Campfeuer meist in einer Thunfischdose erhitzt wird. Das Quecksilber verdampft, und geschmolzenes Gold bleibt übrig.

Die Quecksilberdämpfe stellen eine Gefahr für Mensch und Natur dar. Das Einatmen der hochgiftigen Dämpfe schadet nicht nur den Atemwegen, sondern dem gesamten Organismus. Die Quecksilberdämpfe gelangen ungefiltert in die Luft. So inhalieren sie auch die Tiere. Die Schadstoffe gelangen zudem in die Flüsse und auf diesem Weg in die Nahrungskette. Langfristige Umweltschäden sind die Folge. In den großen Minen, es sind letztlich Chemiefabriken unter freiem Himmel, wird häufig unter nicht besseren Bedingungen gearbeitet. Das dort abgebaute goldhaltige Gestein wird zermahlen und mit ebenfalls giftigem Zyanid versetzt. Die dabei erzeugten Abfallprodukte landen anschließend zum Teil im Grundwasser, auch wenn zur Lagerung Schutzdämme errichtet wurden. Die schädlichen Stoffe sickern in die Böden, verseuchen sie und gelangen ebenfalls in die Nahrungskette. Michael arbeitete mit seiner Crew bewusst in höheren Lagen, dort, wo das Gold in den Flüssen noch grobkörniger war. Wo man es ohne den

Einsatz von Quecksilber fördern konnte. Zwischen hohen Bäumen und durch dichtes Unterholz schlängelte sich ein kleiner Bach. Ich war mit einer kleinen, handlichen Sluice unterwegs. Die Männer wollten das Geröll für mich wegschaffen, aber ich wies ihre Hilfe zurück. Ganz langsam und allein erarbeitete ich mir diese Stelle unter Wasser. Und bei der anschließenden mechanischen Arbeit mit der Goldpfanne kam es dann plötzlich zum Vorschein: Mein erstes Nugget! Und dieses Mal war es kein Katzengold, sondern, wie es das Schicksal wollte, ein Klumpen in Herzform. Seine Bedeutung sollte noch weit über jene hinausgehen, die dieser erste Fund für mich bedeutete. Aber schon an diesem Tag war ich stolz.

Dass wir uns lange in der Nähe des Basiscamps aufhielten, sollte eine Besonderheit bleiben. Für den Anfang brachte es mehr Ordnung ins Leben und reduzierte die Unkosten in einer Zeit, als wir noch kaum Einnahmen hatten. So sparten wir uns zu Beginn eine aufwendige Expedition. Um wirklich sicher zu sein, dass sich eine solche lohnen würde, musste es zuvor jedes Mal eine Exploration geben. Wir mussten prüfen, wo man überhaupt auf Gold stoßen konnte. Dafür hieß es, geologische Karten studieren. Losziehen wie im 19. Jahrhundert, mit Spitzhacke, Schaufel und Pfanne. Es bedeutete, nicht nur einen Fluss auf Goldvorkommen zu untersuchen, sondern alle in der jeweiligen Bergregion. Es bedeutete, Geröll direkt aus dem Flussbett für erste Proben zu nehmen, um herauszufinden, ob ein Fluss goldführend war. Eine Exploration bedeutete, den Fluss zu studieren. Und sie bedeutete, für eine maximale Mobilität nur mit dem Zelt und vielen Tütensuppen als Proviant bewaffnet unterwegs zu sein.

Unser Basiscamp war dagegen gefestigter, selbst wenn sich der Hausbau hinzog und wir über Jahre mit wenig Privatsphäre lebten. Auch hier diente uns das Zelt als Schlafzimmer, in dem man nicht einmal aufrecht stehen konnte. Ordnung war trotzdem wichtig, chaotische Zustände machen mich nervös. Tagsüber hingen die Matten draußen zum Trocknen von der Feuchtigkeit im Urwald. Unsere Anziehsachen waren am Kopfende gefaltet. An unserer Seite lagen außerdem Machete und Taschenlampe. Den Kosmetikbeutel bewahrten wir draußen auf, unter dem Dach, das wir über das Zelt gespannt hatten. Das Zelt stand auch nicht direkt auf der Urwalderde, sondern auf einer aus Hölzern gebauten und mit Kartons ausstaffierten Stellage, damit es möglichst weich war. Der Traum und die Sehnsucht nach dem eigenen Heim blieben trotzdem, und allmählich stand auch das Fundament. Es sollte ein achteckiges Haus werden. Einfach, rustikal und trotzdem ein Ort, um inmitten der Urwaldriesen Wurzeln zu schlagen.

Mit der Zeit begannen auch unsere Nachbarn Notiz von uns zu nehmen. Nicht weit entfernt von unserem Fleckchen Land lag das Gebiet der Machiguenga-Indianer, und ihr erster Besuch ließ nicht lange auf sich warten. Drei Kanus mit jeweils einem Dutzend indigener Männer und Frauen trieben eines Nachmittags den Fluss entlang auf unser Camp zu. Es war sofort klar, dass wir in der Minderheit waren, und deswegen schickte Michael Gisa und mich vorsichtshalber ins Zelt. Genug von dem Besuch bekam ich trotzdem mit. Gisa beschäftigte ich mit Isauro in der Küche, von da aus hatte ich einen guten Blick auf unsere Besucher. Zuerst fiel mir ihr stolzer, anmutiger Gang auf. Selbst unter den rotbraunen Umhängen mit mittigen Schlitzen war er erkennbar. Ihr dichtes, dickes Haar schimmerte bläulich schwarz und erinnerte mich ein bisschen an das von Pferden. Es war zu Pagenfrisuren mit strengem Pony geschnitten. Die Machiguenga sahen ganz anders aus als die Peruaner. Es stellte sich heraus, dass sie einfach neugierig waren und herausfinden wollten, wer wir waren. Wir hatten zunächst keine Ahnung, wie sie reagieren würden, und überreichten Geschenke zur Begrüßung. Zucker, selbst wenn wir davon wenig hatten. Reis und Salz. Es dauerte eine Weile, bis beide Seiten einschätzen konnten, ob man im Gegenüber Feindschaft oder Freundschaft sah. Ihre regelmäßigen Besuche, die folgten, sprachen dann aber für sich:

Die Machiguenga kamen zum Tee, und fortan pflegten wir ein gutes nachbarschaftliches Verhältnis.

GISA

Abends, zum Essen am Lagerfeuer, stellten wir alle Blechteller nebeneinander in eine Reihe auf den Boden. Die von Mama und Michael, von Alejandro und seiner Familie, die der anderen Arbeiter und meinen. Jeder bekam seine Portion. Die Teller durfte man auf keinen Fall verlieren. Wo hätten wir sonst neue herbekommen sollen? Wenn ich in meinen ersten Wochen in Maldonado, vor dem Aufbruch ins Camp, noch über die Frauen gestaunt hatte, die im Fluss ihre Tüten auswuschen, dann lebten wir nun selbst so. Alles war kostbar. Alles war begrenzt, und Mama hatte zuvor akribisch geplant, was wir mit ins Camp nahmen. Nicht nur Teller, Schüsseln und Tassen. Sie hatte auch Maissamen, Zucker und Mehl dabei.

Für einen ganz besonderen Moment hatten wir aus Deutschland Vanillepudding aus der Tüte mitgebracht. Es waren nur ein paar schmale Päckchen, die nicht viel Platz im Gepäck wegnahmen. Monatelang hatte Mama auf den Vanillepudding-Moment gewartet. Dann war er da. »Heute machen wir den Vanillepudding«, kündigte sie eines Samstagmorgens an. Ich war aufgeregt und stellte mir den ganzen Tag vor, wie es wohl sein würde, den ersten Löffel von dieser süßen sahnigen Creme zu probieren. Selbstverständlich war ich Zeugin, als Mama den Pudding anrührte, und konnte es dann kaum abwarten, bis der Pudding abgekühlt war. Alles, was gekühlt werden musste, stellten wir in den Fluss. Drum herum wurden Steine gelagert, damit nichts wegtreiben konnte. Der Fluss war unser Kühlschrank. Da stand jetzt der Pudding seit gefühlten Stunden. Mama war längst wieder in der Campküche verschwunden, und ich blieb allein am Fluss, um zu angeln. Von Weitem sah ich, wie sich die Blechschüssel plötzlich bewegte. Das Hochwasser erfasste die Schüssel und trieb sie vor meinen Augen davon.

Alle im Camp hatten sich auf den Pudding gefreut. In diesem Moment wurde mir schlagartig klar, dass es allein an mir liegen würde, die Schüssel und damit letztlich den Tag zu retten. Hier im Urwald ging es immer darum, wie mutig Mama und Michael waren. Das würde meine Chance sein, um zu beweisen, dass auch ich mutig und ein wichtiges Mitglied der Campgemeinschaft war und dabei half, sie zusammenzuhalten. Ich krempelte meine Hose hoch und watete ins Wasser. Das Wasser war zwar in der Uferzone flach, wurde aber auch schnell tiefer. Aber weder darüber, dass ich gleich pitschnass sein würde, dachte ich in diesem Moment nach noch über Mamas Verbot. Darüber, dass ich gar nicht ins Wasser gehen durfte, wegen der kleinen Fische, die sich bis in meinen Harnleiter verirren konnten, wie Mama es mir erklärt hatte, und mir große Schmerzen beim Wasserlassen bereiten würden. Und wegen der Piranhas mit spitzen Zähnen. Aber in diesem Moment zählte allein die Schüssel. Irgendwann bekam ich sie zu fassen. Sie war längst umgekippt, und die ganze gelbe Vanillecreme trieb im Wasser. Kein bisschen Pudding war mehr übrig.

Immerhin: Ich hatte wenigstens die Schüssel retten können. Voller Stolz rannte ich zurück, den Hügel hinauf und geradewegs in die Küche, in der Gewissheit, die Heldin des Tages zu sein. Außer Atem und tropfnass rief ich: »Mama, guck mal, hier, die Schüssel.« In diesem Moment kam auch Michael von der Arbeit. Beide funkelten mich sofort böse an. »Das glaube ich jetzt nicht«, schoss es aus Mama heraus. »Wie kannst du den ganzen Pudding aufessen? Du weißt, dass ich ihn für alle im Camp gekocht habe, und du isst ihn jetzt ganz alleine.« »Mama, die Schüssel ist davongetrieben«, rief ich, total überrascht darüber, dass sie meine Rettungsaktion nicht würdigte. Das Flusswasser tropfte von meinem Körper zu Boden, und ich versuchte, den beiden mit der großen Schüssel im Arm die Situation plausibel zu machen. Mama aber ließ sich nicht beruhigen. Sie verschränkte die Arme vor der Brust. »Du isst den ganzen Pudding alleine und kommst uns dann auch noch mit so einer Lügengeschichte!« Auch Michael war sauer. »Gisa, du hast dich auf den Pudding gefreut. Ich habe mich auf den Pudding gefreut. Und jetzt ist er weg. Warum hast du das gemacht?« »Ihr müsst mir glauben. Das war nicht ich, das war das Hochwasser.« Das musste das richtige Stichwort gewesen sein, denn jetzt hielten die beiden einen Moment inne und gingen mit mir hinüber zum Hang des Hügels. Von dort aus realisierten sie, dass der Pegel des Flusses plötzlich gestiegen war und dass die kleine Nische aus Steinen im Wasser, in der der Pudding zuvor zum Abkühlen verwahrt worden war nicht mehr existierte. So schnell, wie Mama und Michael verärgert waren, beruhigten sie sich nun wieder. »Oh Gott, Kind, du bist ins Wasser gesprungen?« Mama nahm mich in den Arm und reichte mir ein Küchentuch, mit dem sie meine nasse Haut abtupfte. Niemand machte mir jetzt mehr einen Vorwurf. Alle sorgten sich um mein Wohl. Und so war ich doch noch die Heldin des Tages.

EXISTENZ IM URWALD

Eduardo, einer unserer Mitarbeiter, hatte das Kanu einfach genommen, ohne zu fragen. Michael war stinksauer. Es war Sonntag, und wir wollten eigentlich mit Gisa einen Ausflug unternehmen. Dafür hätten wir das Kanu gebraucht. »Weißt du, wenn Eduardo mich gefragt hätte, dann wäre das ja kein Problem gewesen«, sagte Michael aufgebracht.

Eduardo musste am Tag zuvor Streit mit jemandem im Camp gehabt haben, der dazu geführt hatte, dass er abgehauen war. Bis jetzt war weit und breit keine Spur von ihm zu sehen.

»Komm, lass gut sein.« Ich versuchte Michael zu beschwichtigen. Eduardo würde ja irgendwann zurückkommen, und wir konnten den freien Sonntag auch anders verbringen. Er hatte so begonnen wie jeder Sonntag, mit einem europäischen Frühstück für alle, mit Brötchen, Eiern, Marmelade und Honig, und mit Corned Beef aus der Dose. Das hatte sich nach einigen Monaten im Camp schon institutionalisiert. Auch sonst kehrte allmählich Routine in unseren Urwaldalltag ein, wenn auch einen ganz anderen als jenen, der auf ein Sonntagsfrühstück in Deutschland folgte. Wir waren in den Urwald gekommen, um hier miteinander zu leben, in Peru, mit Peruanern. Wir genossen die kulturellen Unterschiede. Von westlichen Ansprüchen des Umgangs hatten wir uns längst verabschiedet.

Aber ungerecht behandeln lassen wollten wir uns auch nicht. Und Eduardo hatte in Michaels Augen an diesem Wochenende eine Grenze überschritten. »Nein, so geht das nicht«, sagte er. »Und ich weiß ja, wo er ist. An der *tienda* flussabwärts.« Michael meinte einen kleinen Kaufladen, den einzigen Ort in der Nähe, an dem sich die Goldgräber wochenends vergnügen konnten. Hier gab es Alkohol, aber auch Kekse. Mit sehr großer Wahrscheinlichkeit würden wir dort auf Eduardo treffen. »Das passt doch«, schlug Michael vor und packte schon ein paar Kleinigkeiten in seinen Rucksack. »Da laufen wir jetzt hin.« Selbst Gisa war schnell für die Wanderung zu begeistern gewesen, nachdem Michael ihr dort etwas Süßes in Aussicht gestellt hatte. Ich fand die Aktion meines Freundes überzogen.

Wir liefen also los, den Fluss entlang. Es würde Stunden dauern, bis wir an der *tienda* waren. Wenn wir Pech hatten, war Eduardo mit unserem Kanu bereits auf dem Rückweg und sah uns vom Wasser aus nicht. Dann hätten wir den ganzen Weg auch noch zurücklaufen müssen. Nach dem mehrstündigen Fußmarsch dauerte es nicht lang, bis wir nach der Ankunft an der *tienda* über Eduardo stolperten. Da lag er, sturzbetrunken am Rande der Bewusstlosigkeit. Wir kauften unsere Kekse, und Michael schlug vor, Eduardo hier liegen zu lassen und zu dritt mit dem Kanu zurückzufahren. »Wenn Eduardo wieder bei Sinnen ist, kann er zurücklaufen. Geld wird er jetzt keines mehr haben, aber die zwei gesunden Füße sind vom Alkohol ja hoffentlich nicht in Mitleidenschaft gezogen worden. Er kommt schon zurück, und dann kann er sich noch mal mit mir auseinandersetzen.«

Wir schnappten uns das Kanu. Es dämmerte schon. Die Untiefen machten es schwierig, das 15 Meter lange Kanu zu manövrieren. Michael bediente hinten den Motor, ich stand vorne am Bug und stakste mit einer Stange im Wasser, um zu messen, wie viel Platz uns jeweils zwischen Flussoberfläche und Grund blieb. Meine Hand hob ich dann jedes Mal entsprechend hoch, damit Michael wusste, wie er mit dem Motor umzugehen hatte. Das Wasser wurde immer flacher. »Okay, ich schalte den Motor jetzt aus«, rief Michael zu mir herüber. »Das bringt nichts. Sonst geht uns die Welle vom Außenborder kaputt.« Er beugte sich über die Wasseroberfläche, hob den nassen Motor an und kippte ihn hoch.

Die Strömung war an dieser Stelle nicht stark, das Wasser flach. Michael sprang kurz entschlossen in voller Montur ins Wasser und wollte das Kanu ziehen. Mittlerweile war es schon dunkel geworden, und wir gerieten unter Zeitdruck. Gisa fand das alles spannend. Über eine Strecke von ein paar Metern konnte er unser Kanu gut bewegen. Plötzlich aber rang er nach Atem. Sein Körper wurde schlaff. Er stand kurz vor der Ohnmacht. »Oh Gott«, ich erschrak furchtbar. »Michael!« Auch Gisa bekam mit, dass Michael uns nicht mehr ziehen konnte. Ich lief zu der Stelle, an der er hing. In dem Moment begann er wieder zu strampeln, schnaubte und schrie jetzt: »Geh auf die andere Seite! Halt das Kanu fest! Pass auf, dass es nicht in die Strömung gerät.« In dem Fall hätte ich es nicht mehr manövrieren können, da der Außenborder über 40 Kilogramm wog. »Versuch, dir ein Seil zu schnappen, mit dem du das Kanu irgendwie am Ufer befestigst«, rief Michael noch. Im nächsten Moment verlor er erneut kurz das Bewusstsein und hing am Rande des Kanus wie ein nasses Handtuch. Ich hatte keine Ahnung, warum er plötzlich und immer wieder fast ohnmächtig wurde.

Dann spuckte er Wasser aus. Hustete. »Elektrische Aale! In den Löchern sind elektrische Aale«, rief er. »Ich kann das Kanu nicht mehr halten. Ariane, du musst jetzt ins Wasser und das Kanu zum Ufer ziehen. Pass auf, dass du nirgendwo drauftrittst.« Michael war auf Zitteraale getreten, die in der Amazonasregion häufiger vorkommen. Sie geben elektrische Schläge ab, sobald man ihnen nahe kommt. Ich hatte zweimal mit angesehen, wie Michael beinahe ohnmächtig geworden war. Wie er sich auch jetzt matt am Kanu festhielt. Unmöglich, dachte ich in diesem Moment. »Da ist irgendwas im Wasser, und ich soll das riskieren? Nein, ich geh da nicht rein, Michael.« »Geh!«, er klang bestimmt. »Du musst uns retten, du musst uns an Land bringen. Wenn wir erst mal hinaus auf den Fluss treiben und in die Strömung geraten, gibt es kein Halten mehr.«

Schnell wurde mir klar, dass es wohl wirklich keine andere Lösung gab. Also ließ ich Gisa zurück und stieg über den Rand des Kanus ins

Wasser. Die Sonne war längst untergegangen. Um uns herum war alles schwarz, was die Situation nicht weniger bedrohlich machte. »Mama, Michael.« Gisa klang besorgt. Aber in diesem Moment war keine Zeit für ausführliche Erklärungen.

Ich schaffte es, das Seil zu nehmen und nahm meinen ganzen Mut zusammen. Mit den Füßen berührte ich den Boden, in dem Bewusstsein, jederzeit auf Zitteraale treten zu können. Das 15-Meter-Kanu, in dem meine Tochter stand und an dem mein Freund noch immer hing, musste irgendwie bis ans Ufer gezogen werden. Ich schaffte es tatsächlich an Land, ohne dass mich die »Wasserschlangen« erwischten.

Dort angekommen setzten wir uns und rangen nach Luft. Michael prustete und musste sich erholen. Gisa war aufgeregt. Was für ein Sonntag. Was für ein Ausflug. Aber für Jammern blieb keine Zeit. Es war mittlerweile stockdunkel geworden, und ins Camp zurück mussten wir auch noch kommen.

Die Monate rauschten an uns vorüber. Das Bargeld, das wir mitgenommen hatten, ging nach den Monaten im Camp allmählich zur Neige. Das brauchten wir aber, um die laufenden Kosten tragen zu können, zum Beispiel für die monatlichen Löhne der Mitarbeiter, unabhängig davon, ob wir Gold fanden oder nicht. Auch im Nirgendwo kommt man nicht ohne Bares aus. Michael und ich trugen das Geld sicherheitshalber Tag und Nacht in selbst genähten Feldgürteln – ein doppelt vernähter Stoffstreifen mit Reißverschluss – direkt am Körper. Die Scheine darin verpackten wir noch mal in Plastik, um sie vor Körperschweiß, der bei dieser Hitze nicht ausblieb, zu schützen. Wenn wir uns im Fluss wuschen oder wenn wir bei der Goldarbeit tauchten, übergaben wir dem jeweils anderen vorher die Bauchtasche. Das Geld direkt am Körper zu tragen, war auf Dauer nicht weniger selbstverständlich, als die Waffe immer griffbereit zu haben. Beides gehörte mittlerweile zu mir. Niemand außer uns beiden wusste davon. Als

Schutz vor einem Überfall hatten wir natürlich nicht unser gesamtes Bargeld aus Deutschland mitgenommen. Ebenso wenig wie wir zu Beginn nicht alles aus Deutschland an die Bank in Peru, aus Schutz vor einer möglichen Bankpleite, hatten überweisen lassen. Damit musste man jederzeit rechnen. Michael war es so schon früher einmal passiert – und sein Erspartes, das er damals längst für den Aufenthalt verplant hatte, war anschließend weg gewesen.

Und so kam der Tag, an dem Gisa, Isauro und ich uns in einer Doppeldeckermaschine aus dem Jahr 1929 ohne Sitzplätze wiederfanden. Über unseren Köpfen diente lediglich ein gespanntes Drahtseil zum Festhalten. Wir waren unterwegs nach Puerto Maldonado. Der Affe musste unbedingt mit. Darauf hatte Gisa bestanden. Von Michael waren wir mit dem Kanu zum Flieger nach Boca Colorado gebracht worden. Das Flugzeug stand schon bereit auf einem Hügel, als wir kurz vor knapp und ohne Ticket endlich ankamen. Michael hatte sich Gisa geschnappt, ich mir unseren Seesack. Völlig verschwitzt von der Rennerei bei der Tropenhitze waren wir den Hügel hinaufgestapft – ein Wunder, dass wir überhaupt noch mitgenommen wurden. Am Flugzeug sagte man uns, dass dies der letzte Flug auf der Strecke Boca Colorado – Maldonado sei. Sie würde sich künftig nicht mehr lohnen. Ich war so erleichtert, als wir endlich im Flieger standen, dass mir auch die Sitzgelegenheit, eine Holzbank, gut zupasskam. Gisa war viel zu klein, um sich mit ihren Händen am Draht festzuhalten. Also setzte ich mich zuerst hin, nahm sie auf den Schoß, und meine Tochter hielt wiederum den Affen fest. Beim Start rumpelte es ganz schön, und wir hatten Mühe, das Gleichgewicht zu halten. Maldonado sollte nur die erste Etappe sein. Wir wollten weiter nach Cusco.

Nach der Ankunft in Cusco tranken wir Mate de Coca, Tee aus frischen Kokablättern, um der Höhenkrankheit vorzubeugen, für die man hier schnell anfällig ist – Cusco liegt circa 3400 Meter über dem

Meeresspiegel. Gisa mochte den Tee natürlich nicht. Aber trinken musste sie ihn trotzdem, denn ich wollte auf keinen Fall, dass mein Kind Kopfweh bekam oder dass ihm übel wurde. Das konnte ich auf dieser wichtigen Reise schon gar nicht riskieren. Der Trip war anstrengend genug, und ich wollte ihn so kurz wie möglich halten. Am nächsten Morgen gingen wir zur Bank. Wenn wir gestern Nachmittag in Puerto Maldonado auf 183 Meter Höhe noch Oberteile mit Spaghettiträgern getragen hatten, um die Hitze auszuhalten, brauchte es jetzt drei Jacken übereinander, Mütze und Handschuhe, so kalt war es. Das Geld bekamen wir ganz schnell ausgehändigt, das lief völlig unproblematisch, und so spazierten wir wenig später zurück auf die Straße mit Dollarscheinen im Wert von 20 000 DM, die uns über die nächsten Monate bringen sollten. Der Wechselkurs bedeutete zwar, dass wir mehr Geld verloren hatten, als das beim Wechsel in peruanische Inti, die damalige Währung, der Fall gewesen wäre, aber der Inti war so inflationär, dass wir uns damit den Erhalt des Camps nicht lange hätten leisten können. Nach unserem Bankbesuch machten wir uns schnell auf den Weg zurück zum Hotel. Zwar konnte man bei uns, einer Frau mit Kind und Affen, nicht vermuten, dass ich so viel Bargeld mit mir führte, und ich sah es als meine Aufgabe an, Gisa immer ein Gefühl von Sicherheit zu vermitteln. Aber herausfordern wollte ich das Schicksal auch nicht. Im Hotel versteckte ich die Dollarscheine unter dem Kopfkissen und holte uns noch schnell Pommes und Mais zu essen.

Unseren Arbeitsertrag, das Gold, konnten wir erst später umtauschen. Nur ein paar wenige Sammlerstücke behielten wir nach den Expeditionen. Dafür hatten wir eine Sondergenehmigung eingeholt. Auch das erste Nugget in Herzform, das ich gefunden hatte, durften wir behalten. Den großen Rest brachten wir zur staatlichen Banco Minero nach Lima, einer Art Wechselstube für Gold. Sie prüfte die Nuggets auf Echtheit, checkte den Reinheitsgehalt und kaufte das Gold entsprechend an. Mit nicht gerade berauschendem Ergebnis für die Gräber. Diese Behörde zahlte nicht den Welthandelspreis für Gold, sondern stellte sicher, dass der Wert des Goldes, das auf ihrem Grund und Boden gefördert worden war, auch größtenteils im Land verblieb. Genauer gesagt: in den Händen einiger weniger.

Für uns persönlich war das nicht entscheidend. Natürlich mussten wir unsere Existenz und die des Camps mit der Goldarbeit finanzieren. Aber wir arbeiteten, um im Dschungel leben zu können. Immer wieder sahen wir, wie die Gier nach dem großen Geld andere dazu brachte, Mensch und Natur im Amazonasgebiet unbeschreibliche Schäden zuzufügen. Wie sie illegal nach Gold suchten. Wie sie profitgierig große Mengen Gold aus Peru hinausschmuggelten, was bedeutete, dass den Peruanern selbst wirklich gar nichts von dem Wert ihrer Bodenschätze blieb. Wie sie tiefe Krater in die Erde bohrten, um großflächig Gold abzubauen – Löcher, die noch auf Satellitenaufnahmen zu sehen waren. Wie sie Waldbrände legten, um schnell Straßen bauen zu können, damit nicht nur Holz, sondern auch das Gold abtransportiert werden konnte. Auch an anderen Orten der Welt müssen Menschen mit den Konsequenzen der Schäden leben, die der Natur angetan werden. Im Urwald aber haben sie besonders gnadenlose Folgen. Ursache und Wirkung liegen hier viel näher beieinander als in der Zivilisation. Unter den Bäumen zum Beispiel herrscht ein angenehmes Klima von 30 bis 35 Grad Celsius im Schatten. Fällt man den Baum aber, kann er keinen Schatten mehr spenden, und die Temperatur steigt auf 50 Grad Celsius an und vernichtet den Lebensraum vieler Tiere und Pflanzen.

Finanziell sind wir immer irgendwie über die Runden gekommen. Mal gab es fettere Jahre, mal magerere. Mal fanden wir innerhalb von drei Wochen drei Kilogramm Gold, mal explorierten wir ein ganzes Jahr lang, ohne dass wir mit der Expedition hätten anfangen können, weil wir einfach nicht auf Gold stießen. Solange wir unseren Prinzipien treu blieben, konnten wir ganz gut von dem, was wir ausbezahlt bekamen, leben. An einen möglichen Markt in Deutschland dachte ich zu dieser Zeit überhaupt nicht. Michael hatte erkannt, dass er im Wald er selbst sein konnte. Und schon während unseres ersten gemeinsamen Aufenthalts in Peru begann auch ich, mich hier zu sehen. Mein Drang nach dem Urwald war seitdem nicht schwächer geworden. Schon nach diesen paar Monaten hatte ich hier Dinge erlebt, die mit keinem Geld der Welt zu bezahlen gewesen wären. Geld spielte dabei überhaupt keine Rolle. In Deutschland hatte ich ein gutes Einkommen gehabt. Mein Leben dort hatte ich dennoch hinterfragt. Und so unstetig ich in den Jahren vor der Abreise gelebt hatte, umso mehr wusste ich seit ein paar Monaten hier im Urwald, weshalb ich auf der Welt war.

Ich war mittlerweile Goldwäscherin, mitverantwortlich für das Camp, natürlich Mutter von Gisa und ihre Lehrerin. Ich kümmerte mich um die Buchhaltung und um den häuslichen Bereich. Ich übernahm die medizinische Verantwortung, zunächst für die Mitarbeiter, später auch für Indianer, die mit gesundheitlichen Problemen zu uns kamen. Gemeinsam mit Michael betreute ich die Finanzen, und das bedeutete nun, mit unseren Ersparnissen, Gisa und ihrem Affen von Cusco aus zurückzureisen. Bis Maldonado konnten wir fliegen. Anschließend ging es auf dem Landweg weiter, per Jeep. Wir gönnten uns ein paar letzte Annehmlichkeiten der Zivilisation, kauften Leckereien und machten uns auf zur mehrtägigen Reise in den Urwald. Ein Weiterflug war jetzt keine Option mehr. In Laberinto fand ich jemanden, der uns auf seinem Kanu mitnahm. Der eine Nische zwischen lauter Bierkästen für Gisa, den Affen und mich freiräumte. Bevor wir in aller Herrgottsfrühe ablegten, bei der Kälte, die sich auch hier in den frühen Morgenstunden so hartnäckig hielt, gab es wie immer die wärmende Hühnersuppe. Anschließend kuschelten wir drei uns auf dem Kanu aneinander. Los ging es, das Geld war fest an meinem Bauch fixiert. Meine langen roten Haare wehten im Wind. Ein Glücksfall, denn Michael hatte Sehnsucht nach uns bekommen und hatte sich per Kanu auf den Weg gemacht, um uns abzuholen. Mitten auf dem Madre de Dios sah er meine unverkennbaren roten Strähnen, wie sie hin und her tanzten. »Überraschung! Ariane!«, rief er herüber, und der Klang seiner vertrauten Stimme tat gut. Ich gab unserem Motorista ein Zeichen, die beiden Kanus trafen sich, und Gisa, ihr Affe und ich siedelten in Michaels Kanu um. Er nahm mich in seine Arme. Die letzte Etappe konnten wir zusammen zurücklegen. So fuhren wir zu viert nach Hause.

DIE ENTFÜHRUNG

Michaels alter Freund Diego war erst vor wenigen Wochen zu uns ins Camp gekommen. Er sollte uns unterstützen. Es ging um eine mögliche Expedition in den Bergen, in einem Gebiet, das als extrem goldträchtig gehandelt wurde und für das Michael schon vom Minenministerium in Lima eine Lizenz erworben hatte. Es sollte ein wahres Eldorado für Goldsucher sein.

Diego war bereits mit zweien unserer Mitarbeiter dort gewesen und mit einem zufriedenen Lächeln zurückgekommen. »Er sagt, es würde sich um einen absoluten Jackpot handeln«, berichtete mir Michael, der noch unter dem Eindruck der Schwärmereien seines Freundes stand. »Aber bevor wir alles für eine Expedition in die Wege leiten, schaue ich mir das noch mal selbst an.«

Diego und Michael kannten sich seit einigen Jahren, sie waren schon Freunde gewesen, bevor wir ein Paar geworden waren. Eigentlich wohnte Diego in Maldonado, woher die beiden sich auch kannten. Dort hatten auch Gisa und ich ihn bei unserer Ankunft vor einigen Monaten kennengelernt. Er war uns auf Anhieb sympathisch gewesen. In Diego hatte Michael immer einen Vertrauten gesehen. Auch im Camp hatte er sich gut eingelebt, hatte natürlich bei der Goldarbeit am Fluss in der Nähe des Basiscamps geholfen und war selbst Goldwäscher. In dieser Zeit kümmerte er sich auch überraschend liebevoll um Gisa. Seine paar Brocken Deutsch halfen meiner Tochter bei der Kommunikation, um auch ihr Spanisch erheblich aufzubessern.

Nach den Monaten im Basiscamp wurde es jetzt allmählich mal wieder Zeit für eine größere Expedition. Diese zweite Exploration würde Michael und Diego einige Tage kosten, eine Reise, die sie ausschließlich zu Fuß zurücklegen konnten. Aber das war es Michael wert gewesen.

Sie kamen dann schneller zurück, als ich erwartet hatte, und die Stimmung war gedämpft. Ich bemerkte gleich, dass etwas im Argen lag. Später erfuhr ich, dass sich Michael und Diego in den Bergen total zerstritten hatten. In der Gegend, von der ihm der Freund vorgeschwärmt hatte, wären wir mit Sicherheit fündig geworden, denn Diego hatte ein Gebiet aufgetan, das direkt an einer Goldader gelegen war. Wenn man mit Flussgold arbeitet, geht es immer darum, den Weg des Goldes anzuschneiden. Hier hätten wir gar nicht lange suchen müssen. Das Problem an dieser Stelle lag jedoch darin – und das war für Michael kein Gold der Welt wert –, dass wir in dem Gebiet weiträumig hätten sprengen müssen, um es abzubauen. Wir hätten nicht nur eine Kraterlandschaft hinterlassen, sondern auch den Primärwald unwiederbringlich zerstört. Denn die Wurzeln der Urwaldriesen, die dort seit 700 bis 800 Jahren standen, reichten bis tief ins Flussbett hinein.

»Ariane, ich stand da oben und wusste sofort: Hier können wir nicht arbeiten«, erzählte mir Michael nach seiner Rückkehr. »Diego ist daraufhin ausgerastet und hat es nicht verstanden. Ich wiederholte, was ich mir geschworen habe. Dass wir im Urwald nicht wegen des Goldes sind, sondern uns das Gold ermöglicht, im Wald zu leben. Dass wir diesen für keinen Preis zerstören dürften.« Was man liebt, das schützt man, so lautete Michaels unumstößliches Prinzip. »Das weiß Diego doch auch«, entgegnete ich. »Seit wie vielen Jahren kennt ihr euch jetzt?« »Scheinbar nicht lange genug. Jedenfalls gab es da oben eine große Diskussion. Diego war sich der Sache wohl schon zu sicher gewesen und hatte sich auf seine Beteiligung gefreut, die er ja bekommen hätte.«

Die Stimmung im Camp war auch in den darauffolgenden Tagen nicht gerade rosig, besserte sich aber allmählich. Irgendwann, so dachte ich, hätten beide das Thema abgehakt. Michael wäre über die Erkenntnis hinweggekommen, dass sein Freund nicht mit denselben ökologischen Grundsätzen an die Arbeit ging, und Diego hätte die Enttäuschung verkraftet, in den Bergen nicht den Verdienst seines Lebens machen zu können. Ihm war bewusst, dass er nicht alleine losziehen und sich an die Arbeit machen konnte. Abgesehen davon war es Michaels gepachtetes Gebiet. Abends am Lagerfeuer, wenn Zeit zum Reden war, wurde das Thema nie wieder angesprochen. Diego war für uns alle eine wichtige Bezugsperson, auch für Gisa und mich. Die Berge waren vergessen.

So dachte ich.

Lange blieb Diego nicht mehr bei uns, da es für ihn nichts mehr zu tun gab. Er musste zurück nach Maldonado. Auch Michael, Gisa, ich und Alejandro mit seiner Familie machten uns eines Tages auf den Weg dorthin. Die Männer wollten die Maschinen überprüfen, da ihnen die Feuchtigkeit im Urwald zugesetzt hatte und sie nicht mehr so einwandfrei funktionierten wie zu Beginn. Außerdem wollten sie eine weitere Maschine bauen, eine Achter-Dredge mit einem noch stärkeren Motor.

Eine Weile wohnten wir also in der Lodge, und nach den Monaten im Basiscamp freute ich mich auf ein Leben in der Hütte in Maldonado. Es ging mir gesundheitlich nicht gut. Von Geburt an habe ich Probleme mit dem Herzen, es schlägt viel langsamer als normal. Ich habe eben ein gemütliches Herz, sage ich gerne im Scherz. Meistens kann ich damit gut leben, aber hin und wieder macht es mir doch zu schaffen. Die Tage in Maldonado würden mir guttun.

Michael verbrachte seine Zeit mit den Männern an den Motoren, Gisa und ich gingen unserem Unterricht nach. Zwischendurch gönnte ich mir genug Ruhepausen. Aber meinem Herzen ging es trotzdem nicht besser. Schon bei der geringsten Anstrengung bekam ich einen roten Kopf und keine Luft mehr. Statt Ruhe zu bewahren, verfiel ich daraufhin schnell in Angstzustände. Auch Michael war besorgt. »Ich finde, du solltest das abklären lassen«, sagte er eines Tages. »Jetzt sind wir in Maldonado, jetzt hast du die Chance dazu. Wenn wir erst mal zurück im Camp sind, wird jeder Arzttermin ein Ding der Unmöglichkeit sein.« Ich lachte. »Als ob hier an jeder Ecke ein Herzspezialist säße.« »Natürlich nicht, aber von hier aus gibt es Direktflüge nach Lima, und dort haben wir Julio«, sagte Michael und meinte damit einen befreundeten Internisten, bei dessen Familie wir schon mal zu Gast gewesen waren. Es war ein großes Glück, ihn zu kennen, er war einer der wenigen Ärzte, denen ich hier in Peru komplett vertraute. Michael rief ihn an. »Also, eine Ferndiagnose kann ich nicht einfach so stellen. Ich muss Ariane schon sehen. Wann kann sie kommen?«, fragte er am Telefon.

Bereits am nächsten Tag saß ich im Flieger nach Lima. Gisa wusste ich bei Michael gut aufgehoben. Am Tag, wenn er arbeitete, würde sich Isabel um sie kümmern, und Gisa hatte dort deren Kinder zum Spielen. Sie kannte Isabel noch aus der Zeit, bevor wir ins Camp aufgebrochen waren und Station in Maldonado gemacht hatten. Isabel unterhielt beinahe einen Kindergarten, so viel war immer bei ihr los. Michael würde trotzdem ein Auge auf sie haben und sie abends abholen. Der Trip nach Lima lohnte sich. Im Krankenhaus fanden die Ärzte heraus, dass meine tägliche Medikamentendosis neu eingestellt werden musste. Das dauerte eine Weile, und solange blieb ich in Lima in einer Privatklinik. Das war wie Urlaub für mich: ein Einzelzimmer, ein weiches Bett, dreimal am Tag eine Mahlzeit direkt auf dem Zimmer, ich musste nur aufs Knöpfchen drücken, und es kam jemand. Paradiesische Zustände wie in Deutschland. Mir war bewusst, dass die Situation in den staatlichen Kliniken wohl kaum so luxuriös war und die Kluft zwischen Arm und Reich sich auch am Zustand der Kliniken abzeichnete. In dieser privaten Einrichtung sprachen alle Englisch, und ich genoss die First-Class-Behandlung.

Nach ein paar Tagen boten mir Julio und seine Frau an, bei ihnen unterzukommen. Das Angebot nahm ich gerne an, denn der Aufenthalt im Krankenhaus hatte unser Budget ganz schön gesprengt. Zugleich war ich froh, mich um meine Gesundheit gekümmert zu haben. Die Ärzte versicherten mir, dass wir das mit meinem gemütlichen Herzen in den Griff bekämen. So genoss ich nun die Ruhe im Haus unserer Freunde. Eines Nachmittags saß ich auf der Couch, als auf einmal jemand im Türrahmen erschien, mit dem ich hier überhaupt nicht gerechnet hatte.

»Michael«, rief ich entgeistert. »Was machst du denn hier?« »Ganz genau das, wonach es aussieht: dich überraschen.« Er lächelte. »Ich dachte, ich fliege nach Lima und hole dich ab.« Natürlich freute ich mich, ihn zu sehen, die Überraschung war ihm gelungen. Aber die schöne Idee war für mich sofort von einem sorgenvollen Gedanken an meine Tochter überschattet. Bevor ich ihn in den Arm nehmen und küssen konnte, schoss mir eine Frage durch den Kopf: »Und was hast du mit Gisa gemacht?« »Na, bei Isabel gelassen. In den vergangenen Tagen war sie abends kaum von den anderen Kindern loszueisen. Als ich ihr eröffnete, sie dürfe jetzt auch zwei Nächte dort schlafen, war sie überglücklich. Und für Isabel und ihre Familie war das auch in Ordnung.« »Moment, du hast sie allein gelassen?«, fragte ich fassungslos. »Entgegen unserer Absprache? Wie konntest du das tun?« Aber Michael insistierte: »Reg dich nicht auf. Sie ist bei Isabel.«

Ich war sauer, wusste aber, dass meine Reaktion eigentlich überzogen war und Michael recht hatte. Ich vertraute der Familie und konnte mich glücklich schätzen, in Menschen wie Isabel, Alejandro, seiner Familie und auch in Diego, der meiner Tochter so fleißig Spanisch beigebracht hatte, so eine großartige Unterstützung in Peru zu wissen. In den vergangenen Monaten hatten wir uns alle gut kennengelernt. Diego wusste auch, wie wichtig Gisa und ich für Michael waren, welche Vorkehrungen mein Partner stets traf, wenn es um uns beide ging.

Wenn uns – Gisa oder mir – etwas passieren sollte, das hatte Michael ihm erzählt, wisse er nicht, was er tun solle.

Michael hatte mit Diego, der nicht weit entfernt von unserer Lodge in Maldonado lebte, sogar vereinbart, dass dieser mit Gisa bei unserer Ankunft zur Begrüßung am Flughafen stehen würde. Für Gisa wäre das aufregend, und ich freute mich auch so darauf, sie zu sehen! Für jeden wollte ich ein Souvenir mitbringen. Obwohl ich mich noch schonen sollte, überredete ich Michael zu einem Shoppingtrip durch Lima. Für Isabel kauften wir das Shampoo, das sie so liebte, für Gisa Lollis und Vorräte für die kommenden Wochen im Camp, von denen alle profitierten.

In aller Herrgottsfrühe machten wir uns zwei Tage später auf den Weg zurück nach Maldonado. Noch in den Morgenstunden setzte die Maschine auf der Landebahn des winzigen Flugplatzes auf. Hier stehen die Abholer für gewöhnlich direkt hinter dem Rollfeld, über das man als Passagier einfach so spazieren darf. Es herrschte viel Trubel, und ich hielt schon von meinem Fensterplatz aus Ausschau nach Gisa. Voller Vorfreude stiegen wir die Gangway hinunter. Wir scannten die Menge, kein Diego war zu sehen und erst recht keine Gisa. »Entweder haben sie verschlafen oder sie sind nicht fertig geworden«, sagte Michael, nachdem wir eine Weile vergeblich an allen Stellen gesucht hatten, an denen sie hätten stehen müssen. Auch in der Abfertigungshalle waren sie nicht. »Na dann machen wir uns jetzt eben auf den Weg zur Lodge, treffen sie dort und frühstücken gemeinsam. Das wird schön, Ariane.« Michael klang aufmunternd.

Ich war natürlich enttäuscht, weil ich Gisa diesen Moment des Wiedersehens am Flughafen auch gegönnt hatte. Aber wahrscheinlich war es Diego doch alles zu viel geworden mit dem kleinen Mädchen, und wir konnten sie gleich bei Isabel abholen. Ein Mototaxi brachte uns zurück, und wir genossen den kühlen Fahrtwind in der Hitze, die schon am Morgen schwer über dieser Tiefebene, der Urwaldpfanne, hing. Die Fahrt dauerte keine 15 Minuten. Gleich sollte es Spiegeleier geben und Brot, dazu Kaffee. Alle würden sich freuen, dass wir wieder da waren und an Kleinigkeiten für jeden gedacht hatten. Als wir ankamen, stürmte ich direkt vorweg den Hügel hinauf zum Haus von Isabel – ich wollte endlich mein Kind in die Arme schließen. Sie war gerade dabei, im Garten Wäsche aufzuhängen. »Ah, Ariane, wie schön, dich zu sehen. Wie geht es dir? Was macht dein Herz?« Sie begrüßte mich überschwänglich. Wir wechselten ein paar Worte, soweit mir das zu diesem Zeitpunkt auf Spanisch möglich war. »Und, mit Gisa, hat alles am Flughafen geklappt?«, fragte Isabel. »Wie? Gisa ist nicht hier?« Isabel wurde bleich, redete jetzt ganz schnell, und der Name Diego fiel immer wieder. Es dauerte nicht lange, bis ich verstand, dass Diego Gisa und den Affen an diesem Morgen doch bei Isabel abgeholt hatte. In diesem Moment kam Michael dazu. Ich hatte einen dicken Kloß im Hals. Denn dass hier etwas nicht stimmte, spürte ich bereits in diesem Moment. »Isabel sagt, Diego habe Gisa heute Morgen doch mitgenommen.« Michaels Worte klangen erlösend: »Ach, was für ein Ärger, wir müssen uns verpasst haben. Dann stehen die beiden jetzt ja noch immer am Flughafen.«

Mein Gefühl sagte mir etwas anderes, aber mein Kopf wollte Michael in diesem Moment Glauben schenken. Dass an der Geschichte doch etwas faul war, wollten wir uns wohl beide nicht eingestehen. Wir verdrängten den Gedanken und machten uns abermals auf den Weg zum Flughafen. Nur noch wenige Leute hielten sich dort auf. Die Abfertigungshalle war leer, unsere Maschine aus Lima war auch schon wieder fort. Wir schauten überall, fragten herum, aber niemand hatte etwas gehört oder gesehen. Auf der gegenüberliegenden Seite war eine Cafeteria, auch die steuerten wir jetzt an. »Ja, heute Morgen, da waren hier ein Peruaner, ein kleines Gringomädchen und ein Affe«, sagte die Bedienung. Das konnte nur Gisa gewesen sein! »Die sind mir aufgefallen.« Aber wo zum Teufel waren sie jetzt? Wenn ich bis dahin geglaubt hatte, die Sache würde sich schnell klären, wurde ich jetzt unruhig. Ein Mitarbeiter von Aeroperú, der gerade einen Kaffee bestellt hatte, mischte sich ein. »Dem Peruaner und dem Gringomädchen, na, denen habe ich Tickets verkauft. Sie sind nach Cusco geflogen.«

Die Worte des Fluglinienmitarbeiters trafen mich wie ein Schlag. Mir wurde schlecht. Diego hatte sich Gisa geschnappt, das bestätigte uns dieser Herr gerade. Aber warum? Für Geld? Wollte er ihr was antun? Mir wurde schwindelig vor lauter Ungereimtheiten. Natürlich war sie freiwillig mit ihm gegangen, denn so hatte es Michael mit Diego abgesprochen. Aus meiner Sorge wurde Wut. Ich fuhr ihn an: »Du hättest sie nicht alleine lassen dürfen.« Tränen rollten mir über die Wangen. Gisa! Wo bist du bloß? Wenn es meinem Herzen zuvor nicht gut gegangen war, dann fühlte es sich jetzt an, als hätte es mir jemand herausgerissen. Und dieser Jemand hieß Diego. Auch Michael war am Boden zerstört.

Fix und fertig, wie wir waren, nahm uns der Mitarbeiter mit in das Büro von Aeroperú. Es stellte sich heraus, dass die beiden dieselbe Maschine genommen hatten, mit der wir gekommen waren. Von der Cafeteria aus musste Diego uns beobachtet haben. Anstatt uns Gisa zu übergeben, hatte er meine Tochter entführt.

GISA

Mama war weg. Michael war weg. Diego kniete jetzt an der Tür von Isabels Haus vor mir. Die vergangenen Tage bei ihr waren schön gewesen, aber jetzt freute ich mich auf Mama. Zusammen mit Diego wollte ich sie und Michael abholen. »Also los, ab zum Flughafen?«, fragte Diego. Los ging's. Ich schnappte mir Isauro.

Als wir drei dort ankamen, lief ich wie selbstverständlich in Richtung Rollfeld. Keinesfalls wollte ich die Ankunft des Flugzeugs verpassen. »Moment, Gisa«, hielt Diego mich zurück. »Komm noch mal bitte her. Ich würde gerne noch einen Kaffee trinken gehen. Du darfst dir auch was aussuchen. Wir müssen auch noch etwas besprechen.« Ich hatte keine Ahnung, um was es gehen sollte, war aber traurig ob der Verzögerung. Wir setzten uns an einen der runden Tische. »Hör zu«, sagte Diego, als er seinen Kaffee und ein großes Glas Orangensaft für mich abgestellt hatte. »Ich muss dir leider sagen, dass sich deine Mama und Michael trennen werden. Dass Michael zu deiner Mama fliegen wollte, stimmt gar nicht. So hat er es vielleicht Isabel und dir erzählt, aber in Wahrheit wollen sie nichts mehr voneinander wissen. Deine Mama ist in Lima, weil sie krank ist, sie wird nicht zurückfliegen können. Deshalb bringe ich dich jetzt dorthin. Zu ihr.«

Was Diego mir erzählte, versetzte mich in Staunen. »Deine Mama hat sich mir anvertraut, und sie will, dass du und ich zusammen nach Lima fliegen.« Michael kannte ich, seit ich denken konnte. Aber da war ja noch Papa, und was passiert war, nachdem Mama sich mit Papa nicht mehr verstanden hatte, wusste ich noch. Wenn die beiden zusammen waren, war die Stimmung nicht ganz so herzlich gewesen. Dass Mama ernsthaft sauer auf Michael sein sollte, hatte ich hingegen gar nicht mitbekommen. Aber natürlich glaubte ich Diego. Warum hätte ich seine Geschichte auch hinterfragen sollen? Für mich war jetzt die Hauptsache, dass ich Mama wiedersehen würde, weil sie mir nach der langen Zeit schrecklich fehlte. »Also fliegen wir jetzt zu Mama?« »Ja«, antwortete Diego. Und so machten wir uns auf Richtung Flughafenhalle. Die nächsten Stunden waren aufregend genug. Ich trug Isauro unter meinem Sweatshirt, was die Stewardess beim Boarden sogleich bemerkte. Ich war stolz. Ich flog mehr oder weniger alleine. Ohne Mama, dafür mit Isauro. Diego ließ mich am Fenster sitzen, und ich beschäftigte mich mit Isauro. Er war spannender als die Unterhaltung, die mir Diego aufzudrängen versuchte. »Weißt du, auch wenn du es vielleicht nicht mitbekommen hast, die beiden hatten ständig Streit. Deiner Mama war es einfach wichtig, das vor dir geheim zu halten, denn sie wollte nicht, dass du das alles noch einmal durchmachen musst, wie damals, als sie und dein Papa sich nicht mehr lieb hatten.« Was wusste Diego schon? Und was fiel ihm ein, über Papa zu reden, den er doch gar nicht kannte. Ich versuchte, so gut es ging, gar nicht zuzuhören. Aber natürlich beschäftigten seine Worte mich doch. Hatten Mama und Michael wirklich so oft gestritten? Wie konnte ich das nicht bemerkt haben? Und wenn sie Michael nicht mehr lieb hatte, warum hatte sie mich dann nicht mit nach Lima genommen, als sie ins Krankenhaus gemusst hatte? Ging es Mama jetzt überhaupt besser? Was machte ihr Herz?

ARIANE

Der Mitarbeiter von Aeroperú sprach viel zu schnell, als dass ich irgendetwas hätte verstehen können. Er telefonierte mit seinen Kollegen in Cusco, wo die Maschine mit Gisa und Diego an Bord gelandet sein musste. Er legte auf und erwiderte meinen verwirrten Blick abwartend. In diesem Augenblick nichts zu verstehen und nichts tun zu können, fühlte sich an wie Folter. »Wir müssen Geduld haben. In Cusco wollen sie Diego jetzt ausrufen lassen.« Michael versuchte mich zu beruhigen, dabei wusste ich, dass auch er sich fühlen musste, als hätte man ihm den Boden unter den Füßen weggerissen. »Warum, Michael? Warum wir? Was haben wir Diego denn getan? Warum will er uns denn so bestrafen?« Ich bombardierte Michael mit Fragen. »Hattet ihr Krach in letzter Zeit? Habt ihr euch noch mal so gestritten wie damals in den Bergen?« Ich fühlte mich elend, und anders als Michael konnte ich mein Leid nicht für mich behalten. Meine Tochter war weg, entführt, und es half zwar nichts, in diesem kleinen Büro am Rande des Urwalds eine Szene zu machen, aber ich musste etwas tun, und wenn es nur darum ging, nach Gründen zu forschen. »Ausrufen lassen! Diego hat Gisa entführt. Wie kann man es denn bei einer Durchsage über den Lautsprecher bewenden lassen. Er möge sich doch bitte mit dem kleinen Mädchen zum Schalter von Aeroperú bewegen, wenn ihm danach ist. Michael, die müssen ihn doch gleich verhaften.« Ich klammerte mich an meinen Freund und versuchte ihn zugleich zu schütteln. In diesem Moment klingelte das Telefon. »Ja. Ja. Ja«, der Mitarbeiter von Aeroperú in Maldonado klang ernst, als er mit seinem Kollegen in Cusco sprach. »Also, Diego bestellt einen schönen Gruß«, sagte er, nachdem er aufgelegt hatte. »Er hat sich am Schalter gemeldet, wollte jetzt aber nicht ans Telefon kommen. Er richtet aus, dass Sie beide zurück zur Lodge fahren sollen. Er würde sich melden.« War das ein Albtraum, aus dem ich einfach nur erwachen musste? Wie konnte uns so etwas Schlimmes passieren?

»Ariane«, sagte Michael, »wir müssen jetzt tun, was er sagt. Und wir müssen Ruhe bewahren.« Also machten wir uns abermals auf den Weg zur Lodge. Dieses Mal in der traurigen Gewissheit, dass unser kleines Mädchen dort nicht auf uns warten würde. Vor gerade mal einer Stunde waren wir hier unbeschwert entlanggefahren. Jetzt war Gisa weg. Ging es ihr gut? Musste sie Angst haben? Die Sorge um sie machte mich verrückt. Wir nahmen in der Sitzecke des Rezeptionsbereichs Platz. Das Telefon stand genau hier am Empfang. Wenn Diego anrief, wollten wir sofort da sein. Es war später Vormittag, und wir saßen da – und warteten. Die schlimmsten Stunden meines Lebens waren angebrochen. Das Kostbarste, was ich auf der Welt hatte, war weg, und es war unklar, wie es Gisa ging. Die Minuten, die von der Uhr über der Rezeption tickten, zogen sich wie Kaugummi. Nichts passierte. Eine Stunde, zwei, dann drei. Es war schon Nachmittag. Keiner der Anrufe, die in der Lodge eingingen, war für uns gewesen. Der Rezeptionist fühlte mit uns. Auch er war in Sorge um Gisa. Er kannte sie gut. Jedes Mal wenn es läutete, sprangen wir auf. Wie in Schockstarre saßen wir da. Mein Gott, dachte ich, wenn ich mein Kind nicht mehr wiedersehe. Diese Urangst, mit der Eltern von Geburt ihres Kindes an leben müssen, hatte sich tatsächlich bestätigt. Gisa konnte sehr wohl etwas zustoßen, und dieses Mal waren wir nicht glimpflich davongekommen. Zugleich wollte ich aber den letzten Funken Vertrauen in Diego nicht verlieren. Die Entführung hatte sicher nichts mit Gisa zu tun, es musste um etwas zwischen ihm und Michael gehen. Solange wir uns nach ihm richteten, würde er ihr auch nichts antun. Das versuchte ich mir einzureden. Dass er imstande war, sexuell übergriffig zu werden, schloss ich aus. Dann klingelte der große schwarze Telefonkasten. Ich wusste sofort, dass es jetzt Diego sein musste, und ich war erleichtert, dass sich Gisas Entführer meldete. Jetzt konnten wir herausfinden, um was es hier eigentlich ging. Ich presste mein Ohr neben Michaels, er hielt den Hörer. Diego stellte folgende Forderungen: Die Stelle in den Bergen, an der Diego auf die Goldstelle gestoßen war, sollte erschlossen werden, und er forderte 50 Prozent Beteiligung. Oder: 10 000 amerikanische Dollar in bar. Ich musste mich zurückhalten, um nicht in das Gespräch hineinzuplatzen, aber Michael bedeutete mir, es zu unterlassen. Er sagte nur: »Ich möchte mit Gisa sprechen.« »Nein«, entgegnete Diego. Eine Stunde lang sollten wir uns sein Angebot durch den Kopf gehen lassen. Dann wollte er sich wieder melden, und sobald wir uns entschieden hätten, könnten wir direkt mit Gisa sprechen. Dann war das Gespräch zu Ende.

Ohne zu zögern, prüften wir sofort unsere Bauchgürtel. Der Ausflug nach Cusco war noch nicht lange her, als Gisa und ich neues Bargeld geholt hatten: Gott sei Dank, 10 000 Dollar bekamen wir erst einmal zusammen. Wie es anschließend finanziell weitergehen sollte, war jetzt unerheblich. »Wir geben ihm das Geld, und dann wollen wir ihn nie wiedersehen«, sagte Michael spontan. Ich war froh, nach den Stunden des Nichtstuns zumindest eine Perspektive zu haben. Sobald wir ihm das Geld gegeben hatten, würde ich Gisa wieder in die Arme schließen können. An diesen Gedanken klammerte ich mich. Es dauerte etwas über eine Stunde, dann klingelte das Telefon erneut. Gisa war am Telefon, und Michael übergab mir sofort den Hörer. »Mama«, sagte sie, und es tat mir unendlich gut, ihre Stimme zu hören. »Ich habe Hunger, und Isauro hat auch Hunger. Es ist auch ganz schön kalt.« Ich nahm den letzten Rest Besonnenheit, der mir geblieben war, zusammen, um kein Drama zu machen. Gisa musste jetzt ruhig bleiben. Offenbar wusste sie noch gar nichts von ihrer Entführung. »Halte dich jetzt einfach an Diego, Schatz. Mach, was er für richtig hält«, beschwichtigte ich sie. Diego riss ihr daraufhin den Hörer sofort aus den Händen, und ich übergab meinen an Michael. Diegos Brüllen wäre aber wohl auch aus einem Meter Entfernung zu hören gewesen. »Michael, du bist ein Feigling. Ein Arschloch«, schrie er. Diego tickte plötzlich total aus, und wenn ich schon krank vor Sorge war, dann geriet ich jetzt in Panik. »Du immer mit deiner Natur, dabei wachsen die Bäume ja wieder nach. Ich sage dir eins: Ich will dich nie wiedersehen«, blaffte er Michael durchs Telefon an. Der entgegnete, dass es noch zu einem Treffen kommen müsse: Diego würde sein Geld und wir würden Gisa bekommen. »Keine Polizei«, sagte Diego. »Glaubt nicht, dass ich die Lodge nicht überwachen lasse. Sobald ihr sie verlasst, weiß ich Bescheid.« Er würde sich wieder melden.

Wieder hieß es warten. Uns war nicht nach Essen zumute, aber wir hatten beide unwahrscheinlich großen Durst. Was hatte Gisa am Telefon gesagt? Dass sie Hunger habe und ihr kalt sei? Hoffentlich beruhigte sich Diego und kümmerte sich zumindest um sie. Eine Weile hing jeder seinen Gedanken nach, dann begannen wir, uns auszutauschen. Was hatten wir bei dem Telefonat eigentlich gehört, was Diego nicht gesagt hatte. Da waren doch Hintergrundgeräusche gewesen. Stimmen und eine recht betriebsame Atmosphäre. Wie in einem Terminal. Was wollte Diego überhaupt in Cusco? Dort kannte er niemanden. War er sich einfach nicht im Klaren darüber gewesen, was er da tat – eine Kurzschlusshandlung? Oder wollte er Geld sparen und kein Flugticket bis nach Lima buchen? Oder war er auf dem Sprung an einen anderen Ort? Vielleicht zu seiner Familie, die weit weg wohnte?

Am Flughafen in Cusco konnte er eigentlich nicht mehr sein. Wegen des Aufwindes können Maschinen dort ab Mittag nämlich nicht mehr landen. Von dort kam er heute also nicht mehr weg. Dann blieb nur der Busbahnhof übrig. Von dort aus konnte Diego auch in seine Heimatstadt kommen, von Cusco aus fuhren auch abends noch Busse dorthin. Dort kannten wir niemanden. Dort hatte Diego Familie und könnte untertauchen. Die andere Möglichkeit, so überlegten wir, war, dass Diego mit Gisa weiter nach Lima wollte. Für eine zügige Geldübergabe hätte das mehr Sinn gemacht, und wir konnten davon ausgehen, dass er daran großes Interesse hatte.

In Lima hatten wir einen guten Kontakt: Franco, ein Hubschrauberpilot des peruanischen Militärs. Als wir aus Deutschland gekommen waren, hatten wir mit ihm zu Abend gegessen. Gisa kannte er auch. Nachdem wir unser weiteres Vorgehen sortiert hatten, rief Michael ihn gleich an und erreichte ihn zum Glück. Franco reagierte nach typischer Militärmanier ruhig und sachlich. Diese Ausnahmesituation, in der wir uns befanden, kommentierte er mit den Worten, er müsse ein paar Gespräche führen und schauen, was zu tun sei. Immerhin konnten wir jetzt aktiv werden, ohne die Polizei einzuschalten. Draußen war es längst dunkel geworden, und die Nacht brach herein. An Schlaf war dennoch nicht zu denken, wir verharrten in unserer Sitzecke an der Rezeption. Obwohl ich in diesen endlosen Stunden nicht an der Entscheidung zweifelte, mit Gisa nach Peru gezogen zu sein, grämte ich mich aber, sie nicht mit nach Lima genommen zu haben. Und ich dachte: Hoffentlich stößt ihr nichts zu! Hoffentlich bekommen wir sie zurück! Es wurde uns nun auch bewusst, dass, falls Francos Suchaktion zu keinem Ergebnis führen würde, wir sehr wohl die Polizei benachrichtigen mussten. Wir konnten nicht einfach in der Lodge ausharren, während unser Kind da draußen Opfer einer Entführung war. Immerhin, die Wut auf Michael hatte sich gelegt, und wir arbeiteten zusammen daran, Gisa zurückzubekommen. Doch das

Telefon blieb still. Weder Diego noch Franco meldeten sich. Stattdessen war da nur das Ticken der Uhr in der nächtlichen Stille. Tick – tick – tick – jeder einzelne Laut stand jetzt für die Zeit ohne meine Tochter. Weder dieses Geräusch noch das Gefühl würde ich in meinem Leben jemals wieder vergessen können.

GISA

Vom Flughafen aus fuhren Diego und ich in ein Hostel. Er hatte mir eigentlich versprochen, wir würden nach Lima fliegen, jetzt aber stellte sich heraus, dass wir in Cusco gelandet waren. Ich erkannte den Flughafen sofort, denn hier war ich schon mal mit Mama gewesen. Aber Mama war jetzt nicht wie angekündigt da. Das enttäuschte mich. Zugleich merkte ich, dass Diego nervös wurde. Weil es nicht nach Plan lief und wir in Cusco statt in Lima gelandet waren? Nicht bei Mama? Ich wollte ihn lieber nicht fragen. Nachher hätte ihn das noch mehr aus der Fassung gebracht. »So, du setzt dich hier aufs Bett und schaust mit Isauro jetzt ein bisschen Fernsehen«, sagte Diego, nachdem wir das dunkle Zimmer des Hostels betreten hatten. Er knipste mir die große dunkle Röhre an. »Ich bin im Nebenraum, ein paar Sachen organisieren.« So saß ich da und hielt Isauro bei Laune, der allmählich unruhig wurde. Das Programm bot nichts, was uns interessierte. Vielmehr dachte ich an meinen Magen. Wir hatten beide Hunger. Das teilte ich Diego mit, als er zurückkam. Er musste sich doch um uns kümmern. Mama hatte uns ihm ja anvertraut. »Also gut«, sagte er nach einer Weile.

Wir brachen auf, und vom Taxi aus konnte ich schon die Marktstände erspähen. Super, gleich würde es etwas zu essen geben. Dann kamen die Busse in Sicht, die dort hielten. »Bevor wir an einem der Stände Platz nehmen, kannst du noch mit deiner Mama sprechen«, sagte Diego und führte mich zu einer Telefonzelle. Er hielt mir den Hörer hin. Kurz war mir so, als hätte ich auch Michaels Stimme gehört. Seltsam. Waren Mama und er nicht zerstritten und lebten getrennt? Als ich endlich Mamas Stimme vernahm, schob ich den Gedanken schnell beiseite. Es war so schön. Aber auch ich wollte einiges loswerden. Sie sollte ruhig wissen, dass die letzten Stunden gar nicht lustig für mich gewesen waren, dass ich hungrig war. Sie klang ganz ruhig. Kümmerte sie das denn gar nicht, wie es mir ging? Normalerweise war es Mama doch auch wichtig, dass ich zu Mittag aß. Dass eine Entführung etwas ganz Schreckliches war, wusste ich. Dass ich in diesem Moment Teil einer solchen war, kam mir nicht in den Sinn. Diego war ja weiterhin ganz nett, und er schien sich zu bemühen, mich zu Mama zu bringen. Den Hörer riss er mir dann aber doch etwas zu abrupt aus der Hand. Gerne hätte ich noch länger mit Mama geredet. Er signalisierte mir, ich solle mit Isauro ein paar Meter offenbar außer Hörweite weggehen. Er wolle noch in Ruhe telefonieren.

Immerhin, anschließend gab es das versprochene Essen. Überall roch es nach was Leckerem. Wir liefen an dicken Bananenstauden vorbei, an riesigen Töpfen, hinter denen Verkäufer mit Suppenkellen standen, und ließen uns schließlich auf einer Bank an einem der Stände nieder. Diego bestellte für Isauro und mich einen großen Maiskolben. Um uns herum sprangen Hühner und Ziegen. Es war bereits dunkel. »Siehst du den Bus da vorne? Da steigen wir jetzt gleich ein«, sagte Diego. Der Bus sah aus, als wäre er schon ein paar Jahre zu lang unterwegs gewesen, verrostet, mit Beulen. Aber das war mir egal, solange er mich zu Mama brachte, und Diego hatte mir sein Wort gegeben, dass wir jetzt nach Lima fuhren. Beim Einsteigen beobachtete ich unsere Mitreisenden. Es waren ausschließlich Peruaner. Da waren Menschen, die gar keine Schuhe hatten. Anders als ich mit meinen, die man schnell per Klettverschluss schließen konnte. Dazu trug ich eine lange Hose, für die ich nun, da es so kalt war, wirklich dankbar war. Wie musste es den Menschen gehen, die hier barfuß auf Reisen waren? Froren sie nicht? Ihre Füße waren ganz dreckig. Es waren auch welche darunter, die nicht so gut rochen und offensichtlich viel zu lang nicht gebadet hatten. Und sie rochen nach Rauch. Den Geruch kannte ich aus dem Camp. Abends, am Lagerfeuer, rauchten die Männer auch gerne. Mama machte hin und wieder mit. Das mochte ich nie, aber dieser Geruch war noch viel extremer. »Wie lange fahren wir?«, fragte ich Diego. »Ein paar Stunden werden es schon sein«, entgegnete er. »Aber dann sind wir bei Mama.« Mit dieser Gewissheit setzte ich mich in eine der Reihen in der Mitte des Buses ans Fenster. Unter meinem Sweatshirt machte ich Platz für Isauro, der mich zumindest ein bisschen wärmte. Ich konnte meinen Blick aber nicht von den dreckigen, nackten Füßen unserer Mitreisenden abwenden. Diego suchte noch hin und wieder das Gespräch mit mir. Immer wieder kam er auf Mamas und Michaels Trennung zu sprechen. Dabei wollte ich mich darüber mit ihm gar nicht unterhalten. Vor allem wollte ich nicht hören, dass Mama überlegte, mit mir zurück nach Deutschland zu gehen. Dass ich Isauro dann natürlich weggeben müsse. Als ob Diego das entscheiden konnte! Ich streichelte meinem Affen über den Kopf, der aus meinem Kragen herauslugte. Isauro döste schon, und dann schlief auch ich ein. Das war ein anstrengender Tag gewesen. Ein seltsamer Tag. Ich wurde davon wach, dass der klapperige Bus plötzlich hielt. Es war noch dunkel, aber ich sah, dass hier so viele Busse standen wie an dem Markt, von dem wir vor einer Weile losgefahren waren. Stimmen, Gewusel, alle schienen es plötzlich eilig zu haben auszusteigen. »Wir sind da«, sagte Diego. »In Lima. Komm, steh auf. Gleich sind wir bei deiner Mama.« Das fand ich toll und aufregend. Was ich ihr zu erzählen hatte! Isauro setzte ich auf meine Schulter. Wir reihten uns zum Aussteigen in die Passagierschlange ein, beide Türen öffneten sich, doch plötzlich spürte ich, wie mich Diego ganz fest am Arm griff und hinter sich schob. Als er mir gestern Abend den Hörer während des Telefonats aus der Hand gerissen hatte, war das schon seltsam gewesen. Aber jetzt tat er mir richtig weh. »Aua«, sagte ich intuitiv und guckte ihn vorwurfsvoll an. In dem Moment bemerkte ich das nervöse Zucken seiner Augen. Die Menschenmenge lichtete sich, weil die Ersten ausstiegen, und obwohl er mich fest hinter sich hielt, konnte ich zwischen seinem Oberkörper und den Armen hindurchschauen. An beiden Türen standen Soldaten.

In dem Moment, als wir die Stufen des Busses hinabstiegen, passierte es: Die Soldaten zogen Diego direkt vor mir zu Boden. Was sollte das? Ich schrie! Sie taten ihm doch weh. Ich ging sofort auf einen dieser bösen Männer los, auf den, der mir am nächsten stand, und fing an, ihn zu hauen und zu boxen. Was hatte Diego ihnen denn getan? Sicher, er hatte mich gerade in den Arm gekniffen, aber das rechtfertigte doch nicht, dass die Soldaten jetzt auf ihn einprügelten. Seit gestern Morgen hatte mich hin und wieder ein mulmiges Gefühl beschlichen. Aber jetzt bekam ich Angst. Diego, der einzige Mensch, den ich an diesem fremden Ort kannte, lag auf der Erde und blutete.

ARIANE

Die Uhr an der Wand zeigte kurz vor halb fünf morgens, als der erlösende Anruf kam – aus Lima. Es war Franco, der den Hörer sofort an Gisa übergab. Ich konnte es kaum glauben, er hatte wirklich meine Tochter gefunden. Gisa plapperte sofort drauflos: »Mama, damit eins klar ist, Isauro werde ich nicht hergeben, wenn wir zurück nach Deutschland müssen.« Ich verstand gar nicht, was sie meinte, war aber in diesem Moment einfach überglücklich, die Stimme meiner Tochter zu hören. Aber sie hatte noch mehr zu sagen. Nämlich dass sie genug habe und wo ich denn nun sei. »Ich warte jetzt seit Tagen auf dich. Und warum wurde Diego zusammengeschlagen?« Franco erzählte mir dann auf Englisch am Telefon, dass er seine Männer kaum habe bändigen können. Und dass Gisa tatsächlich dazwischengegangen sei. Wie viel Courage sie in dem Moment gezeigt habe. Dass sie so lange geboxt habe, bis ein weiterer Soldat dazwischengehen musste. Ich weinte und lachte, durchlief die ganze Palette der Gefühle in diesem Moment:

Der Regenwald Perus in der Morgendämmerung.

Mit den schweren 12 Meter langen Einbäumen im Wald unterwegs zu sein muss man langsam lernen, um in Schleifen und Stromschnellen das Gefährt lenken zu können.

Oft dauern die Probenahmen ungewöhnlich lang, aber dieser Anblick bezahlt für alle Strapazen.

Michael und ich.

Um an goldhaltige Konzentration zu kommen, muss man oft die Seitenarme der Flüsse weit hoch fahren.

Bei den tropischen Temperaturen hielt sich Gisa am liebsten im Wasser auf.

Unsere große Dredge mit 60 PS schwimmt entweder auf zwölf leeren Spritfässern oder, wie in diesem Fall, auf acht Balsastämmen.

Nach Isauro hatten wir Pupu als Campaffen. Er versorgte mich stets mit einem Teil seiner Nahrung.

Jeder Taucher braucht unter Wasser eine helfende Hand, um die großen Steine von der Arbeitsstelle zu räumen.

Auch bei Regen arbeiten wir mit der Dredge weiter. Gefährlich sind die Regenfälle weiter oben in den Bergen, denn diese bringen das Hochwasser.

So arbeiten wir im Fluss. Hier kommen zwei Dredgen zum Einsatz.

Meine Urwaldküche. Spartanisch, aber der gemütlichste Platz im Camp.

Arbeitspause. Gleich gibt es etwas zu essen.

Obwohl der Taucher und die Maschine die Hauptarbeit übernehmen, müssen große und flache Steine von Hand aus der Sluicebox genommen werden.

90 bis 95 Prozent des von uns geförderten Golds ist feineres Gold. Nur fünf bis zehn Prozent kann man als Nugget bezeichnen.

Zwei Hände voll Gold – dafür mussten wir viele Kubikmeter goldhaltiges Material mit der Dredge durcharbeiten.

Eigentlich wollten wir keinen dieser Schönlinge verkaufen. Jedoch müssen wir Gold veräußern, die Rechnungen wollen bezahlt werden.

Goldstücke wie diese sind nicht alltäglich. Nur 50 bis 100 Gramm je Kilo sind Nuggets. Jedes dritte bis vierte Kilo enthält 10 bis 15 Gramm Stücke.

Ein Ronzocco – ein Wasserschwein, das größte Nagetier der Welt. Sein Fleisch ist sehr schmackhaft. Schießt man es im Fluss, taucht es unter und ist nur mit Mühe zu finden.

Aus unserem schlammumantelten Spritfass kommt knuspriges Brot.

Das schönste Badezimmer der Welt!

Im Wald wird alles verwertet. Die Anakonda verfing sich im Stellnetz und starb, da sie nicht mehr zum Atmen auftauchen konnte. Das Fleisch wird gekocht und dann frittiert.

Mein Badezimmer in 3000 Metern Höhe in der Landschaft Papua-Neuguineas. Eine ganz simple Dusche. Der Orchideenschmuck ist purer Luxus.

Der Mann wartet bewegungslos an der Stromschnelle, bis der richtige Fisch vor der Pfeilspitze auftaucht.

In vielen Gebieten im Urwald ist Weiterkommen nur mit dem Kanu möglich. Ist das Wasser tief, kann man rudern oder den Motor nutzen. In flachen Abschnitten muss man das Kanu schleppen, manchmal bis einem die Luft wegbleibt.

Gemütliches Beisammensein an der Feuerstelle. Wo kein Fernseher ist, beschäftigt man sich miteinander.

Wir beide sind uns auf Anhieb sympathisch.

Um akzeptiert zu werden, muss man sich in die Gesellschaft einfügen. Es macht immer Spaß, Neues und Fremdes kennenzulernen.

Wie viel Aufwand es ist diesen Schmuck ohne Werkzeug im Wald herzustellen, begreift man nur, wenn man es sieht. Farben werden oft dazu genutzt, um Gefühlszustände auszudrücken und schlechte Geister fernzuhalten. Federn sind im Wald unbezahlbar, Geld verfault. Federn und Muscheln bleiben schön und behalten ihren Wert – der wahre Reichtum der Papua.

Der »Loved & Found«-Ring ist eines der ersten Stücke der Golpira-Schmuckkollektion.

Die Gold-Nuggets in ihrer natürlichen Form – so wie sie in der Natur gefunden worden sind.

Alles, was ich jetzt erfuhr, war so tragisch wie witzig. Ich war so erleichtert, dass Gisa nichts zugestoßen war und meine Tochter in dieser Situation sogar noch so mutig gewesen war. »Hör zu, Ariane. Ich kann Gisa gleich heute früh auf den nächsten Flug von Lima nach Maldonado buchen. Passt euch das?« Es war uns mehr als recht. Franco hatte Gisa gerettet, und jetzt kümmerte er sich auch noch darum, dass sie heil bei uns ankam. In einer Nacht-und-Nebel-Aktion hatte er seine Kumpels zusammengetrommelt. Diese Aktion war nicht angemeldet, das hatte er für uns privat getan und einiges riskiert, weil alle in Uniform aufgetreten waren. Aber das, so erklärte er, sei die einzige Möglichkeit gewesen, damit sich die zivile Bevölkerung auf jeden Fall aus der Sache heraushielt. Die Rettungsaktion hätte auch in einer Massenschlägerei enden können, mit ungewissem Ausgang für alle Beteiligten. Pures Glück, dass Franco und seine Kollegen auf dem Parkplatz tatsächlich auf den richtigen Bus aus Cusco gestoßen waren. Und dass Diego mit Gisa Richtung Hauptstadt gefahren war. Michael und ich waren viel zu aufgekratzt, um jetzt noch schlafen zu können. In wenigen Stunden würde Gisa landen. Franco rief noch einmal an, nachdem er sie in die Maschine gesetzt hatte. »Ihr könnt sie dann gleich direkt in Empfang nehmen. Die Stewardessen kümmern sich um sie.«

So fuhren wir abermals zum Flugplatz, dieses Mal mit der Gewissheit, unsere Tochter abholen zu dürfen. Gisa stieg als Letzte zusammen mit dem Piloten aus der Maschine aus. Es sprudelte gleich aus ihr heraus, als ich sie in die Arme schloss und nie wieder loslassen wollte. »Mama, Mama, Isauro und ich durften ins Cockpit. Stell dir vor, wir sind das Flugzeug geflogen.« Ich weinte vor Glück, so erleichtert war ich, meine kleine Tochter wieder bei mir zu haben. Dann schaute sie hoch und warf Michael einen fragenden Blick zu. »Warum steht ihr denn hier zusammen. Diego sagt, ihr hättet gestritten und euch nicht mehr lieb.« Ich nahm mein Kind noch einmal in den Arm. »Ach, Diego, der hat dummes Zeug geredet«, sagte ich unter Tränen. »Wir bleiben alle zusammen. Du, Isauro, Michael und ich. Vergiss den Quatsch. Wir fahren jetzt nach Hause.« Gisa hatte Hunger. Und ich wollte sie baden und schauen, ob alles okay war. Vor allem der Übergriff auf dem Busparkplatz hatte sie mitgenommen, die Brutalität, mit der Franco und seine Kollegen Diego angegangen waren. Nach den Stunden allein im Flugzeug hatte sie Redebedarf. In der Lodge versuchte ich ihr zu erklären, dass Diego geschwindelt hatte. Dass es von ihm überhaupt nicht okay gewesen war, sie mitzunehmen. Das Wort »Entführung« sparte ich aus, weil es ihr im Nachhinein nur unnötig Angst gemacht hätte.

Alle waren noch einmal glimpflich davongekommen. Diego im Übrigen auch. Franco hatte mich am Telefon gefragt, was er mit Michaels ehemaligem Vertrauten machen solle. Seine Soldaten hielten ihn in diesem Moment noch fest. Ich sagte, sie sollten ihn laufen lassen und dass wir ihn nie wiedersehen wollten. Hoffentlich hatte er mit der Aktion eine Lektion fürs Leben erteilt bekommen. Hier in Maldonado, wo er wohnte, ließ er sich hoffentlich so schnell nicht mehr blicken. »Diego geht es wieder gut«, erzählte ich Gisa am Nachmittag, als sie mich abermals auf ihn ansprach und wirklich besorgt schien. »Er muss jetzt zu seiner Familie, in seine Heimat, und da wird er bleiben.« In den folgenden Tagen ließ ich Gisa nicht aus den Augen und war für sie da, wenn sie mich brauchte. Ob Gisa traumatisiert war, ließ sich zum jetzigen Zeitpunkt noch nicht einschätzen. Zweimal hatte Gisa dann tatsächlich noch nachts Albträume. So verarbeitete sie das Erlebte. Und sie fragte öfter, ob ich noch da sei, wenn sie zurückkäme vom Spielen mit den anderen Kindern. Mir gab das jedes Mal einen Stich.

Auch Michael und ich brauchten Zeit. Wer sagte mir, dass Diego nicht doch versuchen würde, sich an uns zu rächen? Der Urwald war nicht schuld an dem, was uns passiert war. Ich bereute nicht, meine Tochter mit nach Peru genommen zu haben, und verspürte auch keine

Sehnsucht nach unserem alten Leben in Deutschland. Aber die Entführung lehrte mich schon, noch vorsichtiger zu sein. Nie wieder würde ich meine Tochter allein zurücklassen. Wir blieben noch weitere zwei Wochen in Puerto Maldonado, dann waren die Achter-Dredge gebaut, die Maschinen gewartet. Mit dem LKW ging es wie immer nach Laberinto. Dort luden wir alles auf das Kanu, aßen morgens die obligatorische heiße Hühnersuppe, in der für jeden ein Hühnerbein schwamm, und brachen anschließend über Boca Colorado ins Camp auf. Wir, das waren Michael, Gisa, Alejandro mit seiner Familie und ich. Diego haben wir nie wiedergesehen. Auch in Maldonado, so erzählte man es uns später, tauchte er nicht noch einmal auf.

AUFWACHSEN IM URWALD

»Alles Gute, meine Süße.« Mama drückte mich fest. Es war der 28. August 1991. Mein siebter Geburtstag! Seit mehr als einem Jahr lebten wir nun im Urwald. Unser Leben war nicht mehr vergleichbar mit jenem in der Zivilisation. Es war spannender, keine Frage. Aber es war auch brutaler. Das sollte auch ich noch zu spüren bekommen. Ich wuchs hier als Kind grundsätzlich anders auf. So war auch mein Geburtstag anders als jene, die ich später feiern sollte. Anders als die Geburtstage, die Eltern in Deutschland für ihre siebenjährigen Kinder ausrichten. Auch hier im Urwald war es wichtig, Geburtstag zu feiern, nur mit den Mitteln, die zur Verfügung standen. Für mich war es das größte Geschenk, heute mal nicht lernen zu müssen. Stattdessen durfte ich viel mit den anderen Kindern spielen. Ich war gar nicht auf die Idee gekommen, mir etwas Materielles zu wünschen, weil ja klar war, dass wir nicht einfach in ein Geschäft fahren konnten. Ein neues Playmobil-Haus oder eine bestimmte Barbie stehen in der Zivilisation auf dem Wunschzettel, weil die Freunde auch so etwas geschenkt bekommen haben. Ich hatte auch so gut wie kein Spielzeug von zu Hause mitgenommen. Zusammen mit meinen Indianerfreunden spielte ich in einem tollen Baumhaus, wir gingen schwimmen, kletterten über Baumwurzeln und stabile Äste. Der Urwald war unser Spielplatz. Es ging um das, was wir unternahmen, nicht um das, was wir besaßen.

Mama nahm sich an diesem Tag mehr Zeit als sonst für mich, und ein Geschenk gab es als Überraschung auch hier: eine Dose Cola, die sie und Michael mir nachmittags überreichten, nachdem Michael von der Arbeit am Fluss zurückgekehrt war. Und vorher hatten sie für mich das Lied »Heute kann es regnen, stürmen oder schneien« gesungen. Das stimmten wir immer an, wenn jemand Geburtstag hatte, obwohl es tropisch heiß war. An diesem Tag holte Mama nun die rote Dose hervor. Auch wenn sie nicht eingepackt und nicht mit einer Schleife versehen war, freute ich mich riesig. »Wow, Cola! Mama, wo hast du die denn her?« Dass Mama immer etwas Besonderes in ihrer Campküche bunkerte, wusste ich. Da war der Vanillepudding gewesen, den leider das Hochwasser erfasst hatte, bevor wir ihn essen konnten. Und da war jetzt offenbar diese Coladose. Cola war für mich Michaels Getränk. Wenn es darum ging, was man im Urwald von zu Hause vermisste, war das für ihn immer die Coca-Cola gewesen. An den Geschmack konnte ich mich gar nicht erinnern. Daran, dass Cola etwas ganz Kostbares war, aber schon. Und natürlich wusste ich um die Bedeutung der Dose für das Angeln. Michael half mir, sie zu öffnen. Es zischte, und ich nahm den ersten Schluck direkt aus der Metallöffnung. So süß! Großartig! Die Kohlensäure und das Prickeln empfand ich aber eher als unangenehm, da ich mich daran gewöhnt hatte, jetzt täglich abgekochtes Wasser aus dem Fluss zu trinken. Nach wenigen Schlucken reichte ich die noch drei viertel volle Dose an Michael weiter. Der nahm sie nach seinem Arbeitstag gerne an.

Sicherlich wollte ich ihm damit auch gefallen und unter Beweis stellen, dass auch ich in den Urwald gehörte. Denn dass das grundsätzlich nicht der gewöhnliche Lebensraum für ein Kind war, das war mir schon bewusst. Ich war ein Kind, das Dutzende Fische auf einmal töten konnte, die den Erwachsenen später als Köder für größere dienten. Eines, das zwischen Rechnen und Lesen mit seiner Mama Goldwaschen mit der Pfanne übte. Eines, das den Geruch von geräuchertem Fisch liebte und sich von Michael frisch gepflückte Zitronen mit der Machete halbieren ließ und ohne mit der Wimper zu zucken hineinbiss. Das Essen kam aus der Natur. So wurde ich auch früh mit Schusswaffen konfrontiert: Die Erwachsenen schossen vom Kanu aus auf die Wildschweine. Im Camp liefen Hühner frei herum, die uns Eier und später Fleisch lieferten. So kam es, dass ich eines Tages Augenzeugin eines grässlichen Schauspiels wurde: Mama und ich hatten auf unserem Lernplatz, einem Baumstamm, gerade rechnen geübt, als ich von meinen

Aufgaben hochschaute und sah, wie Michael nur ein paar Meter entfernt ein Huhn mit der linken Hand fixiert hielt. Das Huhn zappelte. Mit dem Messer in der rechten Hand schlug er dem Tier den Kopf ab. Ich schrie auf und klammerte mich an Mamas Arm. Sie war in diesem Moment auch so erschrocken, dass sie mir wohl nicht schnell genug die Hand vor die Augen halten konnte. So sah ich, wie sich das Huhn auch ohne Kopf in Bewegung setzte. Gut zehn Sekunden tapste es so herum, bis es umfiel. An Lernen war danach nicht mehr zu denken. Gegen Abend erklärten mir Mama und Michael die Situation. »Über die Nervenbahnen werden noch Impulse gesendet. Deshalb konnte das Huhn loslaufen«, sagte Michael. Und Mama: »Schau mal, du weißt doch, dass wir auf das Fleisch angewiesen sind. Dass wir es zum Überleben brauchen.« Mir wurde klargemacht, dass man in der Zivilisation den Luxus hatte, sich für ein Leben ohne Fleisch entscheiden zu können. Dass diese Option im Urwald aber nicht bestand, weil man an diesem Ort als Vegetarier verhungern würde. Ich hinterfragte das Leben im Urwald nicht häufig. Ich befolgte Mamas Regeln, da ich ja noch ein Kind war.

Natürlich hatte ich viel Spaß im Urwald, aber Schreckensmomente gab es doch. Eines Tages war Mama gerade in der Küche mit Kochen beschäftigt, als sie mich bat, Michael zu holen. Er war unten am Fluss. Ich lief los und sah ihn von Weitem bäuchlings auf den Kieselsteinen liegen. Daneben seine Kamera und ein Schwarm Schmetterlinge. Für mich war die Situation in diesem Moment recht eindeutig: Michael fotografierte Schmetterlinge. »Michael, Mama braucht dich mal für etwas«, rief ich ihm von Weitem zu. »Sie sagt, du sollst hoch in die Küche kommen.« Keine Reaktion. Als ich näher an ihn herantrat, sah ich, dass er bewusstlos war. Michael bewegte sich nicht mehr. Seine Augen waren geschlossen. Um ihn herum die vielen Schmetterlinge. Ich schrie und lief voller Panik zurück ins Camp. Der Weg schien endlos. Oben angekommen keuchte ich: »Mama, Michael bewegt sich nicht mehr.« Auch Mama war jetzt aufgeregt und lief gemeinsam mit mir wieder zum Ufer hinunter. In diesem Moment kam Michael zu sich. Die Erwachsenen beschwichtigten mich damit, dass so ein Kreislaufzusammenbruch bei dieser Hitze durchaus passieren könne. Der Vorfall beschäftigte mich aber lange, und ich stellte mir immer wieder die Frage, was wir gemacht hätten, wenn Michael nicht wieder aufgewacht wäre? Mir wurde klar, was es bedeutete, im Urwald auf sich gestellt zu sein. Dass wir an einem Ort lebten, an dem einem unter Umständen niemand helfen konnte.

An dieses Ereignis musste ich auch an jenem Tag denken, als es für mich weit und breit keine Hilfe gab. Michael und Mama wollten eine neue Goldstelle auskundschaften. Ich hatte keine Lust mitzugehen. Es war ein heißer Tag. Für Isauro hatte ich ein langes Seil von Baum zu Baum gespannt. So machten wir es häufiger, denn so konnte Isauro mit einem zweiten Seil, das um seinen Körper gebunden war, hin und her laufen. Ich befand mich gerade in der Campküche, als auf einmal zwei Arbeiter, die beim Bau unseres Hauses halfen, auf mich zukamen. Sie legten mir den Affen in den Schoß. Mittlerweile sprach ich sehr gut Spanisch, aber das, was sie sagten, drang nur ganz allmählich in mein Bewusstsein: Mein allerbester Freund, Isauro, war tot. Seit meiner Ankunft in Peru und bei allem, was ich hier erlebt hatte, war er immer an meiner Seite gewesen. Er war ein lebendiges Kuscheltier. Nein, ich konnte den Gedanken nicht zulassen, Isauro konnte nicht tot sein. Wahrscheinlich schlief er nur, wie damals Michael inmitten des Schmetterlingsschwarms. Ich trug ihn in mein Zelt. Mama und Michael waren noch nicht zurück. Es gab niemanden, den ich um Hilfe hätte bitten können. So lag ich einfach da mit ihm und streichelte ihn. Stundenlang. Konnte nicht sprechen. Nicht weinen. Am Nachmittag, kurz bevor es dunkel wurde, kamen Mama und Michael von ihrer Tour. Mit dem toten Isauro auf dem Arm lief ich ihnen entgegen. Sie wussten schon, dass er an diesem Tag einen schrecklichen Unfall gehabt hatte und dabei gestorben war. Mama schaute mir in die Augen, sie redete auf mich ein. Regungslos erwiderte ich ihren Blick, konnte sie zwar hören, aber verstand nicht, was sie sagte. Ich konnte auch immer noch nichts fühlen. Bis ich diesen Schlag auf meiner Wange spürte. Mama musste mir eine Ohrfeige geben, damit ich wieder zur Besinnung kam. Nicht weil sie wütend war, sondern aus Sorge. Erst dann kapierte ich es: Isauro, mein Affe, war wirklich tot.

ERKENNTNISSE UND EINE ENTSCHEIDUNG

»Weißt du, ich kann es nicht verstehen«, sagte ich zu Michael, als wir alleine vor unserem Zelt saßen. Unsere Mitarbeiter hatten sich noch am Lagerfeuer versammelt, aber mir war an diesem Abend nicht nach Gesellschaft zumute. Außerdem wollte ich unmittelbar in Gisas Nähe bleiben. Ich fühlte in diesem Moment vieles: Trauer, Wut, Abscheu, großes Mitleid mit Gisa. Michael saß mir gegenüber. Es war schon spät, und Gisa war vom Schock und Weinen nun vor Erschöpfung eingeschlafen.

Die Mitarbeiter hatten ernsthaft vorgeschlagen, aus Isauro Affensuppe zu machen. Auch Michael war sprachlos über die Selbstverständlichkeit, mit der die anderen im Camp davon ausgingen, dass wir aus Isauro eine schöne Mahlzeit zaubern konnten. Am Tag seines Todes.

Dass der Umgang mit Tieren hier ein anderer war, war mir spätestens seit dem Noteingriff, den wir an unserem Camphund vornehmen mussten, klar gewesen. Tiere fielen in zwei Kategorien – *rico* und *no rico*. Lecker und nicht genießbar. Der Hund gehörte von Anfang an dazu, Alejandro hatte ihn mitgebracht, und Gisa konnte nicht die Finger von dieser Promenadenmischung lassen. Er war wirklich lieb, aber sein ganzer Körper war übersät mit offenen Stellen, aus denen eitrige Flüssigkeit suppte. Der Hund sah aus, als hätte er die Krätze. Er tat mir leid. Zugleich beobachtete ich mein Kind, wie es mit ihm schmuste. Ich konnte gar nicht hingucken, ohne dass Ekel in mir aufstieg. Irgendwann ging ich zu Alejandro. »Wir müssen da doch etwas tun. Schau dir an, wie der Hund leidet. Ich habe Antibiotikapulver dabei. Vielleicht können wir ihn damit behandeln.« Dass Gisa den Hund in ihr Herz geschlossen hatte, konnte Alejandro sehen. »Ariane, Antibiotika werden nichts bringen. Es ist so, dass sich in dem Hund Maden eingenistet haben. Es bedeutet, dass sie ihn von innen allmählich auffressen.« Zututu-Fliegen hätten in einer Wunde ihre Eier abgelegt, und die daraus geschlüpften Maden hätten sich nun eingenistet. »Das ist ja eklig. Da müssen wir doch etwas tun können.« »Ja, können wir. Man kann die Maden rausdrücken.« Alejandro schien die Situation hingenommen zu haben, mir war völlig unklar, warum er nicht schon eher auf die Idee gekommen war, dem Hund zu helfen. Es folgte ein aufwendiger und für den Hund äußerst schmerzhafter Eingriff. Dass sich darum bislang niemand gekümmert hatte, erzählte viel über das unempathische Verhältnis, mit dem man hier der Tierhaltung begegnete. Alejandro nahm den Hund zwischen die Beine, der Rüde hielt sogar still und ließ die Aktion, bei dem die Maden händisch aus seinem Körper gedrückt wurden, über sich ergehen. Vielleicht wusste er, dass es der einzige Weg war, um ihm zu helfen. Auf diese Weise und mit einer anschließenden Antibiotikakur konnten wir den Hund dann tatsächlich kurieren.

An dem Tag, als Isauro starb, musste ich an diese Situation denken. Michael und ich saßen in der Dunkelheit vor unserem Zelt. Sie wussten doch, dass wir ein familiäreres Verhältnis zu Tieren pflegten und wie lieb Gisa Isauro gehabt hatte. Davon abgesehen galten Affen hier durchaus als Prestigeobjekte. Sie waren Maskottchen, jedenfalls solange sie lebten. Michael kümmerte sich anschließend darum, dass wir Isauro beerdigten. Es war Gisas erste Konfrontation mit dem Tod. Die anderen bekamen davon gar nichts mit. Ein ungutes Gefühl blieb für mich trotzdem. Die kulturellen Unterschiede stellten sich an manchen Tagen als große Bereicherung dar, an anderen waren sie irritierend. Es war wichtig, sich in diesen Situationen daran zu erinnern, dass andere Länder auch andere Sitten bedeuteten, auf die wir uns bewusst eingelassen hatten und denen wir uns ein Stück weit fügen mussten. Wenn es mir nicht passte, konnte ich jederzeit mit Gisa zurück nach Deutschland fliegen. Oft genug stellte ich mir trotzdem die Frage, ob ich klein beigeben und mich damit selbst ein Stück weit verraten sollte? Oder anfangen zu diskutieren?

Die Unterschiede wurden mir nicht nur bewusst, wenn es um den Umgang mit Tieren ging. Auch gegenüber Frauen fehlte es entschieden an Respekt. Ich bekam das zu spüren, als Gisa entführt worden war. In dieser Notsituation war mir das andere Frauenbild in Peru zum ersten Mal glasklar vor Augen geführt worden. Alles war gut ausgegangen, aber an Machogehabe fehlte es in diesen Stunden nicht. Man redete in diesen Stunden vor allem mit Michael und kaum mit mir. Ich hatte öfter das Gefühl, dem nichts entgegensetzen zu können und gute Miene zum bösen Spiel machen zu müssen. Am Tag der Entführung spürte ich diese schreckliche Machtlosigkeit mehr denn je. Ich machte mir noch häufig Gedanken darüber, nachdem wir Gisa schon lange zurückhatten. So begann ich auch, mir das System mehr zunutze zu machen. Wichtig war es, die richtigen Leute zu kennen, wie zum Beispiel Franco. Ein Geschenk des Himmels. Er hatte Gisa gefunden. Ich begann mir ein Spinnennetz aus Kontakten zu weben. Wann immer es möglich war, von jemandem an hoher Stelle einen Schutzbrief zu erhalten, in dem stand, dass wir gute Leute waren, bat ich darum. Ich begann, taktisch zu denken, statt sorglos in Situationen hineinzutappsen. Mein Vater war ein Spieler. In unserer Familie wurde immerzu gespielt. Ich wuchs mit einer sechs Jahre älteren Schwester auf, die mich ohne Ende bei »Mensch ärgere Dich nicht« beschummelt hatte. Jahre später wusste ich, was zu tun war – und stach sie bei »Monopoly« aus. Überleben im Urwald bedeutete häufig, Probleme ähnlich strategisch anzugehen, für mich als Frau sowieso. Das Machogehabe, die

Überheblichkeit, die Korruption konnten mir so weniger anhaben. Ich sah das Leben als Spiel. Wenn der General flirten wollte, ließ ich mich darauf ein, wenn es bedeutete, dass ich so schneller einen Hubschrauber bekam. Sicher, das alles hatte Grenzen. Frauen hatten hier eine andere Rolle, und das musste und wollte ich respektieren. Ich sah zum Beispiel zu, mich im Camp niemals nackt zu zeigen. Wenn ich mich am Fluss wusch, dann wussten alle anderen, dass sie an der Stelle jetzt nichts zu suchen hatten.

Mit dem kleinen Trommelrevolver am Hosenbund, nach dem ich jeden Moment hätte greifen können, fühlte ich mich sicher. Ich wusste, ich konnte mich auch auf meine Judogriffe verlassen, und ich lernte, richtig gut mit der Machete umzugehen. Im Nahkampf konnte mir so schnell niemand etwas vormachen. Obwohl ich Probleme hatte, Tiere zu töten, und lieber angeln als jagen ging, hatte ich mir zu Beginn meiner Zeit im Urwald geschworen, auch einen anderen Menschen töten zu können, wenn es um die Sicherheit von Gisa und Michael oder um meine eigene ging. Dazu sollte es zum Glück niemals kommen. Aber im Urwald zu leben, bedeutete eben auch, für den eigenen Schutz zu sorgen. Das hatte Michael oft genug wiederholt. Es galt für mich als Mensch. Als Mutter. Auch als Frau.

Gleichermaßen war es wichtig, den Mitarbeitern auf Augenhöhe zu begegnen. Die ersten Zigarettenzüge hatte ich im Alter von sieben Jahren genommen. Als ich zwölf war, gab meine Mutter es auf, mich zu belehren. In meiner Jugend und in den Zwanzigern war ich Raucherin gewesen. Für Michael hatte ich aufgehört. Seit dem Moment, als wir zusammen mit der Aeroflot-Maschine Richtung Peru aufgebrochen waren, zunächst für einen Urlaub, hatte ich keine Zigarette mehr angerührt. Jetzt, mehr als anderthalb Jahre später im Dschungel, rauchten alle Männer. Mit ihnen hin und wieder zu rauchen oder zu trinken, wirkte wie sozialer Klebstoff und weckte die Spielerin in mir. Wenn sich Michael abends irgendwann vom Lagerfeuer verabschiedete und Richtung Zelt aufbrach, blieb ich häufig noch mit den anderen sitzen. Sie redeten dann mir zuliebe in einfacheren Sätzen, die ich mittlerweile auf Spanisch verstand und selbst bilden konnte. Auch mit dem Humor kam ich allmählich zurecht. Wir würfelten, wir rauchten. Wenn wir keine Zigaretten mehr hatten, nahmen wir ersatzweise Papayablätter, von denen man hinterher schlimme Kopfschmerzen bekam. Auf diese Weise wuchsen wir zu einer eingeschworenen Gemeinschaft zusammen. Ausgerechnet in einem Umfeld, dessen Umgang mit Frauen mir häufig nicht gefiel, hatte ich mich gefunden, auch als Frau.

Dass ich mich dabei auch als Mensch verändert hatte, zeigte sich im Vergleich zu den Jahren als Model natürlich auch an meinem Äußeren. Ich war kräftiger geworden. Ich durfte jetzt nicht nur alles essen, was ich wollte, ich musste es sogar, wenn ich hier überleben wollte. Für Diäten war hier jedenfalls kein Platz mehr, ich konnte mir gar nicht mehr vorstellen, dass Kommentare wie jene, die ich als Model häufig hören musste, tatsächlich mal mir gegolten hatten. Hatte ich damals nach einer Woche um 300 Gramm zugenommen, kam postwendend der Kommentar: »Na, fett bist du geworden.« Meine Figur spielte keine Rolle mehr, mein Körper dafür aber sehr wohl. Statt stundenlang hinter dem Lenkrad meines kleines Peugeots zu sitzen, musste ich nun schon für zwei Eimer Wasser zum Fluss laufen. Statt im Showroom einen ganzen Nachmittag lang Trenchcoats zu präsentieren, stand ich jetzt im Taucheranzug im Wasser, bewegte Steine und hielt das schwere Rohr der Dredge. Meine Schultern wurden um eine Kleidergröße breiter, meine Unterarme legten Muskelmasse an, die Beine streckten sich. Diese Veränderungen verfolgte ich allerdings nicht im Spiegel – so etwas hatten wir hier nicht. Nur einen kleinen Taschenspiegel hatte ich mitgenommen, um mich morgens zu schminken, denn darauf konnte ich auch im Wald nicht verzichten. Kein Start in den Tag ohne Mascara auf den Wimpern und Kajalstrich in Rauchblau auf Ober- und Unterlid. Davon hatte ich ohne Ende mitgebracht. Dass sie fest und trotzdem geschmeidig blieben, glich einer kleinen Herausforderung. Die Stifte waren wirklich nicht für das tropische Klima gemacht. Aus Verzweiflung wickelte ich sie manchmal in Plastiktüten und hielt sie in den Bach. Der Bach war unser Kühlschrank für alles Mögliche, in diesem Fall eben auch für mein Make-up. Die langen roten Haare, meine Naturkrause, aber ließ ich wachsen und band sie selten zum Zopf. Die Fingernägel waren nicht mehr knallrot und lang wie früher, sondern nun meistens schwarz unter den Rändern – vom vielen Arbeiten in der Natur. Es sei denn, ich hatte drei Stunden Tauchgang hinter mir. Danach waren die Nägel dann wiederum sehr sauber, selbst wenn ich darüber Handschuhe getragen hatte.

Auch Michaels Äußeres hatte sich im Urwald verändert. Schon jetzt kannte ich ihn viel länger mit seinem markanten Bart als ohne. So war er mir vertraut. Die Tatsache, dass unser Handgepäck mit all meinen schönen Kleidern und der teuren Unterwäsche während des ersten Flugs nach Peru beim Zwischenstopp auf Kuba verloren gegangen war, mutete jetzt wie ein Zeichen des Schicksals an. Selbst das kurze landestypische Kleid in Schwarz mit weißen Punkten, das Michael mir damals ersatzweise gekauft hatte, zog ich nicht mehr an. Es wirkte lächerlich und war viel zu kurz. Hier brauchte ich die Sachen nicht. Mir war an Kleidungsstücken von damals nur ein einziges Teil geblieben, ein grauer Overall. Der war auch hier nützlich, meistens jedenfalls. Zu Beginn meiner Zeit in der Wildnis trug ich ihn mal auf einem Ausflug. Irgendwann musste ich mich erleichtern. Wir waren am Ufer unterwegs, und ich suchte mir einen Platz hinter einem Baum. Ausgerechnet in dem Moment, als ich in der Hocke saß, kam ein Trupp von 30 Männern vorbei. Ich saß da, im BH. Es war mir auch eine Lehre: Meistens trug ich nun Jeans oder strapazierfähige Safarihosen. Viel Seide und Synthetisches, denn Baumwolle brauchte zu lang, um zu trocknen. Am Ende des Tages war es mir egal, wie ich aussah. Meine Kleidung diente anderen Zwecken, ich musste in ihr leben und arbeiten können.

Eine Frau blieb ich trotzdem. Ich merkte es nicht nur alle paar Wochen, wenn ich meine Periode bekam, selbst wenn mein Zyklus wegen der Hitze und der harten körperlichen Arbeit verschoben war. Die Frauen hier verwendeten Blätter und alte Lumpen, die sie in die Unterhosen legten. Für mich hatte ich stets genug Tampons dabei. Die einzige Herausforderung blieb, sie nach der Benutzung tief genug in der Erde zu vergraben, damit der Geruch keine Tiere anlockte. Eine Spirale hatte ich mir vor Jahren einsetzen lassen. Mit ihr hatten Michael und ich jetzt Ruhe und mussten uns über das Verhütungsthema keine Gedanken machen. Zugleich war längst Alltag eingekehrt: Das Leben im Camp glich nur noch selten dem romantischen Aufenthalt damals an der Lagune zum Einstand in den Dschungel. Als es nur uns zwei gab. Jetzt waren Dutzende anderer Menschen um uns herum. Michael ging morgens zur Arbeitsstelle, und ich hatte meine Aufgaben zu erledigen. Die Selbstständigkeit gab mir vor allem Bestätigung. Die Leute, das wusste ich, achteten mich zunehmend, weil ich bewiesen hatte, dass ich mich durchbeißen konnte. Weil ich mich auf den Urwald einließ. Und was Michael betraf: Er hatte das Kunststück fertiggebracht, dass ich gegenüber einem Mann wieder Vertrauen fassen konnte. Innerhalb der vergangenen anderthalb Jahre wurde er zu einem der schönsten Menschen, die ich kannte. Er strahlte – vor innerer Schönheit. Wenn es Konflikte gab, war er es meistens, der auf mich zukam. Differenzen mussten wir ohnehin schnell lösen, denn man konnte sich hier nicht einfach aus dem Weg gehen und Abstand halten. So lernte auch ich, mich nicht mehr so wichtig zu nehmen. Mich nicht mit Kleinigkeiten aufzuhalten. Zeit für Zweisamkeit blieb zwischendrin aber doch, für Abende, die nur uns gehörten. Unser Zelt und Gisas standen nicht bei den Männern, wir hatten unseren eigenen Bereich in 100 Meter Entfernung. Eine Vorrichtung mit Plastikplane, darunter das Zelt. Das gab ein bisschen Privatsphäre. Dort saßen wir nicht nur am Tag, als Isauro starb, sondern an all jenen Abenden, die wir nicht mit den anderen am Lagerfeuer verbringen wollten. Dann gab es nur uns zwei, und zwischen uns eine Petroleumleuchte.

Mittlerweile war viel mehr Zeit für Gisa und mich im Urwald vergangen, als ursprünglich mit ihrem Vater Mohsen vereinbart gewesen war. Das hatte ich nicht zuletzt seiner Großzügigkeit zu verdanken. Die Briefe, die wir an ihn von Lima und Cusco aus losgeschickt hatten, in denen Gisa nicht nur Bilder gemalt, sondern auch erste Sätze selbst verfasst hatte, hatten ihn davon überzeugt, dass der Urwald dem Kind noch ein paar Monate länger guttun würde. Gisa konnte jetzt lesen, schreiben und rechnen, mit dem Stoff in den Büchern, die mir die Grundschullehrerin vor unserer Abreise empfohlen hatte, waren wir gut vorangekommen. Ich allein hatte ihr das beigebracht. Gleichermaßen war mir bewusst, dass ich nicht auf Jahre hinaus ihre Lehrerin sein konnte.

»Lass uns doch einen Privatlehrer aus Lima engagieren, sobald das Haus steht«, schlug Michael eines Tages vor. Es wusste, dass mich das Thema beschäftigte. »Er könnte Gisa unterrichten.« Der Gedanke war verlockend.

Überhaupt freute ich mich sehr darauf, nach den vielen Monaten im Zelt endlich wieder meine vier Wände haben zu können. Der Bau unseres Hauses ging voran. Wir würden immer mal wieder zu Expeditionen in die Berge aufbrechen, aber zwischendurch auch viel Zeit hier verbringen. Und dann könnte ein Lehrer Gisa unterrichten. So Michaels Idee. »Sie spricht mittlerweile so gut Spanisch. Es wird kein großes Problem sein, jemanden zu finden, mit dem sie den Schulstoff durchnimmt«, sagte Michael. »Das würde bestimmt gehen«, meinte ich, überzeugt davon, dass sich Gisa hier gut eingefunden hatte. Sie war längst mehr Peruanerin als Deutsche, die spielerisch ihre Welt kennenlernte. Sie konnte die Zeichen der Natur lesen und verstand intuitiv, wie Tiere untereinander kommunizierten.

Verblüffend, was ein Kind alles lernen konnte. Das Jahr im Urwald hatte sich für sie zweifelsohne mehr gelohnt, als jeder Kindergartenbesuch in Deutschland es vermocht hätte. Was hätte sie dort denn erlebt? Sie hätte Ausflüge ins Naturkundemuseum und in den Zoo unternommen. Hin und wieder ein Kinderbuch vorgelesen bekommen, in dem es um Indianer ging. Gisa hatte hier selbst von Indianerkindern gelernt. Und indem sie sich in der Fremde zurechtfinden musste, hatte sie jeden Tag ihr Sozialverhalten geschult. Sie konnte angeln und mit der Goldpfanne umgehen. Sie hatte Eindrücke gesammelt, die sie hoffentlich nie wieder vergessen würde. Und ein Verständnis von Moral vermittelt bekommen, das nicht vergleichbar mit jenem der Zivilisation war. Aber: Sie war auch in Gefahren geraten, die man einem Mädchen im Alter zwischen fünf und sieben Jahren ersparen möchte. Sie war entführt worden. Wäre fast ertrunken. Hatte ihren toten Affen über Stunden im Zelt neben sich gestreichelt. Nicht alle Erfahrungen konnten wir abends vor dem Einschlafen auf den Elefanten mit den drei Haarfarben und den Knöpfen übertragen. Und ich hatte sie nicht immerzu beschützen können. Mein Herz sagte mir, dass das trotzdem keine Gründe seien, ihr ein Leben hier vorzuenthalten. Mein Kopf aber sagte, dass da draußen auf das Kind mehr wartete. Dass sie mit Naturverständnis auf Dauer nur hier leben konnte. Dass das Leben aber viel mehr zu bieten hatte. Nur weil ich mich für eine Existenz in der Wildnis entschieden hatte, konnte ich doch nicht davon ausgehen, dass meine Tochter davon ebenso profitierte. Wie würde das sein, wenn wir in zehn Jahren die Familie in Deutschland besuchten und Gisa dann 17 wäre? Würde sie mir dann nicht vorwerfen können, dass ich sie ja auch dort hätte aufwachsen lassen können? Wer gab mir eigentlich das Recht, in dem Maße grundlegend über ihr Leben zu entscheiden?

Natürlich konnte es erst einmal so weitergehen. Ich war Michael dankbar für seinen Vorschlag mit dem Unterricht eines ausgebildeten

Lehrers im Urwald. Michael hatte Gisa ja auch furchtbar lieb und wollte es mir einfacher machen. Zugleich wusste ich genauso gut wie Gisas Vater Mohsen, dass wir jetzt die Grundlagen für die Zukunft unserer Tochter legen mussten. Und dass auch er sie vermisste und sie gerne aufwachsen sehen wollte. Ich hatte mit ihm von Lima aus telefoniert, als ich wegen meines Herzens in der Hauptstadt war und in Ruhe sprechen konnte. »Sicher, die Monate haben ihr nicht geschadet. Aber sie ist jetzt in einem Alter, in dem es wichtig ist, dass sie auch Kontakt zu Gleichaltrigen hat, die mit ihr lernen.« Ich hatte Mohsen am Telefon angehört, wie sehr sie ihm fehlte. »Schon bald wird es nicht mehr genügen, mit ihr die Bücher aus Deutschland durchzugehen.« Und er hatte jenes Argument erwähnt, das mich selbst nachts häufig nicht schlafen ließ: »Willst du es wirklich riskieren, ihr die Zukunft zu verbauen?« Ich war hin- und hergerissen, wusste aber, dass ich eine Entscheidung treffen musste. Ebenso wie damals, als ich nicht aus Liebe zu Michael in den Urwald gegangen war, sondern weil ich unabhängig davon auch für mich und Gisa hier eine Zukunft sah. Nachdem ich alle Vor- und Nachteile abgewogen hatte, lautete das Fazit: Gisa sollte in Deutschland aufwachsen, bei ihrem Vater. Ich würde in den Urwald zurückkehren, in der Hoffnung, sie in ein paar Jahren hierher zurückholen zu können.

Ich sagte meiner Tochter, dass sie und ich nun nach Deutschland aufbrechen würden. Gisa akzeptierte das erst einmal so. Selbst als wir im Flugzeug saßen, war ich mir noch nicht darüber im Klaren, ob ich es wirklich schaffen würde, sie dort zu lassen und mich alleine zurück auf den Weg in den Urwald zu machen. Aber mit ihr aus dem Camp abzureisen, war zunächst einmal genauso unkompliziert, wie mit ihr ins Camp zu ziehen. Michael und Gisa drückten sich, Michael sagte ihr, sie sei die beste Anglerin für kleine Fische und dass er sie sehr vermissen werde. Dann stiegen wir ins Kanu. So starteten wir im Frühherbst 1991 von Lima aus Richtung Europa. Unser Ziel war jener Ort, von dem wir damals aufgebrochen waren, Luxemburg. Mein kleiner Peugeot stand noch immer auf dem Hotelparkplatz. Ein Wunder, dass er noch ansprang.

Zurück in Europa war alles fremd und vertraut zugleich. Eine Herausforderung, sich auf der Autobahn Richtung Deutschland in den Verkehr einzufädeln. Ich war ganz schön aufgeregt wegen dem, was auf uns zukam. Meine Tochter präsentierte Mohsen und meiner Familie dann, was sie im Urwald alles gelernt hatte. Wie gut sie jetzt schreiben und vorlesen konnte. Damit machte sie nicht zuletzt mich sehr stolz. Der Papa, die Oma, die Tante waren beeindruckt und beharrten trotzdem darauf, dass Gisa zum jetzigen Zeitpunkt nicht wieder in den Dschungel zurückkehren sollte. »Andere Eltern geben ihre Kinder zur Adoption frei, damit sie nicht in Südamerika aufwachsen, sondern hier in Deutschland«, sagte meine Mutter, als Gisa und ich zu Besuch im Allgäu waren. »Sie ist so privilegiert, hier leben zu dürfen, und du schleppst sie bis ans andere Ende der Welt.« Das Kind müsse in die Schule, hieß es von allen Seiten. Das war ja auch meine Meinung, meine Familie musste mich darin gar nicht bestärken. »Schau doch, sie wird bei mir leben, und du hast ja gesagt, dass du nicht das ganze Jahr über auf Expedition sein musst«, meinte Mohsen, der schon einen Plan gefasst hatte. »In den Monaten, in denen du hier bist, kannst du dann so viel Zeit mit ihr verbringen, wie du möchtest.«

Ich wusste, dass Mohsen seine Tochter abgöttisch liebte. Sie war immer sein »khoshgel«, persisch für Schöne. Seine Prinzessin. Sein Juwel. Gisa war kein Kleinkind mehr, trotzdem machte ich mir besonders in dieser Zeit viele Gedanken über die Rolle der Mutter. Es ist völlig richtig, dass die Mutter einen anderen Bezug zum Kind hat als der Vater. Aber wenn die Mutter in vielen Fällen den Vater ersetzen musste, warum konnte das nicht auch umgekehrt möglich sein? Auch er konnte doch Liebe und Geborgenheit vermitteln. Warum sollte die Mutter dazu mehr in der Pflicht sein? Warum konnte nicht auch sie, für die Existenz und um ihrer Tochter ein gutes Vorbild zu sein, eine Tätigkeit in einem fremden Land ausüben? Etwas, das man einem Vater ohne Weiteres zugestand? Dass meine Liebsten eine Weile brauchten, bis sie das in meinem Fall verstanden, fand ich schon ungerecht. Andererseits: Auch meine Geschichte sorgte so für Gesprächsstoff. Selbst wer mein Beispiel als negativ bewertete, musste sich zumindest eingestehen, dass ich ein alternatives Rollenbild vorlebte. Und vielleicht würde das auf Dauer doch etwas bewegen.

Gisa war jetzt schulpflichtig, und es bedeutete, dass ich sie so schnell wie möglich in einer neuen Klasse unterbringen musste. Nach unserer Rückkehr in Deutschland wurde sie umgehend eingeschult. Und mein Rückflug nach Lima wartete auch nicht. Ich hoffte inständig, dass meine kleine Tochter diese Entscheidung nicht als eine gegen ihre Person und für den Urwald verstand. Dass sie wusste, dass ich damit nur das Beste für sie und mich im Sinn hatte. Mein Herz blutete, als der Tag näher rückte. Ich war ein emotionales Wrack, konnte mir vor Gisa aber natürlich nicht viel davon anmerken lassen, sondern musste sie vernünftig auf den Abschied und den Schulanfang vorbereiten. Ich packte ihr eine Schultüte und den Rucksack mit den Büchern, die sie brauchen würde, bereitete das Schreibmäppchen vor, besorgte ihr neue Anziehsachen, damit sie anständig in die Schule gehen konnte. Mein kleines Mädchen begriff trotzdem nicht, dass wir uns nun eine Weile nicht sehen konnten. Gisa war schon bei Mohsen in Ilverich eingezogen. Zum Abschied stand sie an der Ecke vor dem Haus. Sie guckte mich an, aber sie weinte nicht. Ich fühlte mich an den Moment zurückerinnert, als Isauro gestorben war. Da hatte ich sie erst aufrütteln müssen, bis sie schließlich reagierte. Das ging in diesem Moment natürlich nicht. Sie stand allein an der Straßenecke gegenüber dem großen Haus, in dem sie künftig mit ihrem Vater leben würde. In dieser beschaulichen Nachbarschaft, in der jeder darauf achtete, dass seine Kinder behütet aufwuchsen. Dass es ihnen an nichts fehlte. Auch Gisa sollte das alles haben dürfen. Und ich musste abfahren.

GISA

Papa hatte ich schon viel zu lang nicht mehr gesehen. Mama nahm mich eines Nachmittags im Camp beiseite. »Weißt du, Gisa, die Kinder in Deutschland leben anders als die Kinder hier im Urwald. Erinnerst du dich noch an den Dani, die Sarah und die Caroline? Sie gehen jetzt alle in die Schule, um dort lesen zu lernen, schreiben und rechnen.«

Mama erzählte mir damit nichts Neues. Mit dem Schulargument hatte sie schon früher immer wieder ihren Lernterror gerechtfertigt. Die langweiligen Hausaufgaben, während die anderen Kinder einfach loslaufen konnten und am Fluss spielen durften. Während ich vor dem Stapel an Heften saß, der nie kleiner zu werden schien. Trotzdem klang Mama jetzt anders als sonst. Nicht so bestimmt. Nicht so, als ob es gleich heißen würde, »so, und jetzt noch eine Runde Rechnen«. Ich spürte, dass Mama in diesem Moment mehr zu sagen hatte. »Was die Kinder in Deutschland in der Schule lernen, ist für ihr weiteres Leben sehr wichtig. Vielleicht willst du später mal Medizin studieren, wie Papa. Oder ein Hotel unterhalten, wie ich es vor unserer Zeit im Urwald gemacht habe. Oder du hast etwas ganz anderes vor. Was auch immer: Der Wald wird dich das Wissen, das du dafür brauchst, mit sehr hoher Wahrscheinlichkeit nicht lehren. Und auch ich kann dir das alles hier nur bedingt beibringen.«

Ich wusste noch nicht so recht, worauf sie hinauswollte. Mama hatte zuvor immer betont, wie wichtig ihr der Unterricht sei. Jetzt stellte sie ihn selbst infrage? Sie sprach weiter: »Papa und ich haben das besprochen. Wenn du auf Dauer nicht zur Schule gehst, sondern bei mir in Peru bleibst, wirst du auch viel später nur die Möglichkeit haben, im Urwald zu leben, und das können wir als deine Eltern nicht verantworten.« Ihre Entscheidung teilte sie mir jetzt mit: »Wir beide, du und ich, fliegen in zwei Wochen zurück nach Deutschland. Michael bleibt hier. Papa freut sich auf dich, und bei ihm wirst du auch künftig wohnen. Ich muss dann wieder zur Arbeit, und die ist für mich hier, in Peru. Gisa, ich werde dich nicht wieder mitnehmen können.« Natürlich gefiel mir nicht ausschließlich, was sie da erzählte. Papa in Deutschland sehen zu können, war toll. Aber ich wollte auch mit Mama zurück nach Peru. Mein Leben war doch jetzt im Camp. Was es bedeutete, bald an einem anderen Ort zu wohnen, ohne sie, konnte ich in diesem Moment noch gar nicht einschätzen. Auf der anderen Seite vermisste ich Papa schon sehr. Künftig mehr Zeit mit ihm verbringen zu können, würde sicher auch schön sein. Gefühlsmäßig war ich hin- und hergerissen, ob ich die Idee meiner Eltern gut oder blöd finden sollte.

Es gab nur dieses eine Gespräch. Anschließend ging es nicht mehr um den Abschied von Peru. Es ging vor allem um das, was kam: die Schule. Mama erzählte jetzt häufiger von dem, was auf mich zukommen sollte – am ersten Tag und vom Lernen mit anderen Kindern. Dass ich dann nicht mehr die Einzige sei, die sich hinsetzen musste, um Aufgaben zu lösen, sondern dass ich eine Sitznachbarin am Tisch hätte und ganz viele andere Kinder im selben Klassenzimmer. Dass nicht Mama mir gegenübersitze, sondern eine Lehrerin vorne an der Tafel stehe. Auch im Flieger nach Deutschland ging es immer wieder um dieses Thema. Und dann waren wir auch schon zurück, und ich verbrachte die ersten Tage mit allem, was mir im Urwald gefehlt hatte. Zunächst einmal damit, Papa zu sehen, den ich unheimlich lieb hatte. Es gab Fischstäbchen und Schnitzel. Mama machte mir Berge von Pfannkuchen. Nie hieß es jetzt, dass wir aufpassen mussten, in den kommenden Tagen noch genug zu essen zu haben. Essen war einfach da. Ich musste auch nicht mehr zum Fluss gehen, um Wasser zu holen, das wir dann abkochten, sondern konnte einfach sagen, ich sei durstig, und jemand schenkte mir Wasser ein. Aus einer Flasche in ein Glas. Es gab sogar Cola, nicht nur zum Geburtstag. Bei Papa im Kühlschrank stand auch

Sprite. An die Kohlensäure gewöhnte ich mich sehr schnell. Bei Papa hatte ich jetzt ein Kinderzimmer mit einem richtigen Bett statt einer Matte und eines Schlafsacks. Mit einem Licht, das sich an- und ausknipsen ließ, und einer Heizung, die man im Herbst einfach aufdrehen konnte. Alles war neu und aufregend.

Dann kam der Tag, an dem ich Abschied von Mama nehmen musste. Sie hatte es angekündigt. Es war trotzdem ein ganz schlimmer Moment. In der Schule ging es erst morgen los, aber sie musste schon heute zurück nach Peru. Wir saßen in ihrem Peugeot vor dem Haus, in dem ich nun mit Papa wohnte. Sie setzte sich zu mir auf die Rückbank. Ein vorläufig letztes Mal hatte sie Pfannkuchen gemacht, die sie mir eingepackt in Tupperdosen überreichte. Und sie zog eine Plastikfolie aus ihrer Tasche. Darin eine Kette, an der ein Goldnugget hing. Ein kleiner Klumpen aus tiefgelbem Gold mit weichen Ecken und Kanten, die ihn zu einem Herz formten. Was das bedeutete, wusste ich. Die Erwachsenen in Peru suchten ewig nach den Nuggets. Sie verbrachten dafür Stunden im Fluss und später mit der Goldpfanne. Auch ich hatte ihnen schon dabei geholfen. Mama trug ein Nugget um den Hals, Michael trug ein Nugget um den Hals. Jetzt sollte auch ich eins haben. »Das beschützt dich. Du brauchst keine Angst zu haben. Schau mal, wir drei haben jetzt alle eins, und über unsere Nuggets sind wir miteinander verbunden«, erklärte Mama mir in diesem Moment, während sie mir mit der anderen Hand die Schulter streichelte. Ich hielt meine Hand auf, und sie legte die Kette mit dem Goldklumpen hinein. »Das ist das erste Nugget, das ich in meinem Leben gefunden habe, Gisa. Und du sollst es haben.« Ich war stolz, jetzt auch eins besitzen zu dürfen. Wie viel es mir aber noch wert sein sollte, konnte ich damals gar nicht begreifen.

Ebenso wenig, was es bedeutete, Mama so weit weg zu wissen. Als sie mir damals vor unserer ersten Abreise gesagt hatte, dass wir jetzt nach Peru gingen, um Michael zu besuchen, hatte ich nicht so richtig verstanden, was Peru überhaupt war. Wie weit weg das sein würde. So war es auch jetzt wieder. Ich war zwar zwei Jahre älter geworden, aber mit sieben noch immer viel zu jung, um eine Vorstellung davon zu haben, wie lange Mama nicht da sein würde. Und wie lange wir überhaupt im Urwald gewesen waren. Mama fuhr ab, ihr Peugeot rollte davon. Ich blieb. Erst später, als mir bewusst wurde, dass meine Mama weg war, weinte ich. Vor ihrer Abreise hatte sie mir noch einen Lederrucksack gepackt. Mit den Büchern als Leihgabe von der Schule, die wir vorab in Klarsichtfolie einwickeln mussten. In Deutschland schien alles ein bisschen komplizierter. Mama hatte mir auch eine Schultüte gebastelt. Dass Kinder so etwas haben, wusste ich. In der Nachbarschaft hatten sie in den vergangenen Tagen davon erzählt. Auch ich sollte an meinem ersten Schultag nicht ohne erscheinen. Da ich direkt in die zweite Klasse eingeschult wurde, hatten alle anderen Kinder diesen speziellen Tag bereits erlebt. So stand ich am nächsten Morgen vor ihnen: auf dem Rücken den Lederrucksack, in beiden Händen die Schultüte. Meine Lehrerin, Frau Coers, stellte mich vor: »Das ist Gisa. Sie wohnt in Ilverich und wird von nun an in unsere Klasse gehen.« Viele Augenpaare starrten mich in diesem Moment an. Ich schaute mich um. Niemand sonst hatte eine Schultüte dabei, aber auch niemand sonst war mit Lederrucksack gekommen. Stattdessen stand neben jedem Kind ein bunter gemusterter Tornister. Ich verstand schnell, dass mein schlichter Rucksack wohl nicht so cool war.

Zum Glück war Caroline in meiner neuen Klasse. Sie wohnte in der Nachbarschaft, wir waren auch zusammen im Kindergarten gewesen, und jetzt durfte ich neben ihr sitzen. Nach der ersten Stunde kamen die anderen Kinder an unseren Tisch. Sie bombardierten mich mit Fragen: »Wo warst du vorher?« – »Wo hast du bis jetzt gewohnt?« – »Warum kommst du erst jetzt?« Ich hatte das Gefühl, dass alle miteinander befreundet waren. Caroline und Julia erklärten mir vieles, was ich nicht wusste. Zum Beispiel warum wir alle zusammen einmal die Woche morgens in die Kirche gingen. Bei Mama und Papa war das nie ein Thema gewesen. Frau Coers fragte nach meiner Konfession: »Bist du evangelisch oder katholisch, Gisa?«

Darauf wusste ich keine Antwort. Ich hatte keine Ahnung, was »Konfession« war, geschweige denn evangelisch oder katholisch. »Ich frage mal zu Hause nach«, erwiderte ich unsicher. »Was ist Caroline?«, entgegnete Papa, als ich ihn später fragte. Caroline war katholisch. Also ging ich künftig auch in den katholischen Religionsunterricht. Und noch etwas musste ich Papa unbedingt mitteilen, als ich am ersten Tag von der Schule nach Hause kam: »Papa, ich brauche einen Scout. Die anderen Kinder tragen keine Lederrucksäcke, sondern so bunte Ranzen. So einen brauche ich auch. Es muss auf jeden Fall ein Scout sein.« Da ich ja lesen konnte, hatte ich das Logo bei allen Kindern auf den Ranzen geortet. Ich wollte sofort dazugehören. Noch am selben Tag ging Papa mit mir in die Stadt. Die Auswahl war ein paar Wochen nach Schulbeginn nicht mehr ganz so groß. Aber es gab noch einen in Pink mit Sternen. Das sollte meiner werden.

Dann stand der erste Kirchenbesuch meines Lebens an. »Was muss ich tun?«, fragte ich Caroline. »Mach einfach alles nach, was der Pastor vorne macht«, sagte Caroline. Das war ein guter Rat, der mir half. »Wenn er betet, betest du auch. Singt er, singst du auch.« Irgendwann, wir saßen alle andächtig in unseren Reihen, stand der Pastor auf und streckte beide Arme zum Himmel. Mein Einsatz, dachte ich, stand auf und streckte beide Arme hoch. Ein Raunen brach die Stille. Ich schaute links und rechts, niemand sonst war aufgestanden. Stattdessen brach Gelächter aus. Schnell setzte ich mich wieder auf meinen Platz und wäre am liebsten im Erdboden versunken. Mir war das peinlich, so wie mir in dieser Zeit ständig etwas peinlich war. Die ungewohnte Umgebung überforderte mich. Ich vermisste Mama in vielen Momenten wahnsinnig und hätte sie gebraucht, wenn es darum ging zu entscheiden, welche Hefte und Stifte ich kaufen musste. Es dauerte eine Weile, bis ich selbst herausfand, welcher Lamy es sein sollte. Immerhin, im Unterricht kam ich gut mit. Mamas Lerndruck hatte sich gelohnt. Ich war viel weiter als die anderen Kinder. Wenn die Lehrerin etwas Neues erklärte, hatte ich das mit ziemlicher Sicherheit schon mit Mama durchgenommen. Ich merkte jetzt, wie sehr sie bemüht gewesen war, mich so ganz alleine zu unterrichten. Dass sie unheimliche Sorge davor gehabt haben musste, es könnte später heißen, sie habe versagt oder ich sei dümmlich.

Eine Vorstellung, wann ich Mama wiedersehen sollte, hatte ich nicht. In meiner Kinderwelt dauerte das ganz schön lange. Die anderen Kinder gingen in diesen ersten Monaten auch nicht gerade auf mich zu. Weder auf dem Schulhof noch beim Sport war es einfach für mich. Die erste Sportstunde war besonders prägend. Brennball stand auf dem Programm. Ich hatte nicht das coolste Outfit, eine Radlerhose und ein viel zu weites T-Shirt, und auch nicht den tollsten Turnbeutel wie die anderen Kinder. Ich kam erst in dem Moment dahinter, dass der nach Möglichkeit auch von Scout sein musste. Es gab zwei Wähler, die sich ihre Teams zusammenstellten. Sie riefen lauter Namen auf: Christian, Julia, Caroline, Andrea, Bastian, Mark. Der Name Gisa fiel nicht. Mich wollte niemand in seinem Team. Ich war die Letzte, die irgendjemand in die Mannschaft holen musste. Sogar ein dickes Mädchen, das total unsportlich aussah, wurde vor mir gewählt. Ich fand das so schlimm und ungerecht, dass ich später alles dafür tat, nicht mehr in so eine Situation zu geraten. Ich stieg zur Wählerin auf, trat in den Handballverein ein und zeigte, dass ich doch sehr sportlich war. Mit den Indianerkindern hatte ich mich jeden Tag bewegt. Ich hatte im Freien gelebt. Es gab kein Sofa, auf dem ich mich mal hätte ausruhen können, keinen Fernseher, vor dem ich wie die anderen Kinder versackte.

Am Anfang erzählte ich meine Geschichte immer wieder. Ich war sehr offen, was meine Zeit im Urwald anging. Ich berichtete von unserem Camp und der Goldsuche. Und wenn sie mich fragten, wie ich dort gelebt hatte, dann sagte ich: in Zelten. Dass ich einen Affen gehabt und mit den Indianern viel Fußball gespielt hatte. Doch ich hörte daraufhin: »Du hast keine Mama.« – »Du bist eine Lügnerin.« Ich war verzweifelt. Warum glaubten sie mir nicht? Die Erfahrung der Ausgrenzung war bitter, und je öfter es passierte, umso mehr wollte ich dazugehören. Bis dahin hatte ich mein eigenes Leben ja gar nicht hinterfragt. Aber in dem Maße, wie ich im Urwald keine Wünsche zum Geburtstag gehabt hatte, veränderte sich mein Verhalten in der Zivilisation schnell. Ich begann, meinen eigenen Lebensstandard an jenem der anderen Kinder zu messen. Das eine konnte reiten gehen. Das andere wohnte in einer Wohnung. Das nächste in einem Haus. Die Unterschiede wurden mir schnell bewusst. Das nächste hatte die scheinbar perfekte Familie, in der die Mutter wusch und kochte. Ganz anders als bei Papa und mir. Er musste ja arbeiten, also hatte er eine Haushälterin eingestellt. Um das Abendessen kümmerte er sich selbst, weil ihm das wichtig war. Ich hörte jetzt auch häufiger dieses Wort, das ich vorher nicht gekannt hatte und mit dem offenbar ich gemeint war: Scheidungskind. Papa merkte schnell, dass es mir nicht gut ging. »Die glauben mir nicht, dass ich mit Mama im Urwald gelebt habe. Immer wenn ich davon erzähle, fangen sie an zu lachen.« Papa ging nicht zu den Lehrern, darum kümmerte sich Mama später. Papa versuchte mir hingegen von Anfang an beizubringen, zu mir selbst zu stehen. »Du weißt, dass du keine Lügnerin bist, Gisa. Nur das zählt. Du bist du, und darauf kannst du stolz sein.« Er konfrontierte mich so mit mir selbst. Nur verstand ich das erst viel später.

Der Anpassungsdruck war damals größer. Im Fernsehen tauchte dann eines Tages das Mädchen mit den roten Zöpfen auf, das ich schon kannte, aber jetzt wurde es mir erst bewusst: Pippi Langstrumpf hatte ja auch einen Affen! Einen, der meinem Isauro total ähnelte. Auch Herr Nilsson war ein Totenkopfäffchen mit einem großen weißen Fleck im Gesicht. Ich war so erleichtert. Jetzt mussten mir die anderen Kinder glauben, dass meine Geschichte und mein Affe nicht erfunden waren. Am nächsten Tag berichtete ich von dieser neuen Erkenntnis in der Schule. Wir standen in der Pause zusammen. »Nee, du lügst«, sagte einer. Eine andere: »Meine Mutter hat erzählt, dass man keinen Affen in Deutschland haben kann.« Wieder mal brach großes Gelächter aus. Damit war das Thema durch. In der nächsten Unterrichtsstunde spürte ich, wie mich die Papierschnipsel am Kopf trafen, die jemand aus den hinteren Reihen auf mich warf. Die Kinder spotteten.

Für sie war ich wie Mogli, das Kind aus dem Dschungelbuch. Was mir sicher half, war, dass ich mich als Einzelkind schnell neuen Situationen fügen konnte. Wenn ich mit Kindern in meinem Alter spielen wollte, das wusste ich, musste ich mich anpassen. So war es schon im Urwald gewesen, und so war es auch jetzt. Ich hörte einfach auf, von meinem früheren Leben zu erzählen, denn mir wurde allmählich bewusst, dass die Wahrheit immer nur dazu führte, am Ende wie eine Lügnerin dazustehen. Ich buhlte den beliebten Mädchen der Klasse hinterher. Vor allem Ina. Sie war unheimlich nett. Sie hatte ein eigenes Pferd und viele bunte Swatch-Uhren. Für mich war sie ein großes Vorbild, in vielerlei Hinsicht. Ich wollte unbedingt so sein wie sie. Zu ihr durfte ich auch mal nachmittags zum Spielen, nur war für mich von Beginn an klar, dass ich mich verstellen musste, um nicht komisch aufzufallen. Dass ich auch die neue Swatch-Uhr haben musste. Dass ich mir Fantasiegeschichten ausdenken musste. Ich erzählte, dass ich eine Reitbeteiligung hätte, was natürlich geflunkert war. Die gemeinsamen Interessen, die mit der Zeit zu wirklich schönen Freundschaften wie zum Beispiel zu Ina führten, gaben mir ein Gefühl von Zugehörigkeit. Damit ging es mir viel besser. In unserem Ort waren viele weiterhin skeptisch, wenn es um unser Familienleben ging.

Eines Tages bekam ich mit, dass ein Kind Geburtstag hatte. Gut, ich war nicht eingeladen worden, aber ich kam gar nicht auf die Idee, dass ich das hätte sein müssen. Ich organisierte ein Geschenk, wusste, wann und wo gefeiert wurde, und klingelte pünktlich am Nachmittag an der Tür. Die Mutter öffnete. Von drinnen hörte ich die vertrauten Stimmen der anderen Kinder aus unserer Schule. Die Mutter schaute auf mich herab. »Tut mir leid, Gisa, du darfst nicht rein. Das ist ja nett, dass du ein Geschenk dabeihast, aber«, sie stockte und schaute Richtung Straße, wohin ich mich wohl gleich wieder aufmachen sollte, »wir haben nicht so viel Platz.« Ich war sprachlos, und die Situation war mal wieder furchtbar unangenehm. Die Mutter nahm mir das Geschenk ab, dann fiel die Tür vor meiner Nase ins Schloss.

DIE MACHT DER NATUR

Ich fühlte mich einsam, traurig und leer. Daran konnte auch Michael nicht viel ändern, als er nach der Landung in Lima am Flughafen auf mich wartete. Er nahm mich einfach in den Arm. Der Abschied von Gisa war schmerzhaft gewesen. Er tat noch immer weh. Zugleich hatte mir der Aufenthalt in Deutschland mehr denn je bewusst gemacht, wo ich hingehörte. Vom Flughafen nahmen wir uns ein Taxi in das Hostel, in dem er schon eingecheckt hatte. Er war ein paar Tage früher in der Hauptstadt angekommen, um notwendiges Material und Proviant für unsere bevorstehende Expedition zu besorgen. Auch ich musste mich um Organisatorisches für die kommende Zeit kümmern. Zunächst wollte ich mit Ella reden, der Betreiberin des Hostels, die Gisa immer so süß in die Wange gezwickt hatte.

Ella war zu diesem Zeitpunkt schon zur Schlüsselfigur für unsere Familie geworden, und ich würde in Zukunft hoffentlich noch mehr auf sie zählen können. Einige von Gisas ersten Briefen mit gemalten Bildern an ihren Vater hatte Ella in zeitlichem Abstand Richtung Deutschland geschickt, während wir schon im Urwald gewesen waren. Später, als Gisa dann erste Wörter schreiben konnte und wir ihren Vater unbedingt daran teilhaben lassen wollten, verschickten wir die Post auch mal von Cusco aus. Jetzt war mit Gisa vereinbart, dass sie mir schreiben würde. Die Briefe sollten alle bei Ella ankommen, die sie für mich aufhob.

»Natürlich, das mache ich gerne«, sagte sie, als ich sie zwei Tage nach meiner Ankunft im Hostel in einem ruhigen Moment beiseitenahm. »Da gibt es noch etwas anderes«, meinte ich und zog einen Stapel Briefe aus meiner Tasche, die ich seit dem Abschied von meiner Tochter für sie verfasst hatte. Ich hatte die Umschläge auch zeitlich sortiert. »Dürfte ich dich noch um einen weiteren Gefallen bitten, Ella. Könntest du vielleicht auch diese hier an Gisa abschicken?« Ich legte den Stapel Briefe auf den Empfangstresen des Hostels. »Es sind zwei für jeden Monat. Vielleicht schaffst du es ja, einen davon alle zwei Wochen abzuschicken?« Die ältere Dame lächelte so gütig, wie sie es immer tat. Intuitiv signalisierte sie dem Gegenüber immer, dass es für sie überhaupt keine Umstände bereitete. Dass sie sich freue zu helfen. »Schreib mir noch mal die Daten dazu, wann welcher Brief aufgegeben werden soll, und dann kannst du dir sicher sein, dass das erledigt wird, Ariane.«

Was hätte ich nur ohne Ella getan? Sie war eine der Herzenspersonen in diesem Land, die mir ein Stück weit halfen, meinem Drang in den Urwald folgen zu dürfen. Die Wehmut, Gisa in Deutschland zurückgelassen zu haben, blieb. Weder Ella noch Michael konnten sie mir in den Tagen nach der Rückkehr nach Peru nehmen. Jeder musste jetzt für sich an seiner eigenen Front kämpfen. Dieses ursprüngliche Leben hatte komplett von mir Besitz ergriffen. Deutschland war wunderschön, aber die Tage dort waren für mich Beweis genug gewesen, dass ich ein solches Leben nicht mehr führen konnte. In Peru musste ich zwar den Richtlinien folgen, umso mehr, da ich hier Besucher war, aber ich konnte im Wald trotzdem ein eigenständiges Leben aufbauen und eins werden mit der Natur, die ich zu lieben gelernt hatte. Hier war ich keine Marionette, und mein Äußeres spielte keine Rolle. Ich war auch so in mir gefestigt. Und meine Sorgen spülte der Fluss mit seiner Strömung weg. Wenn die Sehnsucht nach meinem Kind mich überkam, setzte ich mich für eine Weile hinunter an den Fluss, am liebsten auf einen Stein, von dem aus ich einen guten Blick hatte. Manchmal genügten schon ein paar Minuten, um den reißenden Strom zu beobachten, und es ging mir gleich besser. Das

Wasser nahm einfach alles mit. Es erleichterte mich von meinen schwermütigen Gedanken. Überhaupt nahm ich eine emotionale Veränderung in mir wahr. Wenn ich früher sehr nah am Wasser gebaut und zum Teil gemauert hatte, lernte ich, meine Unzufriedenheit wegen Kleinigkeiten nun schnell abzuhaken und mich der jeweiligen Situation anzupassen. Ich lernte, mich selbst nicht mehr so wichtig zu nehmen.

Das Haus im Camp stand nun endlich. Unser Team war jetzt deutlich geschrumpft, weil wir die Hilfe vieler Mitarbeiter für die Baustelle nicht mehr brauchten. Vorerst noch blieb auch Alejandro mit seiner Familie, aber bald würden auch sie zurück nach Maldonado ziehen. Auch wir bereiteten uns darauf vor, das Camp mit einer kleinen Gruppe Helfern für eine Weile zu verlassen. Es war schon Ironie: Während Gisa bei uns gewesen war, sehnten wir uns nach dem eigenen Heim im Urwald. Nach einem soliden Dach über dem Kopf statt dem Wohnen im Zelt. Jetzt muteten das Fundament, die Holzwände und ebenjenes feste Dach für mich geradezu bedrohlich etabliert an. Ich war doch nicht im Urwald, um dann hier den vermeintlichen Traum vom Eigenheim zu leben. Genau davor war ich in Meerbusch geflüchtet. Ich wollte raus. Eine andere Ecke des Urwaldes kennenlernen als jene, mit der ich seit über einem Jahr vertraut war. Auf in die Berge. Und dafür war jetzt alles vorbereitet.

Michael hatte sich in Lima um zusätzliche Ausrüstung aus Kalifornien gekümmert. Für die Tauchgänge waren wir jetzt mit noch besserem Equipment ausgestattet. Eines frühen Morgens landete dann der Hubschrauber, den wir gebucht hatten, am Basiscamp. Wir gaben die Koordinaten unseres Ziels durch, und in mehreren Flügen wurde alles, was wir für einige Wochen Expedition benötigten, in das Quellgebiet auf 1200 Meter geflogen. Michael, sieben Mitarbeiter und ich, die Maschinen, Sprit und Proviant. Ein Kilogramm Reis reichte einer Person für vier Mahlzeiten. Das rechneten wir hoch auf die Wochen und nahmen noch ein paar mehr mit, weil Reis im Urwald aufgrund der hohen Feuchtigkeit schnell schimmelte und man außerdem mit ihm, ebenso wie mit Zucker, gute Tauschgeschäfte machen konnte. Dafür war auch Zucker sinnvoll, nur sparsam musste man damit umgehen. Zucker war auch für uns fortan ein Luxusgut, ein wichtiges gleichermaßen, denn der Körper brauchte ihn als schnellen Energielieferanten. Wir nahmen Honig und Nescafé für die Tasse Kaffee am Sonntag mit, und für eine ausreichende Proteinversorgung kauften wir Kircherbsen, weiße Bohnen und Linsen ein. Als Eierlieferanten begleiteten uns lebende Hühner in die Berge.

Ein kleiner Hubschrauber hätte all das nicht transportieren können. Es brauchte einen des russischen Herstellers Mil, Modell Mi-8, der mehr als drei Tonnen laden konnte. Michael hatte bei der Exploration bereits sichergestellt, dass wir auch gute Bedingungen für die Goldarbeit vorfanden. Dort fingen wir dann wieder bei null an. Das Camp musste stehen, bevor wir mit der Goldarbeit beginnen konnten. Wir bauten unsere Zelte unter Plastikdächern auf. Die Planen mussten wir zusätzlich mit Blättern abdecken, damit die Sonne das Material nicht innerhalb kürzester Zeit zersetzte. Über Moskitos mussten wir uns hier oben immerhin keine Gedanken machen – in über 1200 Meter Höhe befanden wir uns oberhalb der Moskitogrenze. Aus Brettern bauten wir Tische, aber in Ermangelung so vieler Nägel behalfen wir uns zum Fixieren mit Lianen. In der Küche errichteten wir ein Podest für die Feuerstelle. Darauf kamen Steine, und darauf wiederum platzierten wir die großen Rostgitter, die wir aus der Stadt mitgebracht hatten. Fertig war ein Herd mit Platz für zwei große Töpfe.

Das Plumpsklo lag nicht weit entfernt von der Lagerhalle. Dafür hatten wir extra eine Toilettenbrille mitgebracht. Auch das war ein großer Luxus. Und dann setzte der Alltag ein. Ein paar Wochen lebten und arbeiteten wir hier. Die Expedition war einigermaßen erfolgreich. Ich bekam Routine im Goldwaschen und Campleben. Für eine erste

Expedition abseits des Basiscamps konnten wir zufrieden sein. Und ich war endgültig eins geworden mit dem Leben im Urwald. So dachte ich zumindest, während wir auf den Hubschrauber warteten, der uns wieder abholen sollte. Der Weg zurück von meiner ersten Expedition in den Bergen sollte prägender sein als alles, was ich dort oben erlebt hatte. Wenn das Licht, das durch die Urwaldriesen schimmerte, die Goldnuggets, das Nachtkonzert der Tiere, die Vielfalt an Eindrücken, zu der die Natur fähig war, einen demütig stimmen konnten, dann war nichts davon vergleichbar mit dem Moment, als wir realisierten, dass wir von der Dienstleistungsgesellschaft der Zivilisation im Stich gelassen worden waren. Der Hubschrauber kam nicht.

Er hätte schon vor ein paar Tagen da sein sollen. Wir hatten am Morgen alles zusammengepackt, der Hubschrauber war nicht gekommen. Die Zelte mussten wir gegen Abend wieder auspacken. Dasselbe Spiel am Tag danach. Und am übernächsten Tag. Einpacken, auspacken. Eine ganze Woche ging das so. Wir hatten kein Satellitentelefon, über das wir uns hätten verständigen können. Und die Pegel der Flüsse stiegen Tag für Tag. Die Regenzeit kündigte sich an. Michael hatte früh angesprochen, was für mich zu diesem Zeitpunkt noch undenkbar schien. »Wenn der Hubschrauber nicht kommt, müssen wir aus dem Wald hinauslaufen.« Im ersten Moment dachte ich, er würde einen Scherz machen. »Bei diesem Wetter? Und dieser Strecke? Die Berge hinunter?«, entgegnete ich. Mit jedem Tag aber wurde aus dem verrückten Vorschlag bittere Gewissheit. Der vereinbarte Stichtag rückte näher und näher. Der Hubschrauber kam nicht. Es war klar, dass wir nicht unser ganzes Equipment mitnehmen konnten. Drei Mitarbeiter, die in der Gegend aufgewachsen waren, die mit den Launen der Natur vertraut waren, boten an, die Regenzeit über hier oben zu bleiben. Proviant war noch genug da, wir hatten großzügiger als nötig geplant, und die drei konnten jagen gehen. Ohnehin hatten wir vor, in ein paar Monaten wiederzukommen, weil die Goldvorkommen noch nicht erschöpft waren. Wenn wir denn überhaupt aus dem Urwald rauskamen. Ich zweifelte an diesem wagemutigen Plan. Zugleich war ich das schwächste Glied unserer Sechsergruppe und lief deshalb meist an zweiter Stelle hinter Raoul, der sich in der Gegend auskannte. Michael hielt sich am Ende unseres kleinen Trupps. Wenn ich sah, wie Raoul die gnadenlosen Höhen und 100-Meter-Steilabhänge meisterte, dann half mir das beim Hinterherkommen. Als Zweite durchquerte ich einen Bach, wobei Raoul mich bereits am anderen Ufer in Empfang nahm. Hinter mir aber waren die Männer nicht mehr nachgekommen. Sie hatten gesehen, was mir entgangen war: eine rote Korallenschlange, deren Biss tödlich ist. Sie glitt einfach so an meinen Beinen vorbei. Ich bekam Sandflöhe. Der ganze Po juckte. Die Kleider wurden klamm und scheuerten die Haut wund. An den Füßen war die Haut bald wie abgeschmirgelt. Und vor uns lag immer noch die Strecke, die wir nur mit dem Floß über den reißenden Fluss zurücklegen konnten.

Genauer gesagt mussten es zwei Flöße sein, die wir aus dem leichten Balsaholz bauten, das man aus dem Modellbau kennt. Wir fixierten die Streben mit Lianen und Nägeln, die wir aus Keilen von Pfirsichpalmenstämmen bauten. Schon in weiser Voraussicht auf das, was auf uns zukommen sollte, hatten wir die im Camp vorbereitet. Ein Floß war robust, das andere schmal und fragil geraten. Immer wieder fing es zu regnen an, und ich sah den Fluss anschwellen. Morgen früh sollte es losgehen. Das war der Moment, in dem ich einen Abschiedsbrief verfasste. Nicht an Gisa, nicht an meine Mutter oder an meine Schwester, sondern an meinen Vater. Ich wusste, dass er am ehesten mit dem umgehen konnte, was ich zu sagen hatte. Ich schrieb, dass ich nicht bereue, mich für ein Leben im Urwald entschieden zu haben, dass dies mein Weg gewesen sei. Ich bat ihn, gut auf meine Gisa aufpassen und Michael bitte keine Vorwürfe zu machen. Am Ende habe sich alles für mich gelohnt. Es war die erste Übernachtung unserer langen Tour, und am nächsten Morgen gab ich Michael den Brief, eingepackt in einer Plastiktüte. »Kannst du den in die Reißverschlusstasche deines Overalls stecken? Sind nur ein paar Zeilen für meinen Vater, die mir gerade eingefallen sind und wichtig waren. Deine Reißverschlusstasche scheint mir dichter als meine.« Er sollte nicht wissen, dass ich ernsthaft daran dachte, dass dieser Weg unser letzter sein könnte.

Ich wusste, dass Michael es gar nicht infrage stellte, dass wir es hinausschafften. Er war zuversichtlich. Alle waren zuversichtlich. Ich hingegen konnte zu diesem Zeitpunkt nur daran denken, dass ich niemals so gut schwimmen konnte, um der Gewalt dieses reißenden Flusses zu begegnen. Ein Wildwasser mit riesigen Felsen in der Mitte. An den Seiten hohe Felswände, an denen das Wasser gnadenlos aufprallte. In meiner Vorstellung sah ich unser Floß an diesen rauen Ecken schon zersprengen. Aber es gab eben keinen Fußweg, den man alternativ hätte nehmen können. Wir legten ab, jeweils zu dritt auf einem Floß. Auf dem fragileren Floß saßen Raoul vorne und Michael hinten, während ich mich mit dem festgebundenen Gepäck in der Mitte platzierte. Es dauerte keine dreißig Sekunden, bis wir vom aufspritzenden Wasser klatschnass waren. Es fröstelte mich kurz, dann vergaß ich auch dieses Gefühl. Der Respekt vor dem, was auf uns zukam, war größer: eine besonders bedrohlich ins Wasser hineinragende gut zwölf Meter hohe Felswand. Das breitere Floß trieb voran. Es wurde direkt an das Gestein gedonnert, aber die drei schafften es mit ihren Stecken, sich im richtigen Moment wegzudrücken. Ich konnte mich nur noch an den Lianen festhalten, mit denen wir die Stämme festgebunden hatten. Die Holzoberfläche war glatt wie Schmierseife. Michael und Raoul standen und staksten mit ihren Stöcken, das Floß hatte schon eine solche Schlagseite, dass ich mit Beinen und Po im Wasser saß. Und dann kam es, wie es kommen musste: Ich hörte einen Knall, dann spürte ich nur noch sprudelndes Wasser um mich herum. Das Floß war beim Aufprall umgeschlagen, mein Fuß hatte sich in der Nylonschnur verheddert, mit der das Gepäck fixiert war, und zog mich unter Wasser. Ich wusste nicht mehr, wo oben und unten war. Das Flusswasser drang in meine Lunge, ich wirbelte umher und blieb doch mit einem Fuß fest verheddert am Floß hängen, das weiter den Fluss hinabtrieb. Dabei hast du Gisa doch versprochen, bald zurückzukommen, schoss es mir in diesem Moment durch den Kopf. Irgendwann schaffte ich es, eine Hand an die Wasseroberfläche zu strecken, und ich merkte, wie mich jemand zog. Michael und Raoul waren auch ins Wasser gefallen, hatten es aber zurück auf das Floß geschafft. Michael hatte mich nun zu packen bekommen. So konnte er mich zwar von der Hüfte aufwärts auf das Floß retten, aber mein Fuß blieb verheddert. Die Fahrt ging weiter. Ich hustete und spuckte Wasser.

In diesem Moment tauchte eine weitere Felswand auf. Unsere Leute auf dem anderen Floß hatten sich ans Ufer gerettet, um von dort aus zu beobachten, wie wir die erste extreme Stelle meisterten. Sie winkten uns von der linken Uferseite aus zu. Michael sah sie und dachte, er könne uns nur retten, indem er auch unser Floß ans Ufer zog. Er ergriff ein dickes, am Floß fixiertes Seil und sprang damit ins Wasser. Aber er hatte seine Kräfte überschätzt und konnte das Floß nicht länger halten. Unsere Mitarbeiter schafften es gerade noch, ihn ans Ufer zu ziehen. Raoul und ich donnerten hingegen geradewegs auf die Felswand zu. Gott sei Dank realisierte ich in diesem Augenblick nicht, dass wir den nächsten Aufprall nicht überleben würden. Unsere Rettung war eine Sandinsel, die zufällig mitten im Fluss lag und das Floß abrupt zum Halt brachte. Ein scharfes Ratschen, dann war es vorbei. Ich befreite mich aus der Fußfalle, hustete, bekam keine Luft, spuckte Wasser aus. Alles passierte gleichzeitig. Ich brauchte ein paar Minuten, um mich zu sammeln. Unsere Stecken hatte die Strömung mitgerissen. Sie war so stark, dass auch Michael und die anderen beim Versuch, zu uns zu gelangen, an uns vorbeirasten. Also mussten Raoul und ich die letzte Hürde von der Sandinsel aus alleine nehmen. Wir schafften es bis ans Ufer zu den anderen. Wir hockten am Ufer und erholten uns. Für heute war es genug. Geschafft hatten wir es noch nicht. »Auf gar keinen Fall stürze ich mich noch mal in diesen Fluss«, sagte ich zu Michael. Er blieb ganz ruhig und widmete sich der Reparatur unseres Floßes. Ich konnte gar nicht zugucken. Ich war fix und fertig mit der Welt und diesem Trip. Nach einer Weile kam Michael zu mir. »Schau, Ariane, es geht nicht anders. Es gibt nur diese eine Route, und dafür müssen wir den Weg über den Fluss nehmen. Vielleicht möchtest du dir unser Floß jetzt noch mal anschauen?« Ich wusste, dass ich nicht sauer sein konnte. Dafür war unsere Situation viel zu ernst. Also lenkte ich ein und ging mit ihm zum Ufer. Die Männer hatten das Floß mit weißen Blumenrispen als Halterungen versehen. Das machte die nächste Etappe am Tag darauf nicht besser oder sicherer. Eine nette Geste war es trotzdem. Nach vier Tagen hatten wir es endlich geschafft. Wir waren wieder in Maldonado. Ein Hotel mit frisch bezogenen Laken und Duschen wartete auf uns. Hunger, Durst, Müdigkeit, jetzt kam alles zusammen. Der Körper war wie zerschlagen. Die Füße wund. Als Erstes zogen wir die Schuhe aus. Es war witzig und tragisch zugleich: Als wir die klatschnassen Einlegesohlen zum Trocknen herausnahmen, entdeckten wir kleine Goldsprenkel, die das Flusswasser unterwegs in unsere Schuhe gespült hatte. So einfach konnte die Suche nach Gold sein. Und so beschwerlich.

Wie ausgeliefert man sich den Gewalten der Natur gegenüber fühlen konnte, bekam ich auch einige Expeditionen später zu spüren. Die Natur rüttelte uns aus dem Schlaf, die Erde bebte, und die Luft war erfüllt von lautem Dröhnen. Ein Geräusch, als hätte der Urwald gerade einen Wutausbruch. Es blitzte und donnerte. Die Felsbrocken in den Bergen begannen sich zu bewegen. Dann kam der Regen, und mit einem Mal wurde es richtig kalt. Ein Unwetter, wie es nicht selten ist. Eiskalte Andenwinde können dann bis in die Urwaldpfanne gelangen. Wir waren in den Bergen, ohne schützende Wände um uns herum. Ganze Plastikdächer waren schon davongeflogen, als wir den Reißverschluss unseres Schlafzelts mitten in der Nacht öffneten. »Komm! Wir müssen da raus. Schnell«, rief Michael. Mit »raus« meinte er kaum einen Ort, an dem wir uns in Sicherheit bringen konnten. Es gab keinen Ausweg und keinen Schutz vor dem Unwetter. »Wir müssen das Camp sichern.« Michael, unsere zwanzig Mitarbeiter und ich stemmten uns gemeinsam gegen den Sturm. Wir hielten die Planen mit beiden Händen und, um überhaupt etwas sehen zu können, die Taschenlampe im Mund. Immerhin, ich war es vom Tauchen gewohnt, ein Mundstück zu tragen, und bekam schon lange keinen Würgereiz mehr von dem Fremdkörper zwischen den Zähnen. Früher hatte ich das üben müssen, mit einem Esslöffel, den ich den ganzen Tag über im Mund hielt. Wir versuchten zu retten, was zu retten war. Im Lichtkegel sah ich auch, wie die Urwaldriesen sich bogen, Äste abbrachen, Steine, so groß wie Kleinwagen, die Flüsse hinabrollten. Bäume, die nicht stabiler als Zahnstocher wirkten. Bis auf die Knochen durchnässt hielten wir krampfhaft die Planen fest, damit der Wind sie nicht davonwirbelte und alles zerstörte, was wir darunter aufgebaut hatten.

Gegen die Gewalt des Urwalds fühlte ich mich klein und nichtig. Ein Niemand. Als Erstes würde unser Hab und Gut zerstört sein, dann würde sich die Natur uns packen. Der Flusspegel stieg über das Ufer, aus dem gestern noch gemächlichen Gewässer war ein schäumender Strom geworden, alles stand unter Wasser. In weiser Voraussicht hatten wir die Maschinen flussabwärts an der Uferböschung hochgestellt. Hatte nicht gereicht. Wir hatten nicht damit gerechnet, dass es so schlimm werden würde. Jetzt kamen wir nicht mehr dorthin. Geschweige denn hätten wir den Fluss überqueren können. Das Unwetter erteilte uns eine Lektion der Natur. Wach bleiben. Zusammenbleiben. Warten. Aushalten. An mehr war in diesem Moment nicht zu denken. Irgendwann ging die Kraft aus. Die Natur aber war noch lange nicht fertig. Es würde noch Stunden krachen und regnen. Als das Unwetter dann endlich vorbei war, als wir das Ausmaß der Zerstörung begutachteten, kehrte Demut ein. Von wegen, der Mensch ist die Krone der Schöpfung. Der Mensch kann sich nicht gegen die Natur stellen. Für die Natur genügt es, einmal nach Luft zu schnappen. Der Mensch kann das nicht überleben.

Am Tag nach dem Unwetter fingen wir von vorne an. In Handarbeit machten wir uns an den Wiederaufbau. Eine Sechser-Dredge hatten wir bei dem Unwetter verloren. Aber was war das schon? Beim Aufräumen des Camps musste ich an ein Telefonat mit meiner Freundin in Düsseldorf denken, als ich zu Besuch in Deutschland gewesen war. Sie war am Boden zerstört gewesen, dass sie sich als Familie nicht mehr einen dritten Urlaub pro Jahr würden leisten können. Ich wollte damals am liebsten entgegnen: Freu dich doch, dass du im Paradies lebst. Dass du Fachärzte an jeder Ecke hast, die dir helfen, wenn du in Not bist. Eine 40 Meter lange Käsetheke. Nicht, dass ich so ein Leben für mich länger gewollt hätte. Ich hatte mich bewusst dagegen entschieden. Nach dem Telefonat legte ich frustriert auf. Nie glücklich zu sein mit dem, was man hat, darin sah ich keinen Sinn. Jetzt, nach dem Sturm, der unseren Maschinen derart zugesetzt hatte, erinnerte ich mich wieder an ihre Sätze und meine Reaktion und schob den Ärger über den Schaden schnell beiseite. Das Unwetter konnte ich als Lehre betrachten: Es hatte mich Demut gelehrt. Sicher war auch: Das nächste Unwetter würde kommen und die Natur ihre Macht wieder und wieder unter Beweis stellen, je mehr wir Menschen ihr mit unserem Verhalten zusetzten. Viel deutlicher als in der Zivilisation sah ich es hier im Urwald, wo Ursache und Wirkung sich die Hand reichen. Rodete man die Bäume, würden die Temperaturen ins Unerträgliche steigen. Der Boden heizt sich auf, wird dürr und kann sich leichter entzünden. Die Brände werden aber auch häufig von Menschenhand entfacht: Brandrodung im Regenwald als Zweck dafür, dass anschließend Straßen gebaut werden können und massenhaft Holz abtransportiert werden kann. Michael und ich lehnen diese Vorgehensweise strikt ab. Wir haben auch noch niemals Dynamit gelegt, um schneller an das Gold zu kommen. Wir nehmen, was die Natur schon freigegeben hat. Das, was sich im Flussbett unter den Steinen findet.

Wir arbeiten in den Quellgebieten, denn dort finden wir grobkörnigeres Gold. Um das Gold vom schwermineralhaltigen Sand zu trennen, setzen wir kein Quecksilber ein. Schon die aufsteigenden Dämpfe sind hochgiftig. Sie können die inneren Organe schädigen, Auslöser vieler Allergien sein und zu Unfruchtbarkeit führen. Beim ungeborenen Kind können sie für Fehlbildungen im Mutterleib sorgen. Auch für Menschen, die sich nicht für die Goldarbeit entschieden haben, die aber am Fluss und mit dem Fluss leben, wo auch die Goldwäscher mit dem Quecksilber arbeiten, ist die Tragik groß. Auch sie sind unweigerlich betroffen. Dabei geht es anders. Man muss keine weiten Flächen roden, um ein Camp zu errichten. Damit der Helikopter landen kann, dafür genügt ein kleiner Hügel. Selbst im Flussabschnitt gibt es häufig Kiesinseln, auf denen das möglich ist. Dann trägt man das Equipment über den Fluss und richtet sich dort ein. Das Holz der wenigen Bäume, die wir fällen, verwenden wir, um das Camp zu bauen, um Feuer zu machen und um aus Baumstämmen eine Küche zu errichten. Die Menge an Holz, die wir fällen, verwenden wir auch. Wir nehmen keinen Ölwechsel am Wasser vor. Sehen zu, dass die Batterien, die wir während unseres Aufenthalts brauchen, anschließend nicht im Urwald bleiben. Wir achten die Gesetze. Wir handeln nicht aus Gier, sondern haben uns aus anderen Gründen für dieses Leben entschieden: Wir sind im Wald nicht des Goldes wegen. Das Gold ermöglicht uns, im Wald zu sein.

Mein eigener Umgang mit der Natur veränderte sich mit der Zeit im Urwald. Michaels Bewusstsein färbte zunehmend auf mich ab. Seine Überzeugungen waren so stark, dass wir uns in unserer Haltung wohl angleichen mussten, sonst hätte das für uns als Paar im Dschungel nicht funktioniert. So folgten wir in den folgenden Jahren während einer Expedition wie immer dem Goldband. Irgendwann stießen wir im Fluss auf die Wurzeln eines alten Baumes. Wir waren ergriffen von diesem Anblick. Er nahm alles ein, auch uns. Den Stamm konnten zwölf Männer zusammen nicht umgreifen. »800 Jahre, schätze ich mal«, sagte Michael, während wir die Rinde abtasteten. »Das ist ein weiser Baum«, meinte ich. »Man sieht, was er in seinem Leben an Erfahrung gesammelt hat.« Ich musste bei diesem Anblick an die Naturschützer denken, die sich an Bäume ketten, damit sie nicht gefällt werden konnten. Und ich verstand diese Menschen. Ein Wunder der Natur, wie es der Baum in diesem Moment für uns darstellte, durfte man nicht zerstören. Es war klar, dass der Weg des Goldes direkt unter der Wurzel hindurchführte. Dort war mit einer extrem hohen Goldkonzentration zu rechnen. Und es war auch klar, dass wir den Baum dazu hätten fällen müssen. »Mache ich nicht«, sagte Michael. Die Mitarbeiter und ich schauten hoch, wie das Licht zwischen den Ästen des Blätterdachs schimmerte. Es sah aus, als würde man durch ein Kaleidoskop schauen. »Nein, wir löschen nicht 800 Jahre aus für ein bisschen Profit«, fügte Michael noch hinzu. »Das Versprechen auf Reichtum ist es nicht wert, diesen Baum zu fällen.« Er hatte recht. Was würde uns Geld bringen, wenn wir dafür unseren eigenen Lebensraum zerstörten? Dass Geld allein nicht glücklich machte, hatte ich schon in meinem früheren Leben in Deutschland erfahren. Auch Gold schaffte das nicht. Ich hatte keine Sehnsucht mehr nach Dingen, die einfach mit Geld zu bezahlen waren. Davon hatte ich ja auch so gut wie nichts in den Urwald mitgenommen. Einzig den silbernen dreiarmigen Kerzenleuchter, ein Erbstück meiner Uroma, ein Teeservice und klassische Musik auf Kassette – ich liebe Vivaldi. An den

Sonntagnachmittagen im Camp, nachdem wir mit unseren Mitarbeitern europäisch gefrühstückt hatten, zelebrierte ich meine Teestunde mit klassischer Musik und Kerzenschein. Hier, mitten im Urwald.

GISA

Mit meiner neuen Situation hatte ich mich abgefunden. Ich sprach nicht mehr viel vom Urwald, und immerhin war die Sache in der Schule geklärt. Darum hatte sich Mama bei ihrem letzten Besuch in Deutschland gekümmert. Es war eine Elternkonferenz einberufen worden, und Mama hatte mit allen gesprochen. Danach stellte meine Geschichte niemand mehr infrage.

Knapp zwei Jahre waren seit meiner Rückkehr vergangen. Ich war jetzt schon wieder länger in Deutschland, als ich im Urwald gelebt hatte. Nachmittags spielte ich mit Julia und Andrea im Verein Handball und war eine ganz normale Viertklässlerin, nur dass ich meine Mama eben nicht täglich sah, sondern Briefe von ihr erhielt. Alle paar Wochen lag einer der blassblauen Umschläge bei uns im Briefkasten. Ich war jedes Mal aufgeregt, wenn ich ihn herausfischte. Ich bildete mir sogar ein, die Briefe würden nach ihr riechen. Ich freute mich riesig über Mamas Briefe – einerseits. Andererseits war jeder davon auch ein Anlass, um sie noch ein bisschen mehr zu vermissen. Wenn sie mir von ihrem Leben im Urwald schrieb, dann wollte auch ich dorthin zurück. Von Mama zu lesen, riss mich dann immer wieder ein Stück weit aus meinem Alltag:

Mein Goldbaby, meine Süße!
Mit Transamazon bin ich nach Maldonado geflogen. Heute habe ich deinen wunderschönen Brief bekommen. Hast du Karneval schön gefeiert – ich habe gearbeitet. Mama geht es gut. Mama hat einen großen Hunger. Mama denkt an Gisa. Mama füttert die Enten und Hühner.

Mama wird von den Moskitos gestochen. Die Enten schwimmen bei uns auf dem kleinen Fluss. Die Hühner legen Eier, und so kann ich dir immer Pfannkuchen machen. Lerne schön in der Schule und wasche dich jeden Tag. Mama schreibt dir bald wieder. Schreibe du Mama. Gisa ist das liebste Kind auf der Welt.
Großer Schmatz, Mama

Hallo – kleine Samtstirn!
Mama liebt Gisa, Mama denkt an Gisa. Mama arbeitet. Bitte lerne gut und höre auf Papi. Bevor du ins Bett gehst, denke mal an Mama. Lache viel, und dein Herz ist froh. Sei nicht traurig, du weißt ja, du kannst immer mit mir sprechen, du brauchst nur an mich zu denken, und Mama antwortet in deinem Kopf.
Ich liebe dich, deine Mama

Ich hütete sie alle. Und das herzförmige Goldnugget an der Kette, die mir Mama bei ihrem großen Abschied geschenkt hatte, war mir heilig. Ich trug sie immerzu, nur im Sportunterricht musste ich die Kette ablegen. Eines Nachmittags, ich war schon zu Hause, fasste ich mir an den Hals. Die Kette war weg! Es traf mich wie ein Schlag. Ich suchte alles ab: die Jackentaschen, meinen Turnbeutel, den Schulranzen, ich schaute im Bad nach und zog Kissen und Zudecke vom Bett, weil ich mich gar nicht mehr daran erinnern konnte, wann ich die Kette zuletzt getragen hatte. Vielleicht hatte sich der Verschluss gelöst. Ich krempelte mein Zimmer um und lief suchend den ganzen Weg zurück zur Schule ab. Nichts. Die Schultür war abgeschlossen und der Hausmeister schon nicht mehr da. Ich fühlte mich schrecklich. Meine Zahnspange verlor ich jede Woche, aber die Kette war etwas anderes. Das war meine Verbindung zu Mama! Das sagte sie ja auch immer: Dass unsere Kräfte vereint seien, wenn wir alle das Nugget trugen. Dass wir abends aneinander dachten und sich unsere Gedanken dann trafen. Papa konnte ich davon nichts erzählen. Niemand wusste davon. Am nächsten

Morgen lief ich sofort zum Lehrerzimmer. Die Sportlehrerin kam auf mich zu – und reichte mir die Kette. Mir fiel ein Stein vom Herzen. Ich war so erleichtert. Das Kostbarste, was ich besaß, war wieder da. In dem Moment schwor ich mir, sie nie wieder abzulegen. Beim Sport klebte ich sie künftig mit Tape ab. Mit der Kette hatte ich einen Teil von Mama immer bei mir. Ohne dieses Nugget ging es für mich nicht. Das war wie ein Schutz für mich in einer Zeit, in der ich auch mit meinem Aussehen furchtbar unzufrieden war. Alle meine Freundinnen hatten tolle glatte, glänzende Haare. Ich hingegen hatte diese Locken, die immer eher zerzaust waren, das Gegenteil von geschmeidig. Stundenlang stand ich mit der Bürste vor dem Spiegel und versuchte sie zu glätten, was alles nur noch schlimmer machte. Die Haare standen symbolisch für das, was in meinem Leben anders war. In Meerbusch gab es so gut wie keine Ausländer. Papa und ich fielen auf. Bei uns lief vieles nicht normkonform. So war das Leben der Kinder für die meisten Eltern hier in der Vorstadt das Ein und Alles. Deshalb waren sie aus der Stadt ins Grüne gezogen. Hier konnten die Kinder im Garten spielen, hier arbeiteten die meisten Mütter nicht und kümmerten sich mit Hingabe darum, dass aus dem Nachwuchs perfekte Menschen wurden. Für Papa war ich auch das Ein und Alles, er war unheimlich stolz auf mich, erzählte jedem von mir und nahm mich nachmittags häufig mit in die Praxis, damit ich nicht allein war. Aber im Gegensatz zu anderen Eltern machte er mir in der Schule keinen Druck. Zum Glück lief es auch so ganz gut, und es sah so aus, als würde ich es bald aufs Gymnasium schaffen.

Das Ereignis eines jeden Jahres waren für mich Mamas Besuche. Immer kurz nach den Sommerferien war es so weit, und ich erzählte es natürlich in der Schule. Bis Weihnachten würde sie dann da sein. Mir war schon klar, dass ich nicht wieder mit in den Urwald gehen konnte, aber trotzdem blieb da diese leise Hoffnung, und ich wollte vorbereitet sein. Ich wusste, dass Mama und Michael im Urwald wegen der Schlangenbissgefahr immer Stiefel trugen. Solche musste ich auch haben. Wochen vor ihrem anstehenden Besuch bettelte ich Papa an. »Papa, bitte, bitte, ich brauche diese Stiefel. Sie müssen knöchelhoch sein.« Papa reagierte erstaunt. »Wir haben August, du trägst aktuell noch Sandalen und denkst jetzt an Stiefel?« Aber ich ließ nicht locker. »Ich möchte sie einfach haben, die sind so schön, und ich werde sie den ganzen Winter über anziehen können.« Von dem wahren Grund, dass ich, wenn ich die Stiefel hätte, ja wieder mit zurück in den Urwald gehen könnte, erzählte ich ihm nichts. Zum Glück schlug Papa mir selten einen Wunsch ab, und er war nie geizig. So fuhren wir an einem Samstag zusammen in die Stadt und kauften die Stiefel. Schwarz, glänzend, knöchelhoch. Mama konnte kommen, und sie würde sehen, dass es kein Problem wäre, mich wieder mitzunehmen.

Und dann kam sie auch. Aus Lima hatte sie angerufen und erklärt, wann sie mich bei Papa abholen käme und was wir dann unternehmen würden. Das Küchenfenster bei uns im Haus war sehr hoch oben in der Wand eingelassen, von da aus hatte man einen guten Überblick. Man konnte die Straße einsehen und die Autos, sobald sie um die Kurve gebogen kamen. Am Tag der Tage stellte ich mir einen Stuhl ans Fenster, kletterte hinauf und wartete. Selbstverständlich trug ich meine Stiefel. Dass noch Sommer war, kümmerte mich nicht. Dann bog der graue Citroën um die Ecke, den Mama und Michael in Deutschland jetzt fuhren. Ihren Peugeot hatte sie verkauft. Ich rannte hinaus. Der schönste Moment. Wir drückten uns und hatten uns sofort lieb. Es war nie komisch, meine Mama nach so langer Zeit wiederzusehen. Wir stiegen ins Auto und fuhren los, Richtung Eiscafé. Michael saß am Steuer, Mama auf dem Beifahrersitz. Ihre linke Hand hatte sie nach rechts hinten zu mir ausgestreckt, sodass ich sie halten konnte. Sehr schnell kam ich auf meine neuen Stiefel zu sprechen. »Schaut mal, was ich habe«, sagte ich und streckte einen Fuß nach vorne. »Ach, Stiefel. Schön, Gisa«, sagt Mama. »Sehr schick.« »Ich denke, die sind urwaldtauglich.« Stille im Auto. Niemand sagte etwas. Also fuhr ich fort: »Ich könnte schon mitkommen, wenn ihr wieder fahrt.« Mama und Michael schmunzelten ein bisschen, sagten aber nicht mehr viel. »Erst mal sind wir ja hier«, meinte Mama irgendwann. »Ich freue mich so auf die Zeit mit dir.«

Ich merkte dann schnell, dass das mit dem Urwald und mir wohl nicht gehen würde. Das stimmte mich sehr traurig, wenn ich das den beiden auch nicht zeigen wollte, denn ich freute mich ja auch, dass sie jetzt da waren. Es war das Jahr, in dem Mama schon zu meinem Geburtstag zurück war. Ungewöhnlich früh. Sie hatte ein Lagerfeuer am Rhein für meine Freundinnen und mich organisiert. Der beste Geburtstag, den je ein Kind in meiner Klasse gefeiert hat. Wir hielten Stockbrot und Marshmallows über das offene Lagerfeuer, grillten Würstchen. Mama hatte Kuchen gebacken, und sie erzählte uns Urwaldgeschichten. Ich konnte sie gar nicht loslassen. Die anderen Kinder fanden Mama auch toll und spannend, das merkte ich. Die Mama, die ich so verehrte. Für mich war sie eine Göttin. Ein letzter Tag mit ihr kam trotzdem in jedem Jahr. Er musste kommen. Das war immer nach Weihnachten. Silvester verbrachten wir noch zusammen, häufig fuhren wir an die Mosel. Danach ging es ganz schnell. »Nächstes Wochenende fahren wir wieder nach Frankfurt, und dann geht es nach Südamerika«, kündigte Mama eines Tages an, als sie mich nach einem gemeinsamen Nachmittag bei Papa absetzte. Bei ihm wohnte ich auch, während Mama und Michael in Deutschland waren. Ich musste ja in die Schule. Im Anschluss daran sahen wir uns dann und verbrachten die Zeit miteinander. Zeit, die immer raste wie im Flug. Bei dem Gedanken, dass jetzt so schnell alles wieder vorbei sein würde, wurde mir ganz mulmig zumute.

Der erste Abschied von Mama, damals nach meiner eigenen Zeit im Urwald, war hart gewesen, aber diese sich jährlich wiederholenden Abschiede waren noch viel schlimmer. Ich war ein bisschen älter und wusste jetzt ja schon, was auf mich zukam. Ich hatte verstanden, dass es Monate dauerte, bis wir uns wiedersahen. Ich wollte in diesem Moment nicht aus dem Auto aussteigen. Der letzte Ort, an dem wir uns sahen, war immer der graue Citroën. Mama setzte sich dann zu mir auf die Rückbank, und Michael wartete draußen. Auch für ihn waren das schwere Minuten. Mama nahm mich fest in den Arm. Dieses Mal, so hatte ich es mir eigentlich vorgenommen, wollte ich nicht weinen. Aber die Tränen liefen schon, einfach so. Wir konnten beide nichts sagen. Was hätte man auch sagen sollen: dass man auf sich aufpasst und dass es Briefe geben wird. Wir hielten ja Kontakt, über die Post. Das war schön. So nahm Mama schon an meinem Leben teil.

»Heute habe ich deine letzten beiden Briefe bekommen«, stand mal in einem ihrer ersten Briefe. *»Du kannst ja schon Schreibschrift. Mama denkt oft an Gisa. Mama träumt oft von Gisa.«*

Jetzt hier im Auto »Tschüss« sagen zu müssen, blieb schlimm. Ich wollte in diesem Moment des Abschieds nicht aufstehen, sondern einfach in Mamas Arm bleiben. Ihren Geruch einatmen. Ich dachte, vielleicht ist das ein blöder Traum, und morgen sehe ich sie wieder. »Schatz, wenn irgendetwas ist und du nicht weiterweißt, dann komme ich sofort zurück und bin hier für dich da«, sagte sie. Das wusste ich immer, und die Gewissheit gab mir schon Sicherheit. Dann entließ mich Mama aus ihrer warmen, weichen Umarmung in die kalte Januarluft, und ich lief die paar Meter zum Haus. Ich war fix und fertig mit den Nerven. Der Kopf war rot, die Augen vom Weinen geschwollen. Ich ging nicht gleich hinein ins Haus, sondern wartete noch auf dem Vorplatz, bis sie abgefahren waren. Mama schaute, ich schaute, der Abschied zog sich in die Länge. Sie wollte ja nicht weg von mir, und ich wollte nicht, dass sie ging.

Später wurden wir besser darin und zogen den Abschied einfach ganz schnell durch, zack, zack, ohne Drama. Das hat es zwar nicht besser gemacht, aber es hat besser geklappt. Jetzt aber wartete Papa schon auf mich an der Tür. Er nahm mich einfach in den Arm. Papa musste mich in diesen Situationen auffangen, nicht nur einen Tag lang, sondern über Wochen. Es lag auch daran, dass es immer dauerte, bis die ersten Briefe kamen. In den zwei Monaten nach Mamas Abschied heulte ich jeden Tag. Und jeden Tag schaute ich im Briefkasten nach – nichts. »Papa, wo sind die Briefe. Warum kommt denn keiner?« Er erklärte mir dann, wie lange die Post brauchte und dass es nichts damit zu tun habe, dass Mama mir nicht schreiben würde oder es ihr nicht gut ginge. Viel musste ich trotzdem mit mir selbst ausmachen. Ich war ja ein Scheidungskind. Ich wollte nicht, dass Mama schlecht über Papa dachte oder Papa schlecht über Mama. Dann kam ein Lebenszeichen von ihr, endlich! *»Bald bin ich zwei Monate fort«*, schrieb Mama am Ende. *»Jetzt dauert es nur noch 6,5 Monate. Ich liebe Gisa. Bussi Mami.«*

GANZ WEIT WEG

Mit der Zeit erarbeitete ich mir im Dschungel einen Ruf als Medizinfrau. Genügend Medikamente und Material zur Erstversorgung hatte ich für unser Team dabei, und bald kamen auch Menschen, die abseits des Camps von mir gehört hatten und ihre Beschwerden lindern wollten. Auch dadurch wurde unser Kontakt zu den Indigenen immer enger. Nun muss man wissen, dass die Frau bei den Huambiza-Indianern keine gute Stellung hat. Sie wird wie ein Fußabtreter behandelt, bekommt nur das zu essen, was die Männer übrig lassen und hat nichts zu sagen. Für mich galt das nicht. Wenn wir auf Expedition Besuch von den Huambiza bekamen, saß ich zusammen mit den Männern am Lagerfeuer und durfte sprechen, wann immer mir danach war. Man hörte mir dann zu. Ich war ja die Medizinfrau mit den roten Haaren. Dass ich somit ein seltenes Privileg unter den Indigenen genoss, war mir lange Zeit gar nicht bewusst.

Das wird mit Sicherheit nicht allen gefallen haben. So kam der Tag, an dem ich während einer Expedition im Grenzgebiet zwischen Peru und Ecuador verflucht wurde. Ein alter Indianer, der sich in unserem Camp zum Warentausch aufhielt, erzählte mir später, dass ein Kanu an unserem Camp vorbeigefahren sein müsse, und wer auch immer damit unterwegs gewesen sei, müsse in diesem Moment eine Puppe mit etwas Persönlichem von mir dabeigehabt haben. Sehr wahrscheinlich ein paar Haare – man fuhr mir ja ständig durch meine Haare, ein Leichtes also, ein paar davon unbemerkt herauszuziehen. Im Vorbeifahren müsse dann jemand vom Kanu aus mit einer Nadel in die Puppe gepikst haben. Als der alte Indianer mir seine Theorie Wochen später bei seinem Besuch erklärte, lag ich in unserem Zelt. Ich konnte nicht mehr laufen.

In der Welt der Indigenen war ich verhext worden. Ich selbst glaubte natürlich nicht an diesen Schabernack. Dass der Aberglaube in Peru wichtig ist, war mir bewusst. Ich kannte zum Beispiel den Trick der Goldgräber, die neben einem anderen Goldgräberlager ihr Revier aufschlugen und faule Eier vergruben, auf dass der Nachbar kein Gold mehr finden konnte. Ich hatte mitbekommen, dass unsere Mitarbeiter abgeschnittene Nägel ihrer Zehen und Finger immer sofort verbrannten, damit niemand die Reste nehmen und so einen Fluch aussprechen konnte. Ganz frei von Aberglauben bin auch ich nicht. Ich bin mir sicher, Gefahren erspüren zu können, bevor sie eintreten. Es stellen sich bei mir dann die Nackenhaare auf. Meine Mutter sagte oft, der siebte Sinn liege in unserer Familie.

Aber die Tatsache, dass ich verhext worden war, ging dann doch ein bisschen weit. Ich bediente mich großzügig aus meiner Medizintasche, schluckte alles Mögliche. Aber nichts half. In den folgenden Wochen konnte ich nicht arbeiten. Die Schmerzen im Rücken waren zu stark, und ich hatte Lähmungserscheinungen.

Die Worte des alten Indianers gingen mir trotzdem nicht aus dem Kopf. Er hatte noch gesagt, wir müssten die Puppe finden und sie müsse nach einem ganz bestimmten Ritual zerbrochen werden, sonst würde ich sterben. Vier Wochen lang lag ich im Zelt. Nachdem ich einsehen musste, dass ich mit meiner schulmedizinischen Therapie nicht weiterkam, ließ ich mich auf das ein, was der Indianer auch geraten hatte. Michael solle mir mit einem Bündel Dornenzweige den Schmerz austreiben. Er solle ihn buchstäblich aus meinem Körper schlagen, indem er die betroffene Stelle damit bearbeite. Die Hiebe waren eine Qual, sie brannten wie Feuer – der Schmerz von Brennnesseln war gar nichts dagegen. Aber anschließend entspannte sich mein Rücken tatsächlich ein bisschen, die Lähmung lockerte sich. Von Michael gestützt begann ich ganz vorsichtig, wieder einen Fuß vor den anderen auf den Erdboden zu setzen. Schritt für Schritt ging es allmählich wieder. Ein ständiger Begleiter blieb der Schmerz in diesen Wochen trotzdem.

Das Ende der Expedition stand bevor, wir wurden mit dem Helikopter abgeholt, verließen den Urwald, und als wir in der Zivilisation ankamen, waren auch die Schmerzen plötzlich verschwunden.

Zurück in Deutschland ging ich trotzdem zum Orthopäden. An eine Verhexung glaubte ich weiterhin nicht. Die Diagnose: Bandscheibenvorfall. Drei Wirbel waren betroffen. Es kam in diesem Moment überhaupt einiges zusammen. Der Rücken wollte nicht mehr, die Seele machte auch ein bisschen schlapp. Michael und ich durchlebten eine kleine Krise. Wenn wir stritten, dann war ich richtig erschöpft und musste erst schlafen, bevor wir den Konflikt lösen konnten. Er war es immer, der auf mich zukam, unabhängig davon, wer recht oder Schuld gehabt hatte. »Ist doch unwichtig«, sagte er in solchen Momenten und nahm mich in den Arm. Die Gewissheit, dass ich im Urwald richtig war, blieb. Sie blieb auch, als ich die Diagnose des Orthopäden hörte: Ich sollte eine Weile in Deutschland bleiben, musste gelasert werden und anschließend eine Reha beginnen. Michael kehrte allein zurück nach Peru. Ich sollte nachkommen, sobald es mir besser ging. Vielleicht brauchten wir beide diesen Abstand voneinander. Und wie es der Zufall wollte, traf ich dann eines Tages auf der Königsallee in Düsseldorf zufällig einen meiner ehemaligen Arbeitgeber, für den ich vor Jahren als Model tätig gewesen war. »Wow, gut siehst du aus«, rief er begeistert. Nicht, dass ich mir daraus etwas gemacht hätte. Ich erzählte im Schnelldurchlauf, was in den vergangenen Jahren passiert war. Wie ich jetzt lebte. Dass ich als Goldgräberin in Peru tätig sei, im Rahmen von Expeditionen dort unterwegs sei und nun ein paar Wochen in Deutschland verbringen würde. Er lachte erstaunt. »Mensch, hättest du nicht Lust, nächste Woche bei einer Schau mitzulaufen. Es geht um Pelzmäntel.« Vielleicht hätte ich in diesem Moment absagen sollen. Mit meinem Auftritt eine Industrie zu unterstützen, die gegen meine eigenen mittlerweile herangereiften Grundsätze arbeitete, war unvereinbar. Gleichermaßen reizte es mich, noch einmal Bekanntschaft mit meinem alten Leben zu machen, und so sagte ich zu. Eine seltsame Erfahrung: Die Frauen backstage, die eine Pelzjacke nach der anderen angezogen bekamen. Nicken. Kopfschütteln. Konzentrierte Blicke. Ob das Fell des Tieres zum Teint passte? Dann der Auftritt. Die diffuse Menge vor mir. Noch immer sah ich so gut wie niemanden. Meine Kurzsichtigkeit war in den vergangenen Jahren nicht besser geworden, aber an dieses Gefühl hatte ich seit einer halben Ewigkeit nicht mehr gedacht. Eines war am Abend zumindest klar. In dieses Leben wollte ich nicht zurückkehren.

Schnell zeichnete sich ab, dass sich das Programm der ambulanten Reha auch tagsüber zwischendurch erledigen ließ. Da genoss ich lieber die Zeit mit Gisa, und ich dachte viel über meine Beziehung nach. »Was würdest du davon halten, wenn die Mama wieder hier wohnen würde?«, fragte ich meine Tochter eines Tages.

Gisa schaute mich prüfend an. »Ach, Mama, es ist doch alles gut, wie es ist. Geh du nur ruhig zurück in den Urwald.«

Ich setzte mich hin und schrieb Michael einen vier Seiten langen Brief, in dem ich all das in Worte fasste, worüber ich mir in den vergangenen Wochen Gedanken gemacht hatte. Es kostete mich einige Mühe. Ich bin keine große Briefeschreiberin, es sei denn, es handelt sich um jene an meine Tochter. Den Brief an Michael schickte ich nicht ab. Ich steckte ihn zu meinem Gepäck und machte mich auf den Weg, um die Expedition in Peru zu begleiten, die Michael in den vergangenen Wochen mit dem Auskundschaften einer passenden Stelle vorbereitet hatte.

Wir trafen uns in Cusco. Ich freute mich auf die Zeit, trotz aller Fragen, die ich mir stellte. Gerade deshalb war ich auch aufgeregt. Der Brief lag in meiner Tasche, ich hatte darin geschrieben, dass er sich über ein paar Punkte Gedanken machen müsse und dass ich mir ein Leben ansonsten so nicht mehr vorstellen könne. Erst einmal gab es aber großes Trara, als ich ankam und wegen dessen, was uns bevorstand. Auch ich war froh über das Wiedersehen mit den Mitarbeitern und mit Michael, meinem Partner, Freund, Mann. Dass wir nie geheiratet hatten, war kein Problem. Wir hatten zwar immer mal wieder darüber geredet zu heiraten, aber den Trauschein brauchten wir beide letztlich nicht. Das Gelöbnis beieinanderzubleiben hatten wir uns längst gegeben.

Mit den Mitarbeitern wurde es ein langer Abend in der Kneipe in Cusco. »Hör mal«, sagte ich zu Michael auf dem Fußweg zurück ins Hostel. »Ich habe in Deutschland einen Brief geschrieben, und ich möchte, dass du ihn liest.« »Das trifft sich gut«, sagte er. Ich habe auf der Explorationstour nämlich auch einen Brief geschrieben, und ich möchte, dass du ihn liest.«

Michaels Brief an mich und mein Brief an Michael lasen sich erschreckend ähnlich. Er schrieb von dem, was in unserer Beziehung gerade nicht so gut lief, was wir schleunigst ändern mussten. Es waren meine Worte. Wir nahmen uns in den Arm.

Am nächsten Tag brachen wir auf.

Die Expedition lief schon. Dann eines Nachts hatte ich einen Traum: Ich lag auf einem Tisch, jemand brach mich entzwei. Eine scheußliche Vorstellung. Zwei Tage später entdeckte ich plötzlich Abdrücke von Händen auf meinen Armen und Beinen. Die Puppe, sagten unsere abergläubischen Mitarbeiter gleich, als ich ihnen davon erzählte. Jemand musste die Puppe der Indianer mit meinen Haaren gefunden und zerstört haben. Wer weiß, ob es die Puppe war, mit der ich wirklich verhext worden war. Meinem Rücken ging es jedenfalls wieder besser. Und Michael und mir auch.

Die Jahre zogen ins Land. Bei der letzten Abreise aus Deutschland hatte an der Ecke dieses kleine Kind gestanden, das mit seinen Freunden auf der Straße spielte. Jetzt kam ich zurück, und auf einmal war es zu einem Teenager herangewachsen. Gisa hatte in den vergangenen Monaten einen unglaublichen Sprung gemacht. Sie war 14 Jahre alt. Dass sie mittlerweile einen Freund hatte, wusste ich schon aus den Briefen, und natürlich war mir viel daran gelegen, ihn kennenzulernen. Ich wollte wissen, wer das ist. »Also, jetzt, da ich wieder hier bin, möchte ich ihn schon mal kennenlernen«, sagte ich, nachdem wir sie in Meerbusch abgeholt hatten. »Er geht gerne Spanisch essen«, meinte Gisa. »Das könnten wir ja mal zu viert machen, Micha, du, er und ich.« Sie hatte gleich einen Plan und ein Datum, als hätte sie sich das alles schon so zurechtgelegt.

Eines Mittwochs gegen frühen Abend holten wir zunächst sie vom Handballtraining ab und fuhren anschließend bei ihm an seinem Elternhaus vorbei. Die Autotür links hinten öffnete sich, und ein Junge, ein bisschen älter als Gisa, stieg ein. Es war November und schon früh dunkel geworden, deshalb konnte ich erst einmal nur Umrisse von ihm erkennen. Kaum war er eingestiegen, riss er meine Tochter schon an sich und küsste sie ab. Die beiden hörten gar nicht mehr auf. Ich konnte meinen Blick nicht vom Rückspiegel abwenden. Meine Tochter knutschte! Er und sie ineinander verschlungen, ihre Locken fielen wie ein Vorhang über seine Wangen. Im Augenwinkel sah ich, wie Michael mich vom Steuer aus angrinste. Ich dachte, okay, dieses Bürschchen von der Rückbank schnappe ich mir. Doch es stellte sich heraus, dass Gisa einen wirklich netten Freund hatte. Er erzählte beim Essen viel von sich und seiner Familie, und jeder, der Gisa gut behandelte, bekam bei mir Pluspunkte. Ich konnte ja häufig nicht für sie da sein und war umso beruhigter, wenn ich wusste, dass sie liebe Menschen in ihrem Leben hatte. Gisa erzählte mir immer viel. Das half, um ihr Umfeld einschätzen zu können. Wenn sie sagte, dass er für sie kochte, dann war das für mich ein deutliches Signal, dass er sich kümmerte. »Mama, ich habe noch nicht mit ihm geschlafen«, meinte sie eines Tages. Ich vereinbarte umgehend einen Termin beim Frauenarzt. Mit 14 konnte Gisa schon die Pille nehmen. Wer wusste, wie ernst es in den kommenden Monaten während meiner Abwesenheit zwischen den beiden wurde. Dass meine Tochter zu großen Sprüngen in kurzer Zeit in der Lage war, wusste ich ja nun.

Die Monate, die wir während meiner Aufenthalte in Deutschland zusammen hatten, waren immer besonders gewesen. Da wurde alles nachgeholt, was wir das Jahr über als Mutter und Tochter verpasst hatten. Mein Hab und Gut stand noch immer bei meiner Mutter und meiner Schwester unter, Michael und ich wohnten in dieser Zeit entweder bei meinem Vater oder bei seinen Eltern in Krefeld. Ich holte Gisa von der Schule ab, und wir verbrachten die Nachmittage zusammen in Cafés, beim Handball, bei den Pferden. Dort, wo Gisa sich wohlfühlte. Wenn ich Ostern, zum Geburtstag und zu den Zeugnissen nicht da sein konnte, dann bedeutete es einen umso größeren Berg Geschenke für sie zu Weihnachten.

Zugleich war es nicht allzu lange her gewesen, dass ich Gisa ganz offen gefragt hatte, was sie davon hielt, wenn ich zurückkäme. Und sie hatte mir klargemacht, dass ich nicht da sein musste. Dass sie so ein offener, klarer Mensch war, half mir in diesen Situationen sehr.

Interessanter als das, was meine Tochter mir aus ihrem Leben erzählte, war deshalb das, was sie unerwähnt ließ. Das gab es auch, und das beschäftigte mich mindestens genauso sehr. Sie sagte mir zum Beispiel nie, dass sie mir nach den Abschieden hinterhergeweint hatte. Ich wusste, dass es so war. Mohsen und meine Schwester hatten es erzählt, und ich konnte es mir auch selbst denken. Aber ebenso wusste ich immer, dass Gisa mir kein schlechtes Gewissen vermitteln wollte. Darum ging es auch nie in den Briefen, die sie mir nach Peru schickte. Sie wusste nicht, dass ich die noch mit viel mehr Zeitverzögerung las als ausschließlich wegen des langen Postwegs. Dass Ella sie für mich sammeln musste. Dass sie mich in der Wildnis nicht erreichten. Wenn wir aus dem Urwald auftauchten. Das war immer ein ganz besonderer Moment für mich. In den Briefen ging es um das, was meine Tochter beschäftigte. Aber auch sie beließ es dann meistens bei Alltäglichkeiten, bei dem, was schön war: Es ging um ihre Hamster und Kaninchen, Pferde waren in diesen Jahren häufig ein Thema, und hin und wieder waren Gisas Zeilen richtig witzig. Sie schrieb mal darüber, wie das Pferd wieherte und dass sie auch so wiehern konnte. Natürlich, sie schrieb auch von der Schule und ihren Noten. Und sie schloss meistens mit ein paar aufmunternden Worten: »Findet viel Gold.« Unsere tiefergehenden Gespräche, die wir in Ruhe zu Hause geführt hatten, hatte ich regelrecht in meinem Gedächtnis abgespeichert und konnte sie später im Urwald abrufen. Dann tauchte ich wieder ein in die Welt zu Hause. Ich war dann an einem ganz anderen Ort und überlegte häufig, ob ich auch genug auf die Zwischentöne geachtet hatte und ob ich Gisa richtig verstanden hatte. Nichts wäre für mich schlimmer gewesen als die Gewissheit, nicht vernünftig auf das eingegangen zu sein, was meine Tochter mir anvertraute. Ich saß dann häufig am Fluss. Alle wussten, dass ich in so einem Moment allein sein wollte. Betrachten, beobachten, loslassen – darum ging es in solchen Momenten, das brauchte ich, um wieder zu mir zu kommen. Wenn ich eine Weile so für mich saß, waren die Batterien wieder aufgeladen.

Nach dem schrecklichen Marsch hinaus aus dem Urwald vor ein paar Jahren hatte ich dazugelernt. Zu jeder Expedition nahmen wir nun ein Satellitentelefon für Notfälle mit So konnte ich natürlich auch meine Tochter hin und wieder hören, auch wenn das für sie und für uns immer einen großen Aufwand bedeutete. Sonntag war unser Tag. Nicht jeder Sonntag, denn dafür hätten die Batterien niemals gereicht. Der Kasten war sperrig und schwer, man musste ihn aber während des Telefonats unbedingt halten und die Antenne austaxieren. Einer von uns beiden hielt, der andere wählte. Ob daraufhin wirklich eine Verbindung zustande kam, war vorher nie klar. Häufig stand ich eine

Stunde lang da, den schweren Kasten in den Armen. Am ersten Sonntag im Monat wusste Gisa also, dass das Telefon bei ihr zu Hause vielleicht klingeln konnte. Sie wusste, dass ich es immer dann versuchte. Ob es wirklich zu einem Gespräch kam, war hingegen eine ganz andere Frage. Umso kostbarer waren die Momente, wenn man den anderen wirklich zu hören bekam. Es ging auch dann nicht um Schwierigkeiten, in denen sie vielleicht steckte. Und wir erzählten nichts von kleineren Katastrophen, die uns widerfahren waren. Niemand wollte den anderen verrückt machen. Was hätte man denn auch vom anderen Ende der Welt aus in Bewegung setzen können? Hauptsache, wir hörten unsere Stimmen. Das war wichtiger als alles andere.

Mit meinen Lieben lernte ich also, ein Leben über die Distanz zu führen. Auch das war der Preis für den Urwald. Es bedeutet nicht, dass in unmittelbarer Nähe, in Peru, alles in bester Ordnung war. Michael und ich hatten zu diesem Zeitpunkt schon viele Jahre in diesem Land verbracht. Allmählich waren wir auch dieses Systems müde, für das wir uns ebenfalls zu einem gewissen Grad verkaufen mussten. Die Korruption, derer wir so häufig Zeugen wurden, ging mir zunehmend gegen den Strich. Langsam stellte sich auch das Gefühl ein, vielleicht mal etwas Neues sehen und ausprobieren zu wollen. Wir waren in Peru im Norden gewesen, im Osten, im Süden, im Westen. Wir kannten wirklich alles, hatten mit den landschaftlichen Unterschieden – auf 1800 Metern ist die Vegetation eine andere als auf 1200 Metern – zu leben gelernt. Wir hatten mit der Höhenkrankheit und mit Malariamücken zu tun gehabt. Um die Kosten für den Hubschrauber möglichst gering zu halten – pro Stunde wurden dafür 2800 bis 3500 US-Dollar fällig –, hatten wir häufig für ein erstes Stück einen Lastwagen genommen. Es ging dann nicht selten über Serpentinenstraßen. Bei Dunkelheit mit einem Fahrzeug, das nur einen Scheinwerfer hatte, muteten sie an wie Todesstraßen, rechts die Felsen, links das Nichts. Damit der LKW nicht im nächsten Moment Richtung Abgrund steuerte, musste einer von uns vorangehen und den Weg mit der Taschenlampe ausleuchten. Wir waren im militärischen Sperrgebiet gewesen und hatten Bekanntschaft mit den Huambiza gemacht. Jetzt waren wir zurück in Lima. Die letzte Expedition war okay gewesen. Uns war nichts Böses widerfahren. Trotzdem blieb ein Gefühl, dass es das für eine Weile gewesen sein könnte. Der Rückflug nach Deutschland stand in den kommenden Tagen bevor, und wir hatten die Muße, um über das zu sprechen, was uns beide seit einer Weile beschäftigte. »Es gibt ja sicher noch viele andere Länder, die infrage kämen, oder?«, meinte ich. Michael antwortete: »Sicher. Gold gibt es überall auf der Welt.« »Mir ist danach, mal was Neues zu sehen. Ein anderes Land.«

Dass wir im Urwald einen Lebensraum für uns gefunden hatten, stand dabei gar nicht zur Debatte. Aber Urwald gab es ja auch an anderen Orten. Die Welt war doch noch so viel größer, warum sollten wir sie für uns auf Peru beschränken? Sicher, es würde Mut und Anstrengung kosten, woanders neu anzufangen. Das war uns beiden bewusst. Aber weitere Überlegungen waren erst einmal hinfällig. Als wir eines Abends kurz vor der Abreise aus Lima zurück ins Hostel kamen, war Ella ganz aufgeregt. »Ariane, dieser Brief kam erst letzte Woche an. Ich habe völlig vergessen, ihn dir gleich zu geben.« Er war nicht von Gisa.

GISA

Ich war jetzt 15 und steckte in meiner wilden Phase. Mit Papa verstand ich mich nicht mehr so gut. Es wurde häufig laut zwischen uns, wir stritten immer öfter, und ich war zunehmend verzweifelt. Mama schrieb mir noch immer Briefe. Anrufen war weiterhin schwierig. Man konnte sie auf Expedition nicht einfach so erreichen. Wir sprachen höchstens einmal im Monat. Sie hatte keine Ahnung davon, wie schlecht es zwischen Papa und mir mittlerweile lief. Das hatte auch damit zu tun, dass ich ihr seltener schrieb. Ich war nicht böse auf sie oder wollte sie damit bestrafen. Mein Leben war in dieser Zeit einfach zu intensiv, um Worte dafür zu finden. Ich war natürlich auch dahintergekommen, dass sie die Briefe erst nach ihrer Rückkehr aus dem Urwald lesen konnte, und zu diesem Zeitpunkt hatte sich bei mir schon wieder so viel verändert. So bekam auch Mama zu spüren, dass ich auf dem Weg war, erwachsen zu werden.

Papa bekam es hautnah mit. Hauptthema war das Nachhausekommen. Ich bin häufig einfach gegangen und war bei uns in Meerbusch unterwegs. Da nur ein Bus pro Stunde fuhr, bin ich immer mit dem Fahrrad losgedüst. Papa war furchtbar sicherheitsbewusst. Er ließ mich noch nicht mal Inlineskates fahren, weil er Angst hatte, dass ich mir ein Bein brechen könnte. Und er wollte nicht, dass ich bei Dunkelheit mit dem Fahrrad unterwegs war. Wenn er sagte: »Draußen ist es dunkel«, antwortete ich: »Nein, es ist hell.« So lief das zwischen uns. Meistens hielt ich mich sowieso nur bei meinen vier Freundinnen auf. Aber dann lernten wir auch neue Freunde kennen, die Papa nicht kannte. Er war wirklich bemüht, alles richtig zu machen. Er kommt aus dem Iran und war es aus seinem Kulturkreis gewohnt, dass die ganze Familie zusammen in einem Haus lebte und die Frau sich um den Haushalt kümmerte. Er musste erst lernen, wie man Wäsche macht, wie er das mit mir und seiner Arbeit unter einen Hut bekam. Papa arbeitete als Anästhesist für verschiedene Praxen. Vormittags war er zum Beispiel bei einem Gynäkologen oder Internisten, kam dann mittags nach Hause, um nachmittags in einer anderen Praxis zu arbeiten. Und wenn er abends nach Hause kam, war ich häufig nicht da. Wenn er sagte, ich solle um 21 Uhr zu Hause sein, und ich es nicht war, rief er die Polizei. Bei uns stand sehr häufig die Polizei vor der Tür. Unsere Diskussionen drehten sich fast immer ums Weggehen, nie aber um die Schule. Dann blieb ich sitzen. Dass meine Versetzung gefährdet war, stand schon vorher fest. Am letzten Tag vor den Sommerferien kam ich nach Hause. Papa stand gerade in der Küche. Ich sagte: »Papa, ich habe kein Zeugnis dabei, denn ich bin sitzen geblieben.«

Er blieb ganz ruhig, regte sich gar nicht auf, wie ich es eigentlich erwartet hatte. Er schaute mich an. »Ja, Gisa, das tut mir leid, dann bedeutet das für dich ja noch ein Jahr länger Schule.«

Papa war immer der Meinung gewesen, dass ich selbst verantwortlich sei für das, was aus mir werden würde. Die Frage des Nachhausekommens wog für ihn in jedem Fall so viel schwerer, denn wenn mir etwas passiert wäre, dann hätte er das Gefühl gehabt, versagt zu haben. Weil wir anders lebten und anders aussahen als die meisten in der Vorstadt, wurde Papa auch von der ganzen Nachbarschaft kritisch beäugt. Wenn wir nach der Schule beim Mittagessen sprachen, dann ging es nie um die Schule. Papa kochte jeden Mittag warm – viel Reis, Fisch, Fleischklöße, meistens das, was er aus seiner eigenen Kindheit kannte. Wir aßen gemeinsam und redeten höchstens über meine Freundinnen. Mit wem ich unterwegs und mit wem ich am engsten befreundet sei. Aus dem Wohnzimmer drang meistens der Fernseher, entweder Nachrichten, was Papa am liebsten hatte, oder eine Sendung über deutsche Geschichte. Papa brauchte das wie andere Leute das Radio, das läuft, ohne dass man richtig zuhört.

Mama war da anders mit der Schule. Auch wenn sie ein halbes Jahr lang nicht da war, fragte sie nach ihrer Rückkehr auf jeden Fall immer nach meinem Zeugnis. Ich war ganz gut in der Grundschule gewesen und hatte es aufs Gymnasium geschafft. Die Grundschullehrerin hatte damals Empfehlungen abgegeben. »Vielleicht gymnasial geeignet« lautete meine Beurteilung. Und anders als Papa war Mama auch meine Selbstständigkeit immer wichtig gewesen. Ich trug schon im Kindergarten eine Kette mit Schlüssel um den Hals, noch vor der Zeit im Dschungel. Mit 13 hatte ich meine Periode bekommen, als Mama gerade auf Expedition war. Sie muss damit gerechnet haben. Bevor sie damals fortgegangen war, führten wir jedenfalls ein Gespräch. Eigentlich sprach nur Mama, und ich verstand gar nichts. »Pass auf, Gisa, du hast schon ein bisschen Akne auf der Stirn und bist in einem Alter, in dem es bald sein kann, dass du deine Periode bekommen wirst.« Ich hatte keine Ahnung, wovon sie redete. Wir hatten das in der Schule nicht besprochen, und bei meinen Freundinnen war das auch kein Thema. Auch von Mama konnte ich diesbezüglich nichts mitbekommen, weil wir nicht zusammenwohnten. Von »Periode« hatte ich noch nie was gehört. »Ich habe dir was vorbereitet, eine Schatzkiste. Die versteckst du so, dass Papa sie nicht findet.« Sie wusste schon, dass mir das peinlich sein könnte. In der Box waren damals verschiedene bunte Päckchen. Binden, Tampons und Tampons mit Applikator. Das volle Programm. Ich nahm die Kiste an mich und legte sie so in den Bettkasten, dass Papa nicht darauf stoßen konnte. So richtig dachte ich mir gar nichts dabei. Bis es eines Tages passierte. Ich musste weinen. Mir war das furchtbar unangenehm. Und ich dachte ja, ich könnte mich nicht an meinen Papa wenden. In diesem Moment rief ich meine Tante Gaby an und redete mit ihr darüber.

Es dauerte nicht lange, bis meine wilde Phase begann. Das Verhältnis zwischen Papa und mir wurde nicht besser, obwohl ich wusste, dass auch er darunter litt. Dann endlich kam Mama zurück. Ich traf sie direkt in Düsseldorf und stellte fest, dass sie längst im Bilde war. Mehr als das: Sie eröffnete mir sogar einen Plan. »Gisa, es ist klar, dass du noch nicht ganz alleine wohnen kannst«. Mit gerade 16 hätte ich in ein betreutes Wohnen gemusst, das wusste ich. Aber das wollten weder meine Eltern noch ich. »Deshalb haben wir eine Entscheidung getroffen. Michael und ich werden uns hier in Meerbusch eine Wohnung mieten. Dort ziehen wir mit unseren Sachen ein, die bis jetzt bei Opa im Keller eingelagert sind, und dort bekommst du ein neues Zuhause, wo du auch wohnen kannst, wenn wir auf Expedition sind.« Ich war ganz perplex. Ich hätte gedacht, dass sie vielleicht mit Papa reden würde. Aber nicht, dass sich etwas so gravierend ändern könnte.

Mama und ich hatten noch nie richtig zusammengewohnt. Natürlich als ich noch klein war, bevor wir in den Dschungel gezogen sind, aber jetzt war ich nicht mehr im Kindergarten, sondern gerade dabei, die zehnte Klasse zu wiederholen. Die neue Wohnsituation war auch ein Deal, dass ich dafür in der Schule Gas gab. Es war schön, jetzt mit Mama in einer Wohnung leben zu können. Ihre und Michaels Urwalddeko immer um mich zu haben und damit ein Stück von ihr. Das ganze Wohnzimmer stand voll mit Pflanzen, sodass man die Wände kaum sehen konnte. Wir hängten Schlangenhäute auf und den Schrumpfkopf Edie mit langen schwarzen Locken und auf jeder Seite einer geflochtenen Strähne, den Mama und Michael aus Peru mitgebracht hatten. Im Vergleich zur Größe des Kopfes hatte er riesige dicke Lippen. Edie passte auf mich auf. Von nun an war Mama häufig da. Das war zunächst mal eine Herausforderung für mich. Erst jetzt wurde mir richtig bewusst, dass Papa mich abgesehen von unserer Weggeh-Diskussion weitestgehend in Ruhe gelassen hatte. Jetzt kam ich von der Schule, und meine Mutter saß mit erwartungsvollem Blick am Küchentisch: »Und, wie war die Schule?« – »Und, wer ist die Beste in deiner Klasse?« – »Und, kannst du nicht auch mal zusehen, deine Note ein bisschen aufzubessern?« Ich bekam die Krise. Ich kannte das nicht. Die Fürsorge, die ich mir zuvor gewünscht hatte, gab sie mir doppelt und dreifach. Das war ungewohnt und setzte mich unter Druck. Papa war nie viel in meinem Zimmer gewesen. Das dritte Obergeschoss unterm Dach mit einem kleinen Badezimmer war mein Reich gewesen. Weil dort ein Spiegel hing, an den man näher herantreten konnte, war Papa immer nur morgens hochgekommen, um sich zu rasieren. Er hatte dann mal kurz den Kopf zur Tür hereingesteckt, Guten Morgen gesagt. Oder auch nicht. Wir hatten ein Wäschezimmer, in dem ich meine schmutzige Wäsche in einen Korb legte. Dort lag dann auch die saubere wieder gebügelt und gefaltet auf einem Sofa. Jetzt kümmerte sich Mama um meine Wäsche, legte sie aber direkt in die Schubladen meiner Kommode. Einmal kam ich gerade nach Hause, als sie in meinem Zimmer war. Ich bin daraufhin ausgerastet. »Was suchst du hier in meinen Sachen? Das sind meine Sachen und mein Zimmer und meine Privatsphäre! Ich geh auch nicht in dein Zimmer und wühle alles durch.« Sie war perplex. Dann regte sie sich darüber auf, dass ich mich aufregte. »Ich bin deine Mama. Sei doch froh, dass ich deine Wäsche mache. Sonst kannst du dich in Zukunft selbst darum kümmern.« Den Haushalt alleine zu wuppen, das überforderte mich tatsächlich zunächst ein bisschen in den Monaten, in denen ich alleine dafür verantwortlich war. Ich spülte einfach erst, wenn wirklich kein Löffel mehr für den Joghurt da war. Und eine Spülmaschine hätte es bei Mama wegen des Wasserverbrauchs nicht gegeben. Ich drehte den Hahn auf. Sie sagte, lass das Wasser nicht so lange laufen. Ich schmiss im Müll alles zusammen. Sie musste dann mit den Händen alles richtig sortieren. Ich fand das alles lächerlich.

Meine Sturm-und-Drang-Phase sollte noch bis zum Abitur anhalten. Aber schrittweise ging es mir besser. Das bemerkte zuerst Nadja, meine beste Freundin. »Du bist ein wie ausgewechselter Mensch. Du bist viel glücklicher. Du wirkst nicht mehr so grau«, sagte sie mir nach einer Weile. Und ich hatte nun schon meinen zweiten Freund. Beide, er und Nadja, waren nach der Schule ständig bei mir zu Hause. Ich lebte anders als alle anderen. Alleine eben. Mit unserer zehnköpfigen Crew, sechs Jungs und vier Mädchen, trafen wir uns ständig, häufig über der Gaststätte der Eltern von einem der Freunde. Da waren wir alleine und hingen ab. Wir gammelten wirklich nur herum und machten keine Hausaufgaben mehr. Die Jungs waren viel mit Computerspielen zugange, und die ganze Gruppe kiffte. Jede Woche. Immer. Häufig auf dem Dachboden über der Gaststätte. Das war schon eine tolle Gruppe, wir fühlten uns wie eine Familie und waren einander sehr wichtig. Nadja war meine Seelenverwandte, wie eine Schwester. Sie kam aus einem sehr wohlhabenden Elternhaus, und man kann schon sagen, dass ich häufig bei ihr Zigaretten und Klamotten schnorrte – Nadja hatte immer coole Klamotten. Und sie bezahlte auch mal das Kino. Die Mutter einer anderen Freundin führte eine Modelagentur für Kinder. Ihre eigene Tochter hatte sie natürlich in der Kartei. Sie sprach mich in dieser Zeit an. »Pass auf, ich werde dir keine Jobs von Kunden für Kindermode vermitteln können. Dafür siehst du schon zu erwachsen aus. Aber du hast auf jeden Fall das Potenzial, bewirb dich doch mal bei einer Agentur«, schlug sie vor. Ich erzählte Nadja davon. »Nie im Leben würde ich das machen. Stell dir mal vor, ich müsste in so eine Agentur hineinlaufen und mich da bewerben. Die denken dann, ich wäre voll arrogant. Das mache ich nicht.« Ich fühlte mich überhaupt nicht sicher in meiner Haut. Mit meinen Haaren hatte ich mich mittlerweile zwar abgefunden, aber mich aufgrund meines Aussehens irgendwo zu bewerben, wäre gar nicht infrage gekommen. Dafür war ich viel zu schüchtern. Mein Leben lang hatte ich viel zu sehr unter Anpassungsdruck gestanden.

Eines Nachmittags kam Nadja zu mir nach Hause. »So, du wäschst dir jetzt die Haare«, sagte sie. »Du schminkst dich, wir fahren jetzt zusammen zu dieser Modelagentur. Ich habe hier die Adresse rausgesucht.« Wir kramten noch nach Fotos, nach Urlaubsbildern als Ganzkörperaufnahmen und Bildern meines Gesichts als Porträts. Auf dem Computer tippten wir noch in einer schönen Schrift in Word meinen Namen, mein Geburtsjahr und meine Maße. Die Urlaubsfotos klebten wir mit Uhu an. Damit marschierten wir bei der Agentur zur Tür hinein. Dort belächelte man die Bewerbung schon ein bisschen, aber sie engagierten mich auf der Stelle. So fing es an, dass ich mit 16 Jahren als Model arbeitete und ein bisschen Geld verdienen konnte. Fürs Kino. Um den Führerschein zu machen. Dass ich überhaupt davon träumen durfte, nach dem Abitur weit wegzuziehen. Ich wollte raus aus Meerbusch.

DIE PLANÄNDERUNG

Noch von Lima aus telefonierte ich mit Mohsen. Er hatte mir einen Brief geschrieben, was ungewöhnlich für ihn war. Alles habe sich zwischen ihm und Gisa verändert, stand darin. Am nächsten Morgen rief ich ihn umgehend an. »Wir müssen uns unterhalten, Ariane.« Er klang beunruhigt. Dass Gisa und er gerade keine leichte Zeit durchmachten, wusste ich. Aber Mohsens Worte waren jetzt noch deutlicher.

So vergaß ich in diesem Moment auch die typische Vorfreude auf Deutschland, auf diese vertraute Fremde, auf eine Welt, in der ich alles kannte und in der ich doch jedes Mal aufs Neue wieder ankommen musste. Auf dem Rückflug konnte ich an nichts anderes denken als daran, hoffentlich noch zur rechten Zeit zu kommen. Mohsen hatte am Telefon zwar von keinen Katastrophen erzählt, die sich ereignet haben könnten, aber vielleicht wollte er mir das auch nur nicht am Telefon sagen. Viele Fragen wirbelten durch meinen Kopf: War die Situation total eskaliert? War Gisa weggelaufen? Waren Drogen im Spiel?

Nach der Ankunft traf ich mich mit Mohsen, und er kam gleich zum Punkt. »Unsere Tochter steckt voll in der Pubertät. Ich kann nicht mehr«, sagte er, und ich sah es ihm an. Seine Gesichtszüge waren angespannt, unter den Augen lagen dunkle Schatten, er sah fertig aus. Gisa war gerade 16 geworden. Aus dieser schwierigen Phase, so hatte ich angenommen, müsste sie eigentlich allmählich raus sein. Ihre Gebärden hatten mich oft genug an mich und das Verhältnis zu meiner eigenen Mutter in der gleichen »Zeit des Aufwachsens« erinnert. Auch deshalb hatte ich über vieles hinwegsehen können. Es ist nur auf Zeit, hatte ich mir häufig gesagt.

Nun war aus der Pubertät eine noch heftigere Sturm-und-Drang-Phase geworden. Wie es Gisa dabei ging, wie ihr Vater zu kämpfen hatte, erzählte er mir jetzt ausführlich. »Das mit Gisa artet gerade in einer Form aus, der ich allein keinen Einhalt gebieten kann. Du musst mir helfen«, sagte er. Dass sie sitzen geblieben war, wusste ich natürlich. Aber von Mohsens großen Ängsten, dass Gisa mit ihrer extrovertierten Art leicht etwas zustoßen könnte, hatte ich keine Ahnung gehabt. Er machte mir deutlich, dass er nicht länger die alleinige Sorge für sie tragen konnte. »Es ist einfach zu viel Verantwortung, ich schaffe das nicht mehr alleine.«

Was er damit meinte, war klar: In Gisas Welt war ich der Superstar. Nie da, auf Abenteuertour, während der Vater sich zu Hause darum kümmern konnte, dass das Kind behütet aufwuchs und dass etwas zum Abendbrot auf dem Tisch stand. Die Rollen waren unter uns gewiss nicht klassisch verteilt, aber dennoch klar. Mohsen reichte es. Der Superstar sollte sich nun auch einbringen. Mein Ex-Mann wollte einen Plan von mir, darum musste ich mich jetzt kümmern. Das Gespräch mit Michael über Peru, ob wir dorthin zurückgehen oder vielleicht mal ein anderes Land ausprobieren sollten, schien jetzt Lichtjahre entfernt. Hier in Deutschland war ich jetzt als Mutter in der Pflicht. Und ich freute mich auf das, was mir bevorstand. Schon so lange lebte ich zwischen den Welten von Urwald und Zivilisation, und jeder Abschied von Gisa tat weh. Diese neue Wendung konnte ich als Chance betrachten, um noch einige gemeinsame Jahre mit meiner Tochter zu verbringen, bevor auch sie ein eigenes Leben haben würde.

»Kein Vertun, wir ändern das Programm«, sagte Michael, als ich ihn am Abend in der Wohnung seiner Eltern traf. »Jetzt zählt allein Gisa.« Für seine spontane Reaktion war ich ihm unendlich dankbar. In Gisas Leben war Land unter, es ging jetzt darum, ihr eine neue Basis zu schaffen. »Schau mal, unsere Sachen stehen jetzt seit Jahren bei deiner Mutter und Gaby im Keller«, sagte Michael, als wir im Gespräch nach Möglichkeiten suchten. »Vielleicht mieten wir uns hier in Meerbusch eine Wohnung an, in der wir uns ein bisschen einrichten. Zusammen mit Gisa.«

Die Idee mit der Wohnung war mir auch schon gekommen, aber es war gut, dass Michael auf dieselbe gekommen war. Denn auf keinen Fall wollte ich sie aus ihrem Freundeskreis herausreißen. Gisa war verwurzelt in Meerbusch. Sie hatte hier ihre beste Freundin, ihren Freund, ihren Vater. Er wäre nicht weit weg, maximal ein paar Kilometer, und könnte sich weiterhin einbringen. Wenn wir unterwegs waren, könnte Gisa auch bei ihm wohnen und hätte die Wohnung trotzdem als Rückzugsdomizil. »Gisa fordert ihre Freiheit ja geradezu ein. Vielleicht müssen wir ihr die geben, damit sich alles ein bisschen entspannt«, sagte ich und hoffte, dass diese Theorie sich bestätigte. Am nächsten Tag durchforstete ich die Immobilienanzeigen in der Zeitung nach Mietangeboten. Eines sprang mir gleich ins Auge. Eine Wohnung, keine zehn Minuten von ihrem Gymnasium entfernt. Drei Zimmer. Der Preis war ganz schön happig, aber wenn es dem guten Zweck diente, würden wir uns das schon leisten können. Bis zu Mohsen wäre es von der Wohnung aus nicht weit, und ihr Freund wohnte sogar direkt gegenüber. Am selben Tag bekam ich einen Besichtigungstermin mit Dutzenden Mitbewerbern. Die Wohnung wurde über eine Vermietungsgesellschaft angeboten. Helle Räume – ein großes Zimmer für Gisa, ein kleineres Wohnzimmer, eine Küche und eine Miniaturausgabe von Schlafzimmer für Michael und mich. Ich fühlte mich bei der Besichtigung sofort wohl und wusste, dass diese Wohnung auch Gisa gefallen würde. Nur waren da eben noch die vielen anderen Bewerber.

Ich blieb lange mit dem Vertreter der Vermietungsfirma in der Wohnung und verließ sie auch gemeinsam mit ihm. Als wir die Treppe hinunterstiegen, kam gerade eine Nachbarin aus ihrer Wohnung. Eine ältere Dame. »Nett, Sie zu sehen«, sagte der Mitarbeiter. »Die Besichtigungen haben wir nun alle hinter uns. Darf ich vorstellen, Frau Golpira. Sie interessiert sich auch für die Wohnung. Na ja, so wie viele andere. Aber Sie können sicher sein, dass ich mich bei Ihrer Tochter mit Vorschlägen melden werde.« Vor mir stand offenbar die Mutter der Hauseigentümerin. Die Wohnung war ideal. Die musste ich bekommen. Noch am selben Tag klingelte ich mit einem Blumenstrauß in der Hand an der Tür der älteren Dame. »Entschuldigen Sie bitte, dass ich Sie kurz stören muss«, sagte ich. »Das ging vorhin alles so schnell, und wissen Sie, ich habe eigentlich gar keine Chance, diese Wohnung zu bekommen, aber würde Ihnen gerne kurz unsere Geschichte erzählen.« Die Nachbarin lud mich in die Wohnung ein. Dort erzählte ich dann ausführlich, wer wir waren, und vor allem, warum es für uns so wichtig war, unbedingt diese Wohnung zu bekommen. Dass das Gymnasium meiner Tochter um die Ecke lag, ihr Vater in der Nähe wohnte und sie uns sehr glücklich machen würde, wenn sie bei ihrer Tochter ein gutes Wort für uns einlegen könnte. »Ich bin selbstständig und habe kein regelmäßiges Einkommen, aber ich kann Ihnen noch heute eine Bestätigung von der Bank zukommen lassen, dass ich über genug Vermögen verfüge, um mir diese Wohnung leisten zu können.« Damit verabschiedeten wir uns. Die ältere Dame versprach, bei ihrer Tochter ein gutes Wort einzulegen. Ich fuhr sofort zur Bank.

Am Montag darauf kam dann der Anruf von der Tochter. Ihre Mutter habe mit ihr gesprochen und sie wisse, wie wichtig die Angelegenheit für uns sei. »Sie bekommen die Wohnung. Ich vermiete sehr gerne an Sie.« Mir fiel ein Stein vom Herzen. Nach den Tagen der Ungewissheit hatte sich alles so schnell gefügt. Wir würden uns einrichten und ein gemeinsames Familienleben genießen können. Mein Fahrrad, das noch immer bei meinem Vater unterstand, überführte ich nach Meerbusch. Die Kisten aus den Kellerräumen meiner Mutter und meiner Schwester konnten endlich mit uns umziehen. Dort kamen jetzt Habseligkeiten zutage, von denen ich schon vergessen hatte, wie sehr sie mir am Herzen lagen – Bilder, die ich noch immer so wunderschön fand wie vor über zehn Jahren, als ich sie weggeräumt hatte. Gisa brachte ihr Bett und ihren Schrank mit, und mit meiner Tochter bezog auch der Teenager in ihr diese Wohnung. Plötzlich lagen überall ihre Kleider verteilt. Für uns war das eine vollkommen neue Situation. Mit Gisa zusammenzuleben, bedeutete, meine Tochter auch in Situationen zu erleben, über die ich mir vorher gar keine Gedanken gemacht hatte. Natürlich ging Gisa abends gerne aus. Sie war 16. Aber vor dem Feiern am Samstag in der Stadt traf sich erst einmal alles bei uns. Vortrinken mit den Freunden. Mir war das eigentlich ganz recht. So wusste ich, mit wem sie zu tun hatte und dass es sich bei der ganzen Gruppe letztlich um angenehme junge Menschen handelte. Und Mohsen war ja auch nicht weit. Ich war davon ausgegangen, dass Gisa in den Monaten meiner Abwesenheit vor allem bei ihm wohnen würde. Zum damaligen Zeitpunkt hätte ich das Kind niemals allein in der Wohnung gelassen. Meine Tochter aber hatte sich einen anderen Plan zurechtgelegt und dafür nicht nur ihren Vater, sondern auch meine Schwester Gaby gewinnen können. Die große Überraschung ereilte mich nach meiner ersten Rückkehr aus der Wildnis nach dem Umzug. »Das hat sie doch toll gemacht«, sagte Gaby stolz. »Was hat sie toll gemacht?«, fragte ich. So erfuhr ich überhaupt, dass meine Tochter über Monate in unserer Wohnung gelebt hatte, ohne Aufsichtsperson. So war sie eben, und ich musste lernen, ihr das Alleinwohnen zuzutrauen.

Gisa war nicht auf den Mund gefallen. Als ich sie in unseren ersten gemeinsamen Wochen in der Wohnung mal mit Gras erwischte, gab es natürlich Ärger. Bei dieser Gelegenheit vermittelte ich ihr deutlich, dass sie niemals härtere Drogen ausprobieren dürfe. Was mir auch in dieser Situation wieder half, war die Tatsache, wie klar meine Tochter in ihrer Haltung war. Sie hasste mich, sie liebte mich. Sie hasste ihren Vater, sie liebte ihn. Sie hasste auch Michael und liebte ihn. So wusste man immer genau, woran man bei ihr war. Es war nicht allzu schwer, sich in Gisas Gefühlsleben zurechtzufinden. Ungleich schwerer war es allerdings für mich, durch den deutschen Alltag zu navigieren. Wenn ich vor zehn Jahren einen Urwaldführerschein gebraucht hatte, um mich im Regenwald zu orientieren, brauchte ich hin und wieder hier in der Zivilisation eine Orientierungshilfe. Meine Tochter half mir häufig auf die Sprünge. Sie sagte mir, bei welchem Anbieter ich einen E-Mail-Account einrichten sollte oder welches Handy das für mich geeignete wäre. Aber Gisa war nicht immer in meiner Nähe. Nicht, als ich zum Beispiel am Hauptbahnhof in Düsseldorf stand. Die Bahn nach Krefeld fuhr gleich ab. Aber alles funktionierte nicht mehr so, wie ich es in Erinnerung hatte. Ich starrte auf den Bildschirm vor mir und wusste nicht weiter. Im Urwald hätte ich mich jetzt nach der Sonne gerichtet, um von A nach B zu kommen. Hier tippte ich verzweifelt die Optionen ab. Ich stand vor dem Automaten wie ein Ochs vorm Berg. »Soll ich mal?«, hörte ich hinter mir eine Stimme. Ich drehte mich um. Da stand ein Teenager. Ein bisschen jünger als Gisa. »Wo willste hin?« »Nach Krefeld«, sagte ich und kam mir so dämlich und alt vor. Warum brauchte ich für das Lösen eines Tickets am Automaten die Hilfe meiner Mitmenschen? Ich musste mir eingestehen, dass der schnelle Wandel das Leben in Deutschland für mich mühsam gemacht hatte. Auf einmal fuhren alle SUV, und überhaupt legte das gesamte Leben ein unglaubliches Tempo vor. Wenn ich auf der Autobahn unterwegs war, dann fühlte ich mich, als würde ich in der Achterbahn sitzen. Noch mehr machte mir die Luft zu schaffen. Ich hatte das Gefühl, sie gar nicht mehr in mich hineinzubekommen. Sie war so stickig und schwer. In der Innenstadt war es besonders schlimm. Nachdem wir für Gisa also alles unter Dach und Fach bekommen hatten, war mir während des Umzugs in die neue Wohnung auch eines bewusst geworden: Mein Leben spielte im Urwald. Dort hatte ich mich gefunden. Hier hatte ich mich verloren.

WOHIN JETZT?

Aber wenn wir nicht nach Peru zurückkehren wollten, wohin denn dann? Ein anderes Land in Südamerika hätte für uns wenig Sinn ergeben. Nicht, wenn es darum ging, etwas Neues zu entdecken. Michael und ich saßen auf dem Sofa unserer neuen Wohnung. Sehr viele Pflanzen standen in den Ecken. An den Wänden die Urwaldkunst vergangener Expeditionen: ein Jaguarfell, Papageienkronen, Schlangenhäute, Bilder aus Peru. Und in Gedanken reisten wir an Orte, die für die Goldarbeit noch interessant sein könnten. Neben Südamerika schlossen wir auch Afrika für uns aus.

»Lass uns mal überlegen«, sagte Michael. »Singapur ist ja das Drehkreuz von Asien.« »Hm.« Ich war überrascht. Asien? Nach all den Jahren in Südamerika. »Wie viele Stunden fliegt man?« Michael wusste, was ich damit meinte. Wenn mir eines jetzt wichtig war, dann dass der neue Standort besser zu erreichen war als Peru. Für Gisa hatten wir alles Nötige in die Wege geleitet, um ihr hoffentlich ein schönes neues Zuhause zu schaffen. Allein damit war es aber nicht getan. Sie brauchte mich auch in Zukunft, vielleicht mehr denn je, und dann musste ich schnell zurück nach Europa reisen können. Ein etwas kleineres Land, in dem man nicht erst mal mehrere Tage bis in die Zivilisation brauchte, eignete sich dafür sicher besser.

»Von Singapur aus könnten wir mal an Indonesien denken«, schlug Michael vor. »Zum Beispiel an Sumatra. Oder wie wäre es mit Borneo.« Aus der Ferne war es unmöglich, sich auf einen Ort in der Fremde festzulegen. »Ich würde gerne möglichst viel davon mit eigenen Augen sehen«, meinte ich. Als ich mich für den Urwald in Peru entschieden hatte, dachte ich gar nicht darüber nach, auch woandershin gehen zu können. Die Möglichkeit eines Lebens im Regenwald, mit Michael an meiner Seite, war damals zu verlockend. Aber jetzt hatten wir Optionen, und ich wollte mich für die bestmögliche entscheiden. »In Ordnung«, sagte Michael. »Dann lass uns die nächsten Monate nicht gleich mit Programm überbuchen. Wir fliegen nach Indonesien und schauen uns um. Die Maschinen sind sicher in Peru untergestellt. Sollten wir uns doch entscheiden, anschließend zur Exploration nach Peru aufzubrechen, könnten wir von da aus gleich direkt fliegen. Aber vielleicht ist es jetzt wirklich mal an der Zeit für Veränderung.«

So landeten wir vier Wochen später in Singapur und starteten von dort aus eine Asientour. Sumatra gefiel uns nicht. Wir flogen weiter nach Borneo, nach Sulawesi, dann nach Irian Jaya, den westlichen Teil der Insel Neuguinea, der ebenfalls zu Indonesien gehört. Aber auch hier war uns schnell klar, dass es nicht unseren Vorstellungen entsprach. Dass wir uns mit diesem System nie anfreunden könnten. Hier waren uns viel zu viele Menschen, und die Natur war in großen Teilen zerstört.

Gegen frühen Nachmittag legten wir mit einem Boot ab, wir wollten über die Grenze nach Papua-Neuguinea, den Ostteil der Insel. Die Fahrt würde zwei, drei Stunden dauern, sagte man uns. Daraus wurde ein Horrortrip von mehr als zehn. Ich war so froh, als wir endlich wieder festen Boden unter den Füßen hatten. Ich war total durchgefroren. Auf so eine Art von Anreise war ich gar nicht eingestellt gewesen. Mitten in der Nacht kamen wir an, ganz im Westen von Papua-Neuguinea, in der Provinz Sandaun – was so viel wie »wo die Sonne untergeht« bedeutet. Aber schon die Ankunft war so einzigartig wie alles, was uns hier erwarten sollte. Wir legten einfach direkt am Strand an. Der Bootsführer stieg einen Hügel hinauf, um den Zöllnern Bescheid zu sagen. Vom Hügel kam ein junger Mann mit dem Jeep heruntergefahren. Unsere Einreise regelte er an Ort und Stelle. Einfach so, mit den Schuhen im Sand. Der Zöllner kontrollierte die Pässe, setzte die

Stempel im Kegel des Scheinwerferlichtes seines Jeeps darunter und damit waren wir offiziell in Papua-Neuguinea angekommen. Genauer gesagt in Vanimo. Der Hauptstadt von Sandaun, einem Ort mit kleinen Häusern aus Stein. Der Beamte bot an, uns zu einem Hotel zu fahren, und so stiegen wir bei ihm ein.

Die Bedeutung unserer Nuggets hatte sich in den vergangenen Jahren in Europa verändert. Das bemerkten wir immer häufiger, wenn wir auf den Messen unsere Bücher verkauften. Das Gold, das wir in Peru gefördert hatten, blieb auch – mit wenigen Ausnahmen für private Zwecke – in Peru. Das Geld bekamen wir im Gegenzug in bar ausgezahlt. Wir hatten nie sonderlich darüber nachgedacht, wie viel wir mit unseren Expeditionen verdienen konnten. Jetzt aber hatten sich die Umstände geändert. In Deutschland musste auch ein Wohnsitz finanziert werden, es würden Kosten auf uns zukommen. Zugleich meldeten sich immer mehr Sammler mit Spezialwünschen bei uns, und da gab es schon Außergewöhnliches, was wir ihnen anbieten konnten. Ein Nugget in der Form eines Italien-Stiefels, eins, das aussah wie ein Schinken, oder eins, das wir Wurzelsepp nannten. Bei uns erhielt jedes Nugget einen Namen. Manche Menschen waren ganz verrückt danach. Einmal besuchte ich einen Sammler, der sich einen begehbaren Safe gebaut hatte – ausgekleidet mit schwarzem Samt. Er lud mich ein, mal hereinzutreten, an den Wänden hinter Glas lagen die Nuggets, wie in einem Museum. »Und was machen Sie damit?«, hatte ich ihn erstaunt gefragt. »Ich setze mich abends vor meine Kostbarkeiten, trinke ein Glas Rotwein und erfreue mich dieses wunderschönen Anblicks«, hatte er erwidert. Aber auch abseits solcher besonderen Sammelleidenschaften entwickelte sich der Markt für Nuggets in Deutschland ganz gut. Warum sollten wir den in Zukunft so grundsätzlich ignorieren? In den Achtziger- und Neunzigerjahren waren die Goldnuggets meist direkt eingeschmolzen worden. Jetzt, zu Beginn der Nullerjahre, erkannte man allmählich, mit welcher Präzision die Natur sie zu einzigartigen

Stücken geformt hatte und dass der Mensch kaum in der Lage war, ein Schmuckstück schöner zu entwerfen. Von Papua-Neuguinea aus könnte es künftig möglich sein, das Gold auch zu exportieren.

Erst einmal hieß es an diesem Morgen nach der Ankunft am Strand mitten in der Nacht allerdings ankommen in Papua-Neuguinea. Und das bedeutete: »Morning.« – »Morning.« – »Morning.« Der erste Eindruck in Vanimo war vor allem eins: freundlich. Jeder, der uns begegnete, grüßte. »Morning.« Bei Helligkeit schauten wir uns genauer um. Ein gepflegter Ort, hübsch und gemütlich. Es gab einen winzigen Flughafen und offenbar sehr viele fröhliche Menschen. Es war Sonntagmorgen, und alle waren im Sonntagsstaat, mit großen Hüten und Sonnenschirmen, auf dem Weg zur Kirche. Eine Welt wie eine Puppenstube, total unwirklich. Alle fragten, wie es uns gehe, woher wir kämen. Aufdringlich war niemand.

So eine Freundlichkeit waren wir aus Peru gar nicht gewohnt. Es würde nicht schwerfallen, sich hier einzuleben. In Peru hatte ich nach all den Jahren vielleicht zwei enge Freunde gefunden, denen ich bedingungslos vertrauen konnte. Dass man hier einen grundsätzlich liebenswürdigeren Umgang miteinander pflegte, merkte ich sofort. Und schon bald sollte hier tatsächlich so etwas wie eine Familie auf mich warten. Als Michael und ich ein paar Wochen später zurück nach Deutschland kamen, war ich auf die Reaktion meiner Mutter gespannt. Papua-Neuguinea hatte uns überzeugt. Wir würden alle nötigen Formalitäten erledigen und dann so schnell wie möglich zurückkehren. Mama war wenig euphorisch, als sie von unseren Plänen erfuhr. Ihre Hoffnung, dass wir den Urwald satthaben könnten, hatte sich nicht bestätigt. »Papua-Neuguinea, na klar«, sagte sie. »Direkt um die Ecke. Etwas anderes habe ich auch nicht erwartet.«

Die Kommentare der Familie über unsere Wahl irritierten mich schon lange nicht mehr. Zum Leben im Urwald hatte sich längst jeder positioniert. Ich musste auch gar nicht mehr argumentieren, warum

Papua-Neuguinea für uns so viele Vorteile bot. Dass wir hier eine Fast-Steinzeit vorgefunden hatten, die es in Südamerika so nicht mehr gab. Und dass auch mehr Hubschrauberverbindungen angeboten wurden, ich also schneller aus der Wildnis herauskommen konnte. Dass es Michael und mir möglich war, auf diese Weise flexibler zu arbeiten. Wenn er vielleicht schon vorwegfliegen musste, ich aber die Sommerferien noch in Deutschland verbringen wollte, würde das kein Problem sein. Wir konnten so trotzdem unserer Arbeit nachkommen, die nun eben zu einem gewissen Teil auch mit einem Leben in Deutschland vereinbar war. Hier sollte ich bald Nuggets verkaufen können, Vorträge halten, als Papua-Neuguinea-Expertin zurate gezogen werden. Das war mir wichtig, denn ein Leben in Deutschland, wie wir es seit dem Einzug in die Wohnung auch hatten, musste ich von Deutschland aus finanzieren können. Ich würde in den kommenden Jahren mehr auf Achse sein. Hin und her fliegen zwischen Papua-Neuguinea und Europa. Aber all das musste ich in diesem Moment meiner Familie nicht erklären. Es reichte, wenn Gisa Bescheid wusste.

Bei Papua-Neuguinea handelte es sich um ein Land, das wir mit neuem Blick betrachten durften. Für uns kam es in diesen ersten Tagen einer Wunderwelt gleich, in die wir hineingepurzelt waren. Dass es so etwas auf unserem Planeten überhaupt noch gab. Was wir damals nicht absehen konnten, auch Jahrzehnte später würden wir noch nicht genug davon haben. Unser nächstes großes Abenteuer begann gerade erst, und wie schon damals in Peru überkam mich auch jetzt ein Gefühl der Dankbarkeit, dieses Leben erfahren zu dürfen. Unsere Haltung hatte sich ja nicht verändert. Obwohl uns bewusst war, dass wir mit dem Gold nun etwas mehr Geld verdienen konnten als in Peru, indem wir es auch nach Deutschland exportieren durften, waren wir nicht deswegen unterwegs. Das Gold gab uns vielmehr die Möglichkeit dazu, unterwegs zu sein.

Bei unseren Aufenthalten in Peru hatte sich natürlich irgendwann Routine eingestellt. Jedoch hier, nach der Landung in der Hauptstadt, in Port Moresby, konnten wir nun wieder Entdecker sein. Aus unserer Sicht handelte es sich um eine Kleinstadt, in der wir ankamen. Mit den Jahren sollte sich hier vieles verändern. Wir trafen Menschen, die studierten und beinahe so lebten wie unsere Freunde in Deutschland. Und wir sahen im Supermarkt Menschen, die nicht mehr als Röckchen aus Blättern trugen, die ihre Gesichter in ihren Stammesfarben bemalt hatten und Muschelschmuck trugen. Beides war normal. Steinzeit und Zivilisation waren hier keine Widersprüche. Auf der Straße kamen uns häufig Männer entgegen, die Hand in Hand liefen. Zu Beginn irritierte mich das, bis wir lernten, dass es sich dabei um Wantok handelte. Um Brüder, nicht im leiblichen Sinne, sondern um Menschen, die einander nahestanden, die enge Vertrauenspersonen waren und eine Sprache sprachen. Daher leitet sich auch der Begriff »one talk« ab. Auch wir sollten bald in das System der Wantok integriert werden.

Und noch etwas irritierte mich zu Beginn: Die Menschen hatten häufig rot gefärbte Münder. Ständig waren sie dabei, eine Betelnuss zwischen den Zähnen zu zermahlen, zusammen mit Korallenkalk. Der Mundraum, die Lippen, alles färbte sich davon rot. Das Gemüt sollte sich auf diese Weise entspannen, denn Betelnuss wird hier als leichte Droge gehandelt. Nach einer Weile spuckten sie die Masse dann dort aus, wo sie gerade waren. Ich muss gestehen, dass ich die vielen roten Speichelflecken auf dem Boden, die immer so anmuteten, als hätte jemand Blut gespuckt, ganz schön eklig fand. Aber es gab eben noch viel zu lernen über Papua, wie wir unseren neuen Stützpunkt schnell abkürzten. Jenes Land, in dem die indigenen Stämme im Urwald noch weitestgehend unberührt von den Errungenschaften der Zivilisation ihrem traditionellen, geradezu steinzeitlichen Leben nachgehen konnten wie an kaum einem anderen Ort auf der Welt. Man vermittelte uns: In Papua würden wir, anders als in Peru, keine Mitarbeiter haben, die wir von Expedition zu Expedition wieder anstellen konnten. Die Papuas akzeptieren auf ihrem Stammesgebiet keine Fremden. So war von Anfang an klar, dass wir immer wieder von vorne anfangen mussten. Wenn man uns akzeptierte, dann in dem Maße, dass wir als Teil des Clans aufgenommen wurden. Dann waren auch wir Wantoks.

Wenn wir in den ersten Wochen in einer solchen Runde im Urwald saßen und ich mich kurz auf die Toilette entschuldigte, dann konnte ich davon ausgehen, dass mir mehrere Papuas hinterhergerannt kamen – um zu sehen, was ich da machte. Oder die Hautfarbe. »Jetzt sag doch«, hörte ich öfter, »du bist doch meine Freundin, wie bekomme ich so weiße Haut wie du.« Dabei strichen sie mir mit den Fingern über den Unterarm. So lernten die Papuas eben auch uns kennen, die Fremden mit der weißen Haut. Weshalb wir hier waren, sprach sich stets schnell herum, und so bekamen wir immer öfter Einladungen von Clanführern. Die Menschen konnten einem nur sympathisch sein. Wenn an unserem ersten Morgen in diesem Land jeder gegrüßt hatte, dann hätte man das noch als oberflächliche Freundlichkeit abtun können. Aber je länger wir hier waren und je mehr Einheimische wir trafen, umso stärker wurde auch der Eindruck, dass sie die Fähigkeit hatten, unser Innerstes zu sehen. Im Gespräch mit einem Papua gewöhnte ich mich schnell daran, dass er mir tief in die Augen schaute. So ruhten sie ja auch in sich: Wenn jemand hier eine Meinung hatte, dann war es so gut wie unmöglich, ihn umzustimmen. Und Gefühle spielten eine ganz andere Rolle: Männer, die weinten, waren keine Schwächlinge. Sie konnten noch so aggressiv sein – sie waren auch emotional. Hier gab es Stämme, zum Beispiel in der Provinz Western Highlands, in denen Männer das Sagen hatten und Frauen nichts wert waren. Und Stämme, bei denen ein Brautpreis für die Frau entrichtet wurde, weil man sie aus ihrem Clan herausnahm. Solche, bei denen weder das eine noch das andere Geschlecht Machtanspruch auf das andere erhob. Und solche, bei denen es Brauch war, Fingerglieder mithilfe eines scharfen Steinkeils abzuhacken, wenn jemand aus dem engen Kreis starb. Kultur, Werte und Sprache änderten sich häufig schon alle paar Kilometer, an der jeweiligen Clangrenze. Natürlich griff die Zivilisation auch hier zunehmend um sich. Auch wir, die Fremden, trugen unseren Teil dazu bei. Aber zugleich ging es uns darum, die Menschen ein bisschen vorzubereiten. Wenn wir einen Clan wieder verließen, dann wollten wir das Gefühl haben, alles dafür getan zu haben, den Angehörigen zu vermitteln, was auf sie zukam. Was es bedeutete, ihr Land für Geld herzugeben. Welchen Preis Annehmlichkeiten hatten. Anders als in Peru waren wir tatsächlich überzeugt davon, hier noch etwas bewegen zu können. Zur Verständigung nutzten wir Hände und Füße. Unser Spanisch war hier offensichtlich nicht zu gebrauchen. In keinem Land der Welt werden mehr unterschiedliche Sprachen gesprochen als in diesem. Gut 800 sollen es sein, bei einer Einwohnerzahl von 8,3 Millionen.

Die Stämme lebten lange Zeit so isoliert voneinander, dass sie ihre eigenen Sprachen kultivierten. Amtssprache ist zwar Englisch, aber viele sprechen es, wenn überhaupt, mehr schlecht als recht. Geläufiger ist die Kreolsprache Tok Pisin, eine Mischung aus Englisch, einheimischen Elementen und ein bisschen Deutsch als Überbleibsel der Kolonialzeit. Im 16. Jahrhundert geriet die Insel bereits auf den Radar der Europäer, den Westteil der Insel, Westneuguinea, hielten die Niederländer aber erst seit 1828 besetzt. Deutsche und Briten annektierten in den Achtzigerjahren des 19. Jahrhunderts dann jeweils ein Gebiet des Ostteils der Insel. Der Norden wurde Kaiser-Wilhelms-Land, die Briten besetzten den Süden. Norden und Süden des Ostteils fielen später unter australische Verwaltung, der Süden im Jahr 1906 als Territorium Papua. Den Norden hatten australische Truppen zu Beginn des Ersten Weltkrieges 1914 besetzt. Im Rahmen der Versailler Friedenskonferenz 1919 verzichtete Deutschland auf seine Kolonien. Seit 1975 ist

Papua-Neuguinea unabhängig. Indonesien wiederum annektierte den Westteil im Jahr 1963. Bis heute gehört er zu dem Inselstaat und ist auch als Westpapua bekannt. Da auch ich nur ein rudimentäres Englisch beherrschte, fanden die Papuas und ich schnell zueinander. Und wenn sie zuvor noch nie einen Schraubenzieher gesehen hatten und wir ihnen zeigten, wie sie damit umgehen konnten, dann war das für sie eben ab sofort auch der Schraubenzieher. Ihrer Kultur hatten wir uns als Fremde zweifelsohne zu fügen. Zum Essen, das lernten wir schnell, wandten sich viele Papuas im Urwald ab. Die Teller beluden sie sich zuvor zwar großzügig, aber der Akt der Nahrungsaufnahme mit kerzengeradem Rücken war für sie etwas Intimes. Auch wir hielten es künftig so und drehten uns beim Essen von der Runde weg.

Mit dem neuen Land kamen auf uns auch andere Regeln im Umgang mit Gold zu. Ein Großteil der Erdoberfläche in Papua gehört den Menschen, nicht allein dem Staat wie in Peru. Das bedeutete, dass wir bei der Goldsuche auf die Zusammenarbeit mit dem Clan, der über das jeweilige Territorium verfügte, angewiesen waren. Wir konnten unsere Mitarbeiter nicht ausbilden und im nächsten Jahr wieder mit auf Expedition nehmen, sondern hatten es jedes Mal mit den Menschen zu tun, die zum jeweiligen Clan gehörten. Wir setzten uns mit einem Anwalt in Verbindung, um arbeitsrechtlich auf der sicheren Seite zu sein. Dann gründeten wir eine Firma, denn nur so bekamen wir auch das Arbeitsvisum. Für den Neuanfang ließen wir uns auch neue Maschinen schicken, aus Kalifornien. Mit dem jeweiligen Clan würden wir jedes Mal eine Zusammenarbeit eingehen und das Gold nach Abzug der Kosten hälftig teilen. Entsprechend nahm das ganze Dorf von Tag eins einer Exploration an Anteil an der Arbeit. Die war auch hier vor der Expedition nötig, um überhaupt einschätzen zu können, ob eine bestimmte Stelle so goldträchtig war wie angenommen. Dabei musste man äußerst vorsichtig vorgehen. Denn wo das Gebiet eines Clans endete und das eines anderen begann, war meistens für Fremde nicht zu erkennen. Manchmal deuteten einfach zusammengeknotete Grasbüschel darauf hin. Wir waren in einem Land unterwegs, in dem sich Sprache und Glaube manchmal alle 30 Kilometer änderten. Und somit auch die Wertvorstellungen. Wir trafen Menschenfresser, die sagten, wenn man mit ihnen darüber sprach, was sie gerne aßen, dass frisch entnommene Augen eine Delikatesse seien. Und wir begegneten Menschenfreunden, die einen intuitiv als Teil ihrer Familie betrachteten. Wir mussten mit allem rechnen. Die Chance, dass man nicht erwünscht war, existierte jedes Mal durchaus. Und Pfeil und Bogen lauerten überall.

EXPLORATION UND EXPEDITION

Der Australier war deutlich, als wir ihm von unserem Vorhaben erzählten. Wir saßen abends im Hotel in Port Moresby am kleinen Swimmingpool in gemütlicher Runde zusammen. »Auf gar keinen Fall«, sagte er. Der Australier war Manager einer Erdgasfirma und reiste regelmäßig nach Papua.

Ein gewisser Clanchef namens Peter war auf uns zugekommen. Wie der Wald kann auch die Stadt ein Dorf sein, und so musste er irgendwie zu uns gefunden haben. Er komme aus den Bergen und habe von den zwei Deutschen gehört, die mit dem Gold halfen. Es gebe auch bei ihnen Gold, ob wir nicht mal kommen und prüfen könnten, ob sich der Abbau lohnen würde. Die Region in den Bergen sei hochgefährlich, hatte der Australier gesagt. »Um Gottes willen, lasst es sein.« Wir hingegen witterten das Abenteuer. Die Gegend liegt auf 3000 Meter Höhe. Dort gibt es keinen Urwald mehr, das Klima ist rau, und wenn dort lieblich aussehende Orchideen wuchsen, dann würden sie kaum darüber hinwegtäuschen, dass wir zu Gast in einer ziemlich wilden Gegend wären.

Uns war schon bewusst, wo wir waren. Papua-Neuguinea zählt zu den gefährlichsten Ländern der Welt. Port Moresby ist im Städteranking im Hinblick auf die Kriminalität ganz weit vorne. Dafür muss man sensibilisiert sein und darf sich nicht in Gefahren begeben. Für unbedarfte Rucksacktouristen, die allein unterwegs sind, ist das Land sicher nicht geeignet. Ganz abgesehen davon, dass es dafür auch viel zu teuer ist. Wir aber lernten, uns dort entsprechend zu bewegen.

»Um ganz ehrlich zu sein: Die Angehörigen der Clans, die dort leben, zögern keine Sekunde, bevor sie zur Waffe greifen«, sagte der Australier. »Ihr müsst wissen, es gibt Geologen, die von dort nicht zurückgekehrt sind. Noch nicht einmal die Polizei traut sich dorthin. Dieses Risiko könnt ihr nicht im Ernst eingehen. Ihr seid des Wahnsinns, wenn ihr das macht.« Er nippte an seinem Bier.

Nachdem wir uns am Ende dieses Abends auf unser Zimmer verabschiedet hatten, schaute ich Michael an. Ich sah an seinem Blick, dass wir das Gleiche dachten. Der Australier hatte uns nicht überzeugt. Am nächsten Tag sagten wir Peter zu. Er könne seinen Leuten ausrichten, dass wir vorbeikämen, und in der darauffolgenden Woche kümmerten wir uns um einen Hubschrauber, der uns gemeinsam mit Peter in die Berge bringen sollte.

Im Gepäck in dieses gefährliche Gebiet führten wir unsere Ausrüstung mit, mit der wir auch in Peru schon auf Exploration gegangen waren: Zelt, Goldpfanne und Spitzhacke, ein paar kleine Geschenke. Mein Gottvertrauen gab mir die Sicherheit, dass wir auch in den Bergen übermächtigen Schutz hatten. Außerdem war ich ja auch noch da. Als Frau. Das durfte man nicht unterschätzen. Mit mir wirkte unser Zweiergespann weniger bedrohlich. Michael und ich waren in diesem Sinne ein gutes Team. Auch hier, in einem Land, dessen Menschen grundsätzlich anders lebten, andere Umgangsformen pflegten, anders glaubten und kommunizierten, in einem Land, in dem auch die Rolle der Frau stark variierte, war ihre Bedeutung trotzdem so eindeutig wie überall sonst auf der Welt. Mit einer Frau wirkte jede Zusammenkunft erst einmal weniger kriegerisch. Und selbst wenn wir hier in Papua neu waren, mit den Jahren als Goldgräber hatten wir ein Feingefühl dafür entwickelt, wie man sich in der Heimat anderer Leute zu verhalten hatte. So landeten wir in den Bergen nicht mit der Gewissheit, gleich auf gefährliche Menschen zu treffen, sondern mit jener, dass man uns herbestellt hatte, um zu helfen, möglicherweise Gold zu fördern. Wenn wir respektvoll blieben, dann würde man uns gegenüber ebenso freundlich sein. Die Vegetation war hier auf 3000 Metern viel rauer, die Bäume verknorrt, die Stämme von Flechten überzogen. Bis zum Knie versank man im Moos, die Luft war dünn – eine karge Landschaft. Als der Hubschrauber aufsetzte, waren wir nicht nervös. In solchen Situationen war es wichtig, gelassen zu bleiben. In den nächsten Tagen stiegen wir in dem Gebiet bergauf, bergab. Dort, wo die Angehörigen eines Clans meinen, Gold sei vorhanden, entspricht das nicht immer den Tatsachen. Die Suche gestaltete sich langwierig. Aber wenn jemand Geduld zu bewahren hatte, dann waren es nicht unsere Gastgeber, sondern wir. Die Kälte nagte an uns, wir waren an das Tropenklima unten in der Stadt gewöhnt. Unter solchen Bedingungen auf dieser Höhe hatten wir in Peru niemals gearbeitet. Der Clan war hingegen schon bereit, uns zu adoptieren. Recht früh in diesen Tagen hörten wir die Worte: »Belong to me« – Ihr gehört zu uns. Sie gaben uns trotzdem nur bedingt Sicherheit. Denn klar war, dass wir uns keine Fehler erlauben durften, sonst befänden wir uns umgehend in großer Gefahr. Dazu gehörte es unter anderem, Absprachen nicht einzuhalten. Unzuverlässigkeit war eine der schlimmsten Zumutungen für unsere Gastgeber. Wenn wir heute ankündigten, morgen auf Explorationstour aufzubrechen, dann mussten wir das auch definitiv tun. Egal, wie das Wetter war, wie wir uns fühlten oder welche widrigen Umstände am Vortag vielleicht hinzugekommen waren. Es gab nur eine Ausrede, die man hier akzeptierte: den Tod eines Angehörigen. Aber da wir hier oben auf Exploration keinen Kontakt zur Familie hatten, war auch dieser Vorwand hinfällig.

Hatten wir eine Explorationstour angekündigt, dann war auch klar, dass wir nicht unbeobachtet blieben. Meistens folgte uns in diesen Tag eine Gruppe von Menschen, einer hinter dem anderen. Unsere Anwesenheit und das Vorhaben waren eine riesengroße Show, die sich niemand entgehen lassen wollte.

Der ganze Clan begleitete uns für gewöhnlich durch sein Gebiet. Und sobald wir die jeweiligen Grenzen erreicht hatten, traten sie den Rückzug an. Dann lag es wieder an uns, die Mitglieder des nächsten Clans zu begrüßen. Meistens kamen wir schließlich ungeladen. Auch deshalb hatte ich immer Geschenke dabei, wie Zucker, Teebeutel und Reis, und man teilte, was man hatte. Eine Exploration in Papua war so für gewöhnlich auch eine große Vorstellungsrunde, die immer denselben Muster folgte: Begrüßung; Geschenke überreichen; prüfen, ob man uns und der Zusammenarbeit gegenüber positiv eingestellt war; das Gebiet untersuchen.

Ratsam war, sich auch auf wenig Gepäck und ein Minimum an Proviant zu beschränken. Wir verzichteten auf Unterlagen und schliefen nur im Schlafsack. Wechselwäsche, T-Shirts, Unterhosen, Strümpfe gehörten ebenso in den Rucksack wie Medizin, Tütensuppen, Dauerkekse, Bouillonwürfel – und ich brauchte neben dem Kajalstift, ohne den ich auch in Papua nicht auskam und der noch immer in meiner Überlebensweste steckte, meine Gesichtscreme. Außerdem Toilettenpapier, denn das mit den Blättern ist einfach nicht angenehm.

Mit der Pfanne standen wir nun in den Bergen auf den Gebieten der drei angeblich so gefährlichen Clans. Wir untersuchten die Strömung, verrückten Steine im Flussbett, nahmen Stichproben. Wir arbeiteten uns im Geröll vor, auf der Suche nach dem Goldband. Nach ein paar Tagen hatten wir Gewissheit, dass es sich lohnte, in dem Gebiet eine Expedition zu starten, Es würde sicher eine der widrigeren unseres Goldsucherdaseins werden.

Aber wir waren bereit und des Urwaldlebens noch lange nicht müde, auch nicht hier oben, auf 3000 Meter Höhe. Wir zeigten den drei Clans, die an der Expedition beteiligt waren, eine geeignete Stelle auf einer Anhöhe. Dort konnte unser Hubschrauber landen, und sie müssten möglichst wenige Bäume fällen. Dann blieb nur noch zu hoffen, dass sie dieser Aufgabe auch nachkamen, denn auf die Zusammenarbeit waren wir immer angewiesen. Und wir kümmerten uns um Unterschriften und Stempel – auch hier brauchte es schon eine schriftliche Bestätigung, um tätig werden zu können.

Wir verabschiedeten uns – nicht mit den Worten: »In zwei Wochen sind wir zurück«, sondern bildlicher gesprochen: »Wenn der Mond voll ist und ein neuer gerade angebrochen, dann sind wir zurück.« Wir bestiegen den Hubschrauber. Die Exploration in den Bergen war erfolgreich gewesen und es konnte losgehen.

Für Michael und mich war es eine dieser klassischen Diskussionen, die es wohl in jeder Beziehung gibt. Nur, dass es bei uns nicht darum ging, wer den Müll hinausbringt und wer den Rasen mäht. Vor jeder Expedition mussten wir uns mit der Ausrüstung beschäftigen, die uns über die Monate in der Wildnis bringen sollte. Auch der Platz im Hubschrauber war begrenzt. Michael wollte ihn für mehr Sprit nutzen, für die Maschinen, um bestmögliche Arbeitsbedingungen zu schaffen. Ich hingegen wollte lieber mehr Proviant mitnehmen, denn ich wusste, dass mit Mangelernährung im Camp nichts gewonnen war.

Wenn wir vor einer Expedition in Mount Hagen, einer der größten Städte des Landes, einkauften, folgte uns ein LKW. Auf einer typischen Liste standen unter anderem eine Tonne Reis, 200 Kilogramm Zucker, 50 Kilogramm Salz, 50 Liter Öl, 150 Kilogramm Mehl, 180 Eier, 90 Dosen Thunfisch und 180 Dosen Rindfleisch. Letztere hielten sich eine Weile. Die Eier mussten wir zügig essen. Deshalb nahmen wir außerdem 15 bis 30 lebende Hühner sowie ein oder zwei Schweine mit. Davon konnten sich zwölf Personen gut sechs Monate lang ernähren.

Zum Frühstück gab es Reis und einen Klecks Thunfischsoße, hin und wieder eine angebratene Zwiebel dazu. Das Mittagessen bestand wieder aus Reis, nun etwa mit Corned-Beef-Soße. Auch zum Abendessen gab es Reis – jetzt mit Sardinen. Papuas lieben Reis, für sie, die vor allem Yucca, Yamswurzel und Süßkartoffel zur Verfügung haben, ist das etwas Besonderes. Samstags, bevor sich unsere Mitarbeiter zu ihren Familien aufmachten, aßen wir zusammen Kuchen und Sandwiches. Für die Sonntage bekamen sie eine Ration mit nach Hause. Mit der begrenzten Auswahl an Proviant versuchte ich schon das Maximum an Kreativität herauszuholen. Aus Fisch, Mehl und Eiern bereitete ich auch mal Fischfrikadellen zu. In nicht ganz so hohen Lagen hätte ich auch noch Gemüse hinzufügen können, denn Papua ist ein Paradiesgarten, da die Erde extrem fruchtbar ist. Mais, Salat, Bohnen, Radieschen wachsen hier schnell. Auf 3000 Meter Höhe mussten wir uns von diesem Anspruch allerdings verabschieden.

Mit dem Hubschrauber transportierten wir unsere Ausrüstung für Monate hoch zur Expedition in den Bergen. Da es in Papua so viele Hubschrauberunternehmen wie bei uns Taxidienste gibt – und entsprechend viele Flugplätze –, war das glücklicherweise kein Problem. Die Wissenschaftler nutzen sie für Tagestrips in den Dschungel. Die Missionare bemühen sich, mit ihnen immer weiter vorzudringen, denn in Papua ist so gut wie jede Kirche vertreten. Dort, wo es keine Infrastruktur gibt, keine Straßen, keinen Strom, kein fließendes Wasser, funktioniert das Hubschraubersystem bestens. Eine der spannendsten und beschwerlichsten Expeditionen sollte beginnen.

Ausgerechnet die Menschen in den Bergen, vor denen man uns so gewarnt hatte, waren bei der Exploration besonders liebenswürdig gewesen und sollten von nun an für ein paar Monate unsere Ersatzfamilie sein. Wir lebten nicht mit ihnen in ihren Clans, sondern errichteten an geeigneter Stelle ein Camp, in dem wir schlafen und die Einheimischen versorgen konnten. In dieser Höhe konnten wir auf Dauer ebenso wenig im Zelt schlafen wie im Fluss baden. Das war uns schon während der Exploration bewusst geworden. Für die abendliche Reinigung nach getaner Arbeit bauten wir uns eine Dusche, die mit zuvor aufgekochtem Wasser betrieben wurde. Und wir errichteten eine Hütte aus gespaltenem Holz und Plastikplanen, die uns gegen die Kälte schützen sollte.

Es brauchte schon Verhaltensregeln im Camp: An den Wochenenden konnten sie meinetwegen so viel Betelnuss kauen, wie sie wollten, aber den Tauchern gestatteten wir das an Tagen, an denen sie Dienst hatten, nicht. Die Mundstücke wären anschließend total verfärbt gewesen. »Do not chew« lautete somit eine Regel im Camp. Eine andere: »Do not steal.« Verboten waren außerdem: Schlägereien und Alkohol. Nicht allein wir stellten diese Regeln auf. Auch die Einheimischen brachten ein, was ihnen wichtig war. Ob sie halbe oder ganze Tage arbeiten wollten. Wann und wie die Bezahlung ablaufen sollte – in der Regel wird der Lohn in Papua alle 14 Tage ausbezahlt.

Im Grunde genommen war alles geklärt, und wir hätten uns in den ersten Tagen in der Wildnis ans Herrichten des Camps machen können. Darüber, dass sie uns haben wollten, herrschte längst Konsens. Dass aber an der Expedition drei verschiedene Clans beteiligt waren, erschwerte die Diskussionen zwischen den verschiedenen Lagern. Es ging nun darum, wer uns adoptieren würde und zu wessen Familienmitgliedern wir gehörten. Für Michael und mich wurde es zunehmend mühsam: Einen ganzen Tag und eine halbe Nacht hatten wir schon im Kreis mit den Clanmitgliedern verbracht. Hatten nichts verstanden, während sie in ihrer Stammessprache diskutierten. Jeder schien seine Meinung äußern zu dürfen, vom Zwölfjährigen bis zum Achtzigjährigen. Irgendwann verabschiedeten wir uns mit der Begründung, das Camp weiter errichten zu müssen. Auf unsere Plätze legten wir zwei Steine, in Vertretung für uns beide. Die Maschinen mussten startbereit gemacht werden, für die Hühner ein Stall gebaut und das Futter separiert werden. Wir mussten das Vorratszelt einräumen und alles so wohnlich gestalten, dass Entscheidendes zum Leben jederzeit griffbereit war. Die Diskussionen nahmen auch ohne uns kein Ende. Michael kümmerte sich um die Maschinen, und ich wollte aus dem ersten leeren 200-Liter-Spritfass aus Metall den Ofen bauen, in dem wir künftig Brot und Kuchen backen konnten. Aber mir fehlten jetzt die Helfer, denn die saßen immer noch zusammen und diskutierten. So fasste ich mir ein Herz, ging auf die Gruppe zu und sprach die drei Clanführer direkt darauf an, ob sie ihre Gespräche vielleicht für eine Weile unterbrechen und mir beim Bau des Ofens zur Hand gehen könnten.

In 3000 Meter Höhe braucht es mehr als ein Blätterröckchen, Muschelketten und Stirnriemen. Hier trugen die Alten zu ihren grauen struppigen Rauschebärten Jacken und Hosen. Ausgerechnet sie, die aufgrund ihres Alters ungeschriebenen Gesetzen zufolge den besten Platz bekommen sollten, den ersten Teller beim Essen, sie erhoben sich nun und halfen mir. Sie kloppten den Deckel aus dem Spritfass und bauten es mit Eisenstangen aus, auf die wir später das Backblech legen konnten. Sie schleppten Steine, die das Fundament bilden sollten, auf dem wir das Behältnis aufbocken konnten. Von außen ummantelten wir es mit Schlamm, darum kam ein Leinensack und dann noch mal Schlamm. Die Hitze des Feuers sorgte dann dafür, dass der Schlamm hart wurde. Den herausgeschlagenen Deckel konnten wir später wieder als Klappe zum Verschließen beim Backen verwenden.

Die Gruppe saß wieder zusammen und war offenbar stolz, so viel Zeit zum Beratschlagen zu benötigen. Unser Ofen war hingegen schon fertig, und ich kündigte an, am Samstag zum ersten Mal Brötchen backen zu wollen. In Peru hatte es für alle im Camp am Sonntagmorgen stets das europäische Frühstück gegeben. Weil die Mitarbeiter in Papua aber am Sonntag bei ihren Familien sein wollten, planten wir künftig ein gemeinsames Essen am Samstagnachmittag. Dann würden wir die Golderträge der Woche teilen. Es sollte Kuchen und Brötchen geben. »Passt auf«, sagte ich. »Am kommenden Samstag haben wir noch kein Gold zum Teilen, die Arbeit beginnt ja jetzt erst, aber die Zusammenkunft sollten wir nicht ausfallen lassen.« Sie kämen gerne, sagten sie.

Der Samstag rückte näher, ich buk und beschmierte die Brötchen schließlich mit Corned Beef und Marmelade. Für die Papuas war das etwas Neues, das wusste ich. Sie aßen alles am liebsten roh, kauten ununterbrochen auf einem Stück Süßkartoffel oder auf einer Yamswurzel herum, die sie als Snack in ihrem Bilum, der für Papua typischen Umhängetasche, immer dabeihatten.

Ich beschmierte also meine Sandwiches und garnierte sie auch noch mit frischen Zwiebeln, die besonders kostbar waren. Alle hatten sich für das Treffen herausgeputzt, die Papuas trugen Kronen aus Gras und Zweigen im Haar. Für alle war es ein besonderer Moment. Auf einem Backblech stand alles bereit, aber keiner traute sich zuzugreifen. Zwiebeln und Fleisch aß man hier gerne, das war selten. Aber die Brötchen waren fremd. Keiner griff zu. Irgendwann kam ich darauf: Sie wussten gar nicht, was sie mit den kleinen Türmen aus Brot, Fleisch und Zwiebeln machen sollten. Demonstrativ nahm ich also ein Brötchen und biss hinein. Dann traute sich der Erste, dann der Nächste. Geschmeckt hat es am Ende allen.

In dem Maß, wie wir für die Versorgung unserer Mitarbeiter verantwortlich waren, mussten wir auch auf die Hilfe unserer Ersatzfamilie zählen. Alleine hätte ich an diesem Ort keinen Ofen bauen können. Bei einer anderen Expedition in Papua musste man mir zum Beispiel erst zeigen, wie das Mark der Sagopalme ausgewaschen wurde. Deren Stärke, das Mehl, nutzten die Papuas für die Zubereitung von Sagobrei und Sagofladen, die sie ebenfalls häufig in ihrem Bilum dabeihatten.

Für die Harmonie untereinander war es wichtig, dass wir aus allen beteiligten Clans gleich viele Arbeiter für gleichwertige Tätigkeiten einstellten. Um zwei Dredges zu bedienen, hätten zum Beispiel acht Taucher genügt. Aber bei diesen drei Clans in den Bergen mussten wir somit zwölf einstellen. Gleichgewicht und Gerechtigkeit waren wichtig, um friedlich arbeiten zu können. Das versuchten wir stets zu beherzigen. An jedem Samstag stand eine Schüssel auf dem Tisch. Darin kleine Tüten, und jeder durfte der Reihe nach hineingreifen und sich sein Gold aussuchen. So hatten wir es mit den drei Clans vereinbart. Sicher, in einem Camp, in dem alle eng zusammenarbeiteten, in dem es um materielle Werte ging, die hier mitnichten alltäglich sind, musste es hin und wieder zu Konflikten kommen. Nur ein einziges Mal sind wir auf einer Expedition in Papua-Neuguinea von einem Angehörigen eines Clans beklaut worden, der natürlich mitbekommen hatte, dass die Weißen da waren. Man hatte mich sogar vorgewarnt. »Ich habe einen schwarzen Mann gesehen. Du musst aufpassen«, hatte mir eines Tages einer der Arbeiter zugeraunt, als ich mich in der Küche gerade um das Mittagessen kümmerte. Zunächst konnte ich mir keinen Reim auf das machen, was er sagte. Bis im Zelt dann Gold fehlte, das mir direkt aus unserem privaten Bereich gestohlen wurde. Am darauffolgenden Samstag sprach ich die Situation an. »Wir könnten den Verlust ja ebenfalls hälftig teilen«, schlugen die anderen Mitglieder des Clans vor. Fünfzig Prozent sollten wir tragen, fünfzig sie. Gemeinschaft war wichtig in der Wildnis.

Einmal kam es bei unserer Bergexpedition auch zu einem Missverständnis, ohne dass ein böser Wille unterstellt werden konnte. Michael würde für ein paar Tage unterwegs sein. »Es gibt da vielleicht eine sehr gute Goldstelle in der Nähe. Die möchte ich mir unbedingt genauer anschauen«, sagte er und schaute in Richtung Fluss, in dem einige unserer Arbeiter noch mit der Dredge zugange waren. »Es bedeutet auch, dass ich nicht da bin, wenn wir uns um die Maschinen kümmern müssen. Aber ich erkläre ihnen alles. In den nächsten vier, fünf Tagen bist du dann auf dich allein gestellt. Kein Problem, oder? Es läuft ja alles.«

Natürlich. Ich wusste, was ich tat. Ich konnte genauso gut mal eine Weile allein für das Camp verantwortlich sein. Es bedeutete, dass ich mich nicht nur um die Versorgung kümmern musste, sondern auch Michaels Position am Fluss übernahm. Am Samstag vor Arbeitsende wurden für gewöhnlich alle Maschinen für den Ölwechsel zum Camp hochgeschleppt. Da standen sie dann auch pünktlich. Mit der Bitte, das Öl auszutauschen, ging ich davon aus, dass die Männer sich kümmerten, und lief zurück ins Haus, um alles für die Abrechnung des Goldes vorzubereiten. Es blieb still. Nach einer Weile schaute ich nach und sah zehn Arbeiter einfach dasitzen. Arbeitsniederlegung schoss es mir durch den Kopf, und ich erschrak.

Aber eigentlich gab es überhaupt keinen Grund, ihnen zu misstrauen. In der Nacht zuvor hatten die Männer sogar vor unserer Hütte geschlafen, um mich zu beschützen. Ich selbst hatte das erst bemerkt, als sich eine Ratte ins Innere verirrte und ich einen Stein nach ihr schmeißen musste. Sofort kam einer der Männer angelaufen und klopfte an die verschlossene Tür. »Meri, Meri«, rief er. Die Bezeichnung für Frau. »Ist irgendetwas?« Umso überraschter war ich nun, dass niemand meine Anweisung befolgte. Schließlich hatte ich die Rolle des Chefs von Michael übernommen, was ich sagte, musste eigentlich gemacht werden. Ich schluckte einmal und ging auf die Männer zu. »Also, was ist jetzt mit dem Ölwechsel?« Meine Stimme klang bestimmt, hoffte ich.

Die Männer schauten mich auf eine Weise an, die mir sofort bewusst machte, dass hier niemand rebellieren wollte und ihnen die Situation furchtbar unangenehm war. »Wisst ihr gar nicht, wie das geht?«, fragte ich vorsichtig. »Habt ihr Michael nicht zugeguckt?« Einige wendeten den Blick ab. Irgendwann sagte einer, nein, sie wüssten es nicht mehr. Das Problem war: Ich wusste es auch nicht. So lief ich zurück zur Hütte, kramte die Gebrauchsanweisung heraus und arbeitete mich alleine durch – und die Männer waren dankbar.

Es waren in jeder Hinsicht aufregende Tage. Vielleicht lag es doch daran, dass Michael nicht da war, jedenfalls brachen zwei unserer Arbeiter in dieser Zeit auch eine der goldenen Campregeln: keine Schlägerei. Als die Schreie bis ins Innere der Hütte drangen, war ich gerade mit der Buchhaltung beschäftigt. Ich rannte hinaus und sah nicht weit entfernt, wie sich zwei Brüder des wichtigsten der drei Clans rauften. Zwischen den beiden hatte es schon immer einen Machtkampf gegeben, und jetzt war die Situation eskaliert. Na viel Glück, dachte ich und wusste, dass ich nun eine Rolle spielen musste. Unsicherheit wäre absolut fehl am Platz gewesen. Ich spielte richtig sauer, gebärdete mich wie ein bissiger Hund. Ich tat gefährlich, sprang auf sie zu und schrie. Die beiden ließen tatsächlich voneinander ab. Dann nahm ich mir jeden einzeln vor. Als ich wusste, dass beide eingeschüchtert waren, schlug ich vor, man solle sich die Hand reichen. Eigentlich hätte ich sie in diesem Moment feuern müssen. Oder die Auseinandersetzung in diesem Moment nur mit einer Entschädigungszahlung aus der Welt schaffen können. Solange es die nicht gab, war ein Streit hier nämlich nicht beendet. Es konnte dabei auch vorkommen, dass beide eine Strafe zahlen mussten, sei es in Form von ein paar Kina, der offiziellen Währung des Landes, oder in der traditionellen Währung, dem Muschelgeld, in Schweinen, Messern oder anderen Gebrauchsgegenständen wie Tellern, Töpfen und Tassen. Aber wir bekamen das auch so in den Griff. Offiziell hieß es, die beiden hätten die Entschädigungszahlung geleistet. Dabei ließen wir es bewenden. Mein Auftritt hatte mich auch so zur Richterin des Camps befördert. Das genügte, damit Ruhe herrschte, bis Michael zurückkam.

AUFBRUCH IN EIN EIGENES LEBEN

Frühmorgens auf einer Tauchsafari vor Magnetic Island. Blauer Himmel. Es war erst sechs Uhr, aber dass es ein heißer Tag werden würde, war schon jetzt klar. Seit etwas mehr als fünf Monaten war ich jetzt in Australien und hatte gerade die Prüfung als Divemaster bestanden. Meinen vierten Schein der Taucherausbildung. Dafür hatte ich im Shop der Schule gearbeitet und musste im Gegenzug nichts für die Kurse bezahlen. Dort hatte mir auch jemand von dieser Tauchsafari erzählt, auf der sie hin und wieder Freiwillige anheuerten, die sich eine Woche lang um die Gäste kümmerten und mit ihnen tauchen gingen. Ich war superneugierig, und nachdem ich zertifiziert worden war, meldete ich mich sofort.

Das Schiff war riesig, 40 Meter lang, drei Decks, sehr luxuriös mit klimatisierten Kajüten für die Gäste, inklusive Fernseher und jeweils einem Badezimmer. Wir Crewmitglieder hatten es weniger komfortabel. Wir schliefen unten in ganz kleinen Kajüten. Wenn ich in meinem Hochbett lag, hatte ich den Geruch des Motoröls in der Nase. Die 30 Gäste, um die wir uns kümmerten, waren ein Mix aus Alleinreisenden und Paaren.

Der Tag begann immer früh, für gewöhnlich mit einem Tauchgang vor dem Frühstück, gleich um fünf Uhr. Aber der vierte Morgen war anders. John, der Leiter der Gruppe, kündigte am Vorabend an, dass die Gäste erst frühstücken und dann so gegen zehn Uhr mit den Tauchgängen beginnen würden. Zu mir sagte er: »Das ist unsere Chance. An unserem Anlegeplatz im Korallenmeer gibt es eine Riffwand, die mehr als hundert Meter in die Tiefe geht. Da habe ich schon Hammerhaie gesehen.« Ich war aufgeregt und konnte kaum schlafen. Riffhaie bekommt man in Australien öfter bei Tauchgängen zu Gesicht, aber Hammerhaie sind eine Rarität. Die große Attraktion unter Wasser!

Am Morgen zwängte ich mich also wieder in den nassen Taucheranzug. Nach den vielen Tauchgängen am Vortag schien der gar nicht mehr zu trocknen. John kam mit einer halb vollen Plastikwasserflasche auf mich zu. Die wollte er mitnehmen. Er bereitete seine Ausrüstung vor, checkte, ob genug Luft im Tank war, zog sich Weste und Flossen an, und zack war er schon im Wasser. Ich beeilte mich hinterherzukommen. Wir tauchten 30 Meter in die Tiefe, wo alles nur noch blau war – oben blau, unten blau, links und rechts blau. So musste es im Universum sein. Ich konnte den Boden nicht sehen, und unsere einzigen Orientierungspunkte waren das Riff in unserem Rücken und die aufsteigenden Blasen. Das war wichtig. Wenn ich zu lange ins Blau schaute, wurde mir schwindelig. Wir sahen zu, auf derselben Höhe zu bleiben, dazu kreuzte ich meine Beine wie im Schneidersitz. Und dann kratzte John mit seinem Finger an der Wasserflasche. Ich schaute Richtung offenes Wasser und dachte: Atmen nicht vergessen. Beim Tauchen darf man niemals die Luft anhalten. Egal, was passiert.

Der Schall des Kratzens, der unter Wasser viel lauter war, sollte die Hammerhaie anziehen. Und dann kamen diese supereleganten Wesen auch. Wie sie schwammen. Haie werden immer als etwas Furchteinflößendes und Gefährliches dargestellt, aber wenn man versucht, sie einfach nur zu betrachten, sind sie majestätisch. Jetzt waren fünf Haie ganz in meiner Nähe, nur gut zehn Meter entfernt, die uns umkreisten. Diese atemberaubenden Kreaturen glitten durch das Wasser. Das war ihr Revier, aber sie machten keine Anstalten, es zu verteidigen.

Ich vergaß in diesem Moment alles. Furcht, die man haben musste. Die Zeit. Sämtliche Geräusche. Mich selbst. Ich spürte nichts, sondern nahm einfach nur diese ungewöhnliche Schönheit dieser Tiere und ihrer Bewegungen wahr. Es war wie Meditation. Ich ließ die Haie und das Spektakel auf mich wirken. Es war überwältigend. Irgendwann gab John mir ein Zeichen, und wir tauchten wieder auf. Zurück auf dem Boot war ich erst mal ganz still. Dann kam die Euphorie, und meine Stimme wurde vor Aufregung richtig piepsig. Wahnsinn, was ich da gerade erleben durfte.

»Danke, danke, danke. Das war einmalig.« Zu diesem Zeitpunkt hatte ich schon mehr als 300 Tauchgänge hinter mir, aber das war mit Abstand der größte Moment. Ich wollte schon loslaufen und mich um die Gäste beim Frühstück kümmern, da hielt mich John noch sanft am Arm fest: »Der Crew kannst du es gerne erzählen, aber die Touristen erfahren davon besser nichts. Das ist nichts für jeden. Diese Verantwortung kann ich nicht tragen.«

Die Wochen vor der Zeit auf Magnetic Island hatte ich zunächst in Sydney verbracht und als Model gearbeitet. Ich hatte immer Fernweh gehabt und wollte nach dem Abitur in Meerbusch unbedingt weg. Ich musste raus aus Düsseldorf. Australien war ein gutes Ziel, und hier als Model an dem Punkt weiterzumachen, wo ich in Europa aufgehört hatte, war verhältnismäßig einfach. In Sydney traf ich dann so viele Backpacker, die mir vom Norden erzählten, dass ich auch dorthin wollte. Sobald das Geld der ersten zwei, drei Modeljobs auf meinem Konto eingetroffen war, brach ich auf. Die Backpacker hatten vom Tauchen erzählt. Ich hatte zuvor ein wenig Taucherfahrung auf Bali gesammelt. Diese Farben und dieses andere System unter Wasser hatten mich schon damals fasziniert. Es stand fest, dass ich auch in Australien tauchen gehen wollte.

Ich landete in Queensland, zunächst in Cairns. Dort machte ich einen ersten Tauchgang, der mich auf die Idee mit der Ausbildung brachte. Die absolvierte ich dann auf Magnetic Island, 370 Kilometer weiter südlich. Das hat sich so richtig angefühlt. Das war auch ich.

In dieser Welt fühlte ich mich wohl, mit den Menschen, die von überallher kamen. Mit den Israelis, den Leuten aus London und Sri Lanka. Ich saugte die Geschichten der Menschen auf und lauschte den Erzählungen über ihre Lebensweise. Wie das bei ihnen zu Hause funktionierte: in einem Vorort in Brasilien oder auf einer tollen Schule in Schweden. Ich konnte mir auf einmal die Welt erklären. Sie war viel greifbarer. Und ich konnte anderen Menschen von mir erzählen. Über meine Geschichte, meine Zeit im Urwald, hatte ich in Meerbusch nicht mehr häufig gesprochen, nachdem ich mich in der Grundschule deswegen so häufig gemobbt gefühlt hatte. Auch auf dem Gymnasium hatte ich mich damit eher zurückgehalten. Hier in Australien waren jetzt alle so offen. Das gab mir das Selbstbewusstsein zurück, um endlich dazu zu stehen, dass ich im Urwald groß geworden war. Niemand sagte jetzt, dass ich lüge, sondern alle wollten vielmehr, dass ich mehr erzähle. Und durch meine Erzählungen begriff ich mit einem Mal, was für eine außergewöhnliche Kindheit ich gehabt hatte. Und wie ich mit den Vorstellungen, die meine Mutter mir immer vorgelebt hatte, künftig umgehen wollte. Ein Schalter legte sich in meinem Kopf um. Mir wurde bewusst, mit wie wenig Besitz ich eigentlich auskam, dass mir ein Rucksack reichte. Ein bisschen war es in Australien jetzt wie damals als Kind im Urwald: Die Geräusche erinnerten mich an die Zeit mit Mama, als mein Kinderzimmer ein Zelt war. Ich war jetzt in Australien auch eine der wenigen, die keine Angst vor den Krokodilen hatte. Mich störten sie nicht. Ich lebte für den Moment und machte mir keine Gedanken um die Zukunft. Die Monate rauschten an mir vorbei.

Dann war plötzlich ein Jahr vergangen, und es war klar, dass ich zurückmusste.

Wieder in Düsseldorf erwartete jeder, dass ich jetzt mit dem Studium anfing. Ich verstand das nicht. Mich einfach auf einen Studienplatz zu bewerben, hätte sich nicht richtig angefühlt. Es klappte doch alles. Ich verdiente Geld, und davon konnte ich reisen gehen. Arbeiten, reisen. Ich dachte, ich könnte einfach mein ganzes Leben lang so weitermachen. Ich hatte so ein Vertrauen, dass das schon klappen würde. Zurück in Düsseldorf meldete ich mich wieder bei meiner Modelagentur, die mich weiter nach Paris schickte. Mit dem Stadtplan in den Händen und meinem Buch, in dem Auszüge meiner besten Arbeiten waren, lief ich von Casting zu Casting.

Ich war immer ein Storch gewesen, bin früh schnell groß geworden und hatte keine Rundungen. Modeln war easy für mich. Jetzt mit Anfang 20 bekam ich zum ersten Mal bei einem Casting in Paris zu hören, dass meine Hüften zu breit seien. Ich hatte es bis in die letzte Auswahlrunde für eine der wichtigsten Schauen der Modewoche geschafft. Der Grund, weshalb ich nicht weiterkam: zwei Zentimeter zu viel an der Hüfte. Bislang hatte ich es immer belächelt, wenn sich andere Models für ihre Jobs herunterhungerten. Als Teenager hatte ich mal ein Mädchen kennengelernt, das nur eine einzige Tomate am Tag aß. So weit sollte es für mich nie kommen.

Die zwei Zentimeter verlor ich dann trotzdem schnell. In Paris war ich den ganzen Tag unterwegs, bin bewusst noch mehr gelaufen, als ich es eh schon musste. Ich stieg zum Beispiel eine U-Bahn-Station früher aus und nahm immer die Treppe. So waren die zwei Zentimeter innerhalb von wenigen Wochen verschwunden. Für mich war es ein Mittel zum Zweck, so wie ein Arzt einen weißen Kittel tragen muss. Natürlich verkniff ich mir in dieser Zeit Burger und Pizza, aber ich war gewiss nicht magersüchtig, sondern einfach dankbar, diesen Job machen zu dürfen.

So lernte ich die Modebranche besser kennen. Zur Messe in Düsseldorf stand ich häufig in Showrooms als Model und präsentierte die neuen Kollektionen. Viermal im Jahr kamen Einkäufer von überallher, um aus den Unmengen an neuen Stücken, die alle paar Monate auf den Markt kamen, ihre Kollektionen zusammenzustellen. Ich persönlich brauchte nicht mehr so viel, seit ich in Australien ein anderes Leben kennengelernt und gemerkt hatte, mit wie wenig ich zurechtkam. Alles passte in meinen Rucksack, der Rest lag bei Papa im Keller. Beruflich interessierte mich die Mode aber schon. Vor allem der Job des Einkäufers. In einem der Showrooms lernte ich Matthias kennen, der bei Galeries Lafayette als Chefeinkäufer arbeitete. Das Gegenteil eines Nullachtfünfzehn-Gesichts. Einer, an den man sich erinnert. Er suchte im Showroom auch immer coolere Stücke aus als andere. Er sah ja selbst cool aus: breite Baggy-Hose von Carhartt, Nike-Sneakers, bunte Strümpfe, Pilotenbrille, Armbänder. Ich freute mich, wenn er vorbeikam. Mit mir ging er dann auch immer noch mal die Kollektion durch, obwohl ich als Model da war. »Wie würdest du das kombinieren? Zeig mir mal, was dir gefällt.« Ich stellte meine Lieblingsteile von den Stangen zusammen. Nicht immer, aber häufig kaufte er diese Sachen dann auch. Das gab mir Bestätigung.

Und dann kam doch der Tag, an dem ich mich zum Studium für Textil- und Bekleidungsmanagement an der Hochschule Niederrhein in Mönchengladbach einschrieb. In Düsseldorf hatte ich mittlerweile eine kleine Wohnung bezogen. Das Studium zog ich schnell durch. Von 80 Studienteilnehmern war ich eine von acht, die ihr Studium in unter drei Jahren beendeten. Ich wollte mich damit nicht lange aufhalten. Und zum Ende kontaktierte ich Matthias. Ich schrieb eine E-Mail, erinnerte ihn daran, wer ich war, nämlich das Model damals im Showroom, die Gisa mit den Locken. Ob er nicht einen Praktikumsplatz für mich habe? Hatte er. Im Herbst 2011 fing ich bei Galeries Lafayette in Berlin mit Matthias als tollem Mentor an. Trotzdem musste ich bei ihm erst einmal durch die harte Schule gehen. Das bedeutete nicht Einkauf in Berlin-Mitte, sondern Logistik am äußeren Ring der Stadt. Eine Stunde mit der Bahn und dann noch mal ein Stück mit dem Bus. Um den ganzen Prozess zu verstehen, sei das wichtig, sagte Matthias. Später konnte ich dann auch die Showrooms besuchen, und nach einem Jahr bot man mir einen Job als seine Assistentin an. Ich war hin- und hergerissen. Die Arbeit machte mir Spaß, ich hatte in dem Jahr wahnsinnig viel gelernt und viele Kontakte knüpfen dürfen. Meine ehemaligen Kommilitonen konnten gar nicht glauben, dass ich so eine Chance bekommen hatte. Jeder wollte in den Einkauf, und ich hatte es geschafft. Das machte mich stolz, und ich hatte viel Energie hineingesteckt, machte viele Überstunden und hatte wenig Geld. Nach einem halben Jahr wiederholte sich dann trotzdem alles allmählich. Ich merkte: Auch in einen vermeintlichen Traumjob kehrt schnell Routine ein. Auch ich war in dieser großen Maschinerie nur ein Rädchen, das man irgendwann, wenn es nicht mehr funktionieren würde, ersetzte. Das war nicht erfüllend. Hinzu kamen Aspekte, die ich nicht akzeptieren konnte: Pelzjacken zum Beispiel. Ich sagte: »Das ist nicht zeitgemäß, Matthias.« Er sah das anders. »Es wird gekauft, Gisa. Deshalb ist es zeitgemäß.«

Längst war mir bewusst, dass die Ressourcen, die wir nutzen, endlich sind. Ich duschte mittlerweile so schnell ich konnte und trennte Müll, achtete darauf, das Licht auszumachen, wenn ich es nicht mehr brauchte. Ich glaube, ich musste erst mal frei sein und kurz machen dürfen, was ich wollte, um zu meinen eigenen Werten zu finden. So fing ich an, mir Gedanken über meinen Konsum zu machen. Dass es Zeiten im Jahr gab, in denen gewisse Obst- und Gemüsesorten keinen Platz auf dem Teller haben sollten. Dass ich zum Einkaufen auch meinen eigenen Jutebeutel mitnehmen konnte, statt mir an der Kasse jedes Mal eine neue Tüte zu schnappen. Für mich ging es jetzt bei so kleinen Taten los, mit denen ich die Welt vielleicht doch ein Stück weit verändern konnte. Ich musste dann jedes Mal an ein Zitat vom Dalai-Lama denken, das ich in Australien aufgeschnappt hatte: »Falls du glaubst, dass du zu klein bist, um etwas zu bewirken, dann versuche mal zu schlafen, wenn eine Mücke im Raum ist.« So hatte ich im Nachhinein auch meiner Mutter gegenüber ein total schlechtes Gewissen. Sie war es ja, die den Müll zurücksortieren musste, als ich früher alles unbedarft zusammengeworfen hatte.

Ich wollte selbstbestimmt arbeiten. Ich sehnte mich nach der Aura zurück, die ich in der Zeit des Reisens gehabt hatte. Ein Lächeln von hier nach da, ich liebte es, die spannenden Storys anderer Menschen zu hören. Ich merkte, dass ich dabei war, das zu verlieren. Jetzt war ich froh, wenn ich nach einem langen Tag im Büro schnell nach Hause kam, in mein möbliertes Zimmer in einer Wohnung, die auch nicht gerade in Berlin-Mitte lag, sondern 40 Minuten weit weg mit der Bahn.

Mama und Papa haben mir beigebracht, dass es kein wichtigeres Gut als das eigene Glück im Leben gibt. Dass das nichts mit materiellen Werten zu tun hat, habe ich auf meinen Reisen selbst erfahren. Damals hatte ich das Glück scheinbar für mich gepachtet. Das Leben von morgens bis abends am Schreibtisch deprimierte mich eher, das begriff ich in dem Moment, als ich meinem Berufswunsch als Einkäuferin so nah war. Er entsprach nicht dem, was ich mir unter Glück vorstellte.

Ich lehnte den Job bei Lafayette ab.

Ich besprach es mit niemandem, auch nicht mit Papa oder mit Mama. Ich selbst war die Einzige, die das entscheiden konnte. In Berlin hatte ich jetzt nichts mehr zu tun. Die Stadt zog mich eher runter. Drei Jahre lang hatte ich mit dem Ziel studiert, an diesen Punkt zu gelangen, und nun ließ ich alles sausen – das war ein schlimmes Gefühl.

Ich musste zurück zu meiner Base nach Düsseldorf.

Also zog ich aus dem möblierten Zimmer aus, nahm meinen Rucksack und fuhr mit dem Zug zurück. Meine Wohnung hatte ich für das Jahr untervermietet. Dort konnte ich wieder einziehen. Um die vielen Grünpflanzen in der Wohnung hatten sich die Untermieter glücklicherweise gekümmert. Zwei Tage zog ich mich vollkommen zurück und kontaktierte lediglich meine Agentur, um zu sagen, dass ich zurück sei und Zeit für Modeljobs hätte – definitiv ein beruflicher Rückschritt und Karriereknick. Jetzt mit Ende 20. In diesen zwei Tagen ließ ich mich einfach treiben. Ich setzte mir einen großen Hut auf, zog einen langen Mantel über und ging inkognito durch die Stadt. Niemand sollte mich sehen. Superlächerlich im Rückblick. Ich traf sowieso niemanden.

Der Herbst war schon fortgeschritten, und für Mama und Michael war es an der Zeit, für ein paar Monate aus Papua-Neuguinea zurückzukommen. Mama rief auf dem Handy an, als alles für den Abflug Richtung Deutschland vorbereitet war. »Und, wie wollen wir es dann machen? Ich bin schon so gespannt darauf, dich in Berlin zu besuchen. Michael und ich werden in den nächsten Wochen auf den Messen sein. Aber Berlin müssen wir unbedingt dazwischenschieben.« »Ja, Mama, das mit Berlin. Ich bin zurück in Düsseldorf. Der Job wäre nichts für mich gewesen.« Mama war enttäuscht. In ihren Augen hatte sich alles wunderbar ergeben. Ihre Tochter war zu etwas Gutem herangereift. Und dann war auf einmal wieder gar nichts klar.

Drei Wochen später saß sie in meiner Küche, und wir tranken Tee. Es ging dann erst mal gar nicht darum, wie es für mich weiterging. Das wusste ich ja selbst nicht. Das Thema Zukunft klammerten wir bei diesem Treffen besser aus. Es ging vor allem um Mama, um das Gold und den Schmuck, den sie bei den anstehenden Messen verkaufen wollte. Und wie in den vergangenen Jahren legte ich auch diesmal gleich los, wenn es um ihr Geschäft mit Gold ging: »Ach, die Messe, seid ihr am Stand wieder mit euren Schaumstoffbuchstaben dabei?« Schon lange ärgerte es mich, dass Mama und Michael das Potenzial ihrer Geschichte nicht besser nutzten. Dutzende Male hatte ich ihnen schon gesagt, dass sie ihr Geschäftsmodell um die Artefakte, die Bücher, die Nuggets und den Schmuck optimieren und nicht nur drei Monate im Jahr verkaufen sollten, sondern mit einem Onlineshop ihre Klientel immerzu bedienen könnten. »Was glaubst du, wie viel Umsatz dir durch die Lappen geht?« Mama war genervt, es war die alte Leier, ich wusste es seit Jahren besser. »Warum glaubst du denn, dass das funktioniert?«, fragte sie mich. Seit der Trennung von Mama als Kind trug ich das Herznugget um den Hals. Ein zweites hatte sie mir zum Abitur geschenkt. »Weißt du eigentlich, wie viele mich auf die Ketten ansprechen? In der Mineralienwelt mag man euch kennen, aber in der Fashionwelt hat noch niemand etwas von Goldnuggets gehört. Und wenn ich die Geschichte erzähle, sind alle beeindruckt. Das ist ein echter Markt.« »Na, dann mach du das doch.« Ja, das war es, ich könnte mir nichts Schöneres vorstellen, schoss es mir durch den Kopf.

Früher, als Mama und Michael aus dem Urwald zurückkamen und mir Geschichten erzählten, hatte ich sie häufig am nächsten Tag wieder vergessen. Das konnte ich jetzt nicht mehr verstehen, denn es war ja auch meine Story, ich war mit ihnen dort gewesen und aufgewachsen. Das hat mich stärker geprägt, als ich das lange Zeit glauben wollte, es war bezeichnend für meinen Werdegang und sollte es auch für mein Label sein. Der Name stand schnell fest: Golpira. Abgesehen davon, dass es mein Nachname ist, bedeutet es auf Persisch: »jemand, der sich um die Pflanzen kümmert«. Das war eine runde Sache, denn dass ich das Label mit nachhaltigen Prinzipien führen wollte, stand für mich außer Frage. Auf Papier zeichnete ich mir mit Kugelschreiber eine Homepage. Die besten hatte ich mir zuvor angeschaut. Los ging es mit der Startseite. Ein Kumpel in Berlin kannte sich mit Programmieren aus und half mir, ein Logo und Visitenkarten zu entwickeln. Hunderte von Stunden verbrachte ich damit, mir Onlinevideos anzuschauen, wie ich den Shop einrichten müsste. In dieser Zeit lernte ich auch meinen jetzigen Freund David kennen. Damals gab es nur die Idee von Golpira, aber David bestärkte mich darin und glaubte daran, als ich es selbst noch nicht konnte. Wenn er abends nach Hause kam, dann in der Erwartung, dass ich tagsüber an dem Label gearbeitet hatte. So merkte ich schnell, dass ich mich darum kümmern musste. Und dann stand die Homepage. Im April 2014 ging es los. Mit meiner Mama hatte ich einen Deal: Die Nuggets bekam ich von ihr, und es gab offizielle Rechnungen. Im Gegenzug verkaufte sie nichts mehr online, und ich nervte sie nicht mehr mit neuen Ideen.

Mein Leben sollte anschließend gewiss nicht leichter sein als damals mit den Überstunden am Schreibtisch. Von neun Uhr morgens bis 18 Uhr arbeitete ich für Golpira, anschließend ging ich bis Mitternacht, manchmal bis zwei Uhr nachts kellnern. Ich musste die Kasse schließen, das Restaurant sauber machen, den Müll wegbringen und die Tische wischen. Morgens saß ich wieder da und lernte mithilfe von YouTube-Tutorials, wie man Ringe und Ohrringe zeichnete. Ich war keine ausgebildete Designerin, sondern hatte Modemanagement studiert. Was half, war, dass mir das Zeichnen lag. In Kunst hatte ich immer eine Eins gehabt. Im Baumarkt kaufte ich Runddraht und formte damit Schmuckstücke nach meinen Vorstellungen. Ich musste improvisieren. Das alles übergab ich dann einem Goldschmied, den ich Gott sei Dank schnell gefunden hatte. Er verstand mich auf Anhieb und konnte meine Zeichnungen genau richtig übersetzen: in minimalistische Stücke, die nicht altbacken waren, bei denen die Konzentration auf dem Nugget lag.

Mehr als ein Jahr lang sollte ich diesen Arbeitsrhythmus durchziehen. Ich war angewiesen auf Kontakte, und in meiner Zeit als Model hatte ich einige Einkäufer kennengelernt. Eine von ihnen aus München war bereit, mich zum Kaffee zu treffen, nachdem ich ihr geschrieben hatte, dass ich nun ein Schmucklabel führte. Am frühen Morgen stieg ich in Düsseldorf in den Zug, um sie am späten Vormittag zu treffen. Natürlich trug ich an diesem Tag den Schmuck selbst. Dass sie Stücke kaufen würde, damit hätte ich gar nicht gerechnet. Mir war ihre Meinung wichtig. Viel Feedback hatte ich bis dahin noch nicht einholen können – meine Familie, meine Freunde fanden meine Arbeit selbstverständlich toll. Aber ich war skeptisch gegenüber ihrem subjektiv gefärbten Urteil. Da ich wusste, dass die Zeit der Einkäufer immer begrenzt war und alle im Stress waren, kam ich schnell zum Punkt. »Stell dir vor, die Goldnuggets kommen aus dem Fluss. Sie sind unbehandelt. Meine Eltern haben sie gefunden. Ich selbst war früher auch dabei, in meiner Kindheit. Und jetzt mache ich daraus Stücke, die modebewusste Frauen gerne tragen.« Die Münchnerin betrachtete den Schmuck. Dann mich. »Ganz ehrlich, Gisa, das ist ja schön und gut, was du da machst, aber meine Kunden interessieren sich nicht für die Story. Das Produkt muss gut aussehen. Punkt.« Das Treffen war schnell beendet. Lange Zeit habe ich mir die Episode zu Herzen genommen. Es war ein Stolperstein. Später erkannte ich: Die Leute interessieren sich doch für die Geschichte. Es brauchte nur Zeit, und der Boden dafür war damals noch nicht bereitet. So passierte im Onlineshop seit der Eröffnung im April 2014 auch erst einmal nichts. Meine Freundinnen hatten schon vorher mal das eine oder andere Stück gekauft, aber ich wartete auf die erste richtige Kundin. Richtig sprechen konnte ich mit niemandem darüber. Im Frühsommer erschien dann ein Artikel über mich in der *Heritage Post*, einem Stil-Magazin aus Düsseldorf. Und daraufhin traf plötzlich eine Bestellung ein. Eine Kundin hatte einen gehämmerten Ring gekauft – ohne Nugget für 290 Euro. David und ich lagen uns in den Armen. Ich war superstolz und verdrückte ein paar Tränen. Aber es war halt ein Ring ohne Nugget. Mir wurde bewusst, dass es noch so viel für mich zu lernen gab. Meine Mutter hatte ihre Kunden. Wenn auch ich meine eigenen haben wollte, musste ich einiges dafür tun.

STEINZEIT, ZIVILISATION ODER BEIDES

Die Tage ohne Michael während der Expedition in den Bergen hatten es gezeigt: Ich kam längst auch alleine zurecht. Natürlich war die Arbeit leichter, wenn man sie auf zwei Paar Schultern verteilte, aber wenn es sein musste, wenn Michael an einem Ort eine interessante Stelle prüfen wollte und ich an einem anderen, dann konnten wir uns guten Gewissens aufteilen. So machten wir uns auch unabhängiger vom Wetter. Mussten wir dringend an zwei Orten gleichzeitig sein, war das möglich. Auch Proben konnte ich alleine nehmen und Goldvorkommen aufspüren. Im Urwald hatte ich längst keine Angst mehr. Dass ich von unseren Mitarbeitern und den Menschen aus der Umgebung geachtet wurde, hatte sicher auch mit meiner Tätigkeit als Heilerin zu tun. Mein Aussehen trug seinen Teil dazu bei. Als Rothaarige eilte mein Ruf mir voraus. Die flammend rote Mähne faszinierte die Menschen in Papua wie damals auf der anderen Seite der Welt in Peru. Es bedeutete, dass ich mich medizinisch nicht nur um unsere Mitarbeiter kümmerte, sondern dass auch Angehörige der umliegenden Clans stets schnell auf mich aufmerksam wurden. Dass wir in Peru öfter Besuch von kranken oder verletzten Indianern bekamen. Meine Rolle als Heilerin musste ich an keinem Ort so sehr unter Beweis stellen wie während einer Expedition in Peru.

Unser Camp lag ganz in der Nähe des Gebietes der Huambiza, und eines Tages kam ein Kanu mit einem Mann, einer Frau und einem Neugeborenen den Fluss heruntergetrieben. Die Frau war kaum mehr bei

Bewusstsein, verdrehte die Augen. Der Mann zeigte in Richtung ihres Intimbereiches. Sie habe etwas zwischen den Beinen. Etwas, das unter den Frauen des Stammes nach einer Entbindung so noch nie vorgekommen sei. Niemand wisse, was das sein könnte. Der Mann klang tatsächlich verzweifelt. Obwohl Frauen bei den Huambiza nicht viel zählen, sollte sie ihm wohl auch nicht unter den Fingern wegsterben. Sobald jemand nur in die Nähe ihres Schrittes kam, schrie sie auf. Zusammen mit dem Mann und einem unserer Mitarbeiter brachten wir sie behutsam auf die andere Flussseite, gegenüber vom Camp, wo ich in einer leer stehenden Hütte ein Krankenlager für sie bereitete. Vorsichtig zog ich das Kleid hoch. Unterwäsche ist bei den Huambiza eher unüblich, ganz abgesehen davon, dass die Frau keinen Slip mehr hätte tragen können. Denn ihre Schamlippen waren kaum noch zu sehen. Stattdessen war da eine riesengroße Blase. So groß wie ein Kinderball. Es war klar, dass wir schnell reagieren mussten. Der Eingriff war ein Beispiel für Operationen, an die ich mich in Peru herangetraut habe, die hier in Deutschland strafbar wären, wenn ich sie ausüben würde. Ich habe schließlich keine Approbation, habe nie Medizin studiert. Aber die Not macht erfinderisch, und wenn ich solches Leid sah, dann hatte ich stets auch den Drang zu handeln. So traute ich mich an immer kompliziertere Geschichten heran.

Ein befreundeter Hautarzt hatte mich zu Beginn unserer Zeit als Goldgräber darauf gebracht, als wir auf Besuch in Deutschland waren. Er musste Michael etwas am rechten Schulterblatt entfernen. »Ariane, komm doch ruhig mit ins Zimmer und schau zu. Wer weiß, wofür es noch mal gut ist«, hatte er halb im Scherz gesagt. In der darauffolgenden Stunde hatte er mir dann aber tatsächlich gezeigt, wie man ein lokales Betäubungsmittel setzt, wie man etwas rautenförmig aus der Haut schneidet, wie man mit Ober- und Unterfaden eine Wunde vernäht. Es würde Jahre dauern, bis ich das so perfekt beherrschte, aber wenn die Not groß war, könnte ich zumindest provisorisch tätig werden. Bevor wir seine Praxis verließen, gab er mir noch ein kleines

Fläschchen des Anästhetikums mit. In den folgenden Jahren lernte ich gewissermaßen am Modell. Medizin hatte ich immer dabei, denn sie war so wichtig wie Proviant. Etwas gegen Entzündungen, gegen Wurmerkrankungen und Magen-Darm-Infekte, Malariatabletten, Desinfektionsmittel, Verbandsmaterial, Schmerzmittel, antibiotische Tabletten und Salben, Vitamine – meine Reiseapotheke bedeutete dabei für eine sechsmonatige Expedition locker 50 Extrakilogramm Gepäck. Aber nach so vielen Jahren im Dschungel wusste ich um die Bedeutung, auf jede Situation vorbereitet zu sein. Man musste immer damit rechnen, dass sich jemand bei der Arbeit verletzte. Dass sich einer der Arbeiter nach Stunden im Flusswasser eine Schnupfnase oder eine Blasenentzündung holte. Auch Ureinwohnern konnte man Aspirin verabreichen, ohne Bedenken haben zu müssen, dass sie Resistenzen entwickelten. Ich händigte natürlich nicht jedem einfach Antibiotika aus. Aber es war auch klar, dass jemandem, der wirklich krank war, die 250-Milligramm-Tabletten eines antibiotischen Mittels, wie man sie in der Zivilisation einnahm, nichts bringen würden. Dem Donnerschlag, der im Körper wütete und der oft nach Wochen auf herkömmlichen Wegen mithilfe von Heilkräutern nicht zu bekämpfen gewesen war, musste man einen anderen Hammer in Form eines 1000-Milligramm-Antibiotikums entgegensetzen. Wer krank war, um den stand es meistens schon kritisch. Wunden, die ein paar Wochen zuvor gut mit einer Salbe zu behandeln gewesen wären, musste ich jetzt nicht selten aufschneiden. So vereitert waren sie zu diesem Zeitpunkt. Nicht alle, die uns aufsuchten, waren krank. Nach einer Weile hatte ich auch mitbekommen, dass es viele spannend fanden, mal die inoffizielle Sprechstunde der Rothaarigen zu besuchen und sich von mir behandeln zu lassen, selbst wenn ihnen nichts fehlte. Besonders wenn wir neu in einer Gegend waren, herrschte reger Betrieb. Auch was häufig nach vorsätzlich herbeigeführten Verletzungen aussah, um eine Gelegenheit zu haben, mich aufzusuchen, musste dann versorgt werden. Meistens genügte ein

Pflaster. Oder es kamen Menschen, die berichteten, sie hätten schlimmes Bauchweh, auf Abtasten aber nicht eindeutig reagierten. Für sie hatte ich Zuckerperlen dabei, und der Placeboeffekt wirkte dann häufig wahre Wunder. Aber so wagte ich mich eben allmählich vor. Ich entfernte Würmer, half einem Lahmen, wieder zu laufen. In Papua traute ich mich irgendwann, jemanden an der Wirbelsäule wieder einzurenken. Es ist mir selbst ein Rätsel, wie ich in diesen Situationen zu solchen Handgriffen fähig bin, aber wenn es so weit war, dann wusste ich immer genau, wie ich handeln musste. Undenkbar in der Zivilisation mit rund um die Uhr besetzten Notaufnahmen und Spezialisten für alle Belange des Körpers. Im Urwald hingegen kommt eine Mischung aus siebtem Sinn und dem Bedürfnis, helfen zu wollen, zusammen, das mich regelmäßig über mich selbst hinauswachsen ließ.

Der Frau vom Stamm der Huambiza in Peru gab ich letztlich das Lokalanästhetikum, das ich immer dabeihabe. Das war schon schwierig genug. Die Frau schrie auf, sobald ich mit der Nadel in den Bereich zwischen ihren Beinen kam. Ausgerechnet in jenem Jahr hatte ich kein Skalpell dabei. Ich war gerade dabei, mir mit einer Rasierklinge zu behelfen, sie mit Tesafilm zu umwickeln, als Michael von der Goldarbeit am Fluss zurückkam. Er brauchte einen Moment, bis er verstand, was los war. »Ariane, was genau planst du hier?«, fragte er entgeistert. »Ich bin dabei, eine Operation vorzubereiten. Wir müssen einschreiten. Schau dir die Frau an. Wenn wir nichts tun, wird sie sterben.« Michael fixierte die schon leichenblasse Indianerin auf der Matte, als wollte er versuchen, ihr allein mit seinem Blick zu helfen. Trotzdem erwiderte er: »Du weißt, wen wir hier vor uns liegen haben. Sie gehört zu den Huambiza. Weißt du, was passiert, wenn das jetzt gleich schiefgeht?« Ich hatte in diesem Moment so viel Adrenalin im Blut, dass ich darüber nicht nachdachte. »Ariane, ich sage es dir: Sie schneiden uns den Kopf ab.« Michael versuchte auf mich einzureden. »Es wird nicht schiefgehen. Glaub mir, ich weiß ganz genau, was zu tun ist.« »Bist du dir sicher?« »Absolut.« Michael wollte trotzdem sichergehen, dass uns nicht der Tod drohte, sollte der Eingriff nicht gelingen. Der Ehemann wartete vor der Hütte, und Michael ging auf ihn zu. »Wir können deiner Frau helfen, aber wir sind keine Ärzte. Sollte deiner Frau etwas passieren, gib mir die Hand drauf, dass uns nichts geschieht.« Er nickte. Ich wies den Mann daraufhin an, den Kopf seiner Frau von hinten zu halten und für seine Frau als mentale Stütze zu fungieren. Ich kniete vor ihr nieder, die Rasierklinge in der Hand. In diesem Moment merkte ich, wie meine Hand zu zittern begann und mir schlecht wurde. Der große Mut, den ich gerade noch gehabt hatte, war wie verflogen. Aber die Indigenen rechneten ja mit unserer Hilfe. Ich schaute zu Michael hoch. »Tut mir leid, du hast recht.«

Er kniete sich zu mir. »Kann ich dir helfen?« »Michael, ich weiß genau, was zu tun ist, ich kann es nur nicht ausführen.« Ich übergab ihm mein selbst gebautes Skalpell. Und er setzte einen Schnitt. Die Frau schrie. Zunächst vor Schmerz, denn das Mittel war nicht so stark gewesen, um die so empfindliche Stelle komplett zu betäuben. Aber schon der nächste Schrei war weniger spitz. Aus der luftballongroßen Kugel flossen jetzt Eiter und geronnenes, totes Blut in taubeneigroßen Klumpen. Die Frau klang erleichtert. So wussten wir, dass wir auf dem richtigen Weg waren. Michael arbeitete sich weiter vor. Anschließend konnte ich übernehmen. Jetzt, da er das so wunderbar erledigt hatte. Ich ließ die Wunde offen, unterfütterte sie mit Damentampons und desinfizierte. Der Mann war glücklich, die Frau kam allmählich zu sich und bekam schon wieder ein bisschen Farbe im Gesicht. Jetzt war mir klar, was passiert war: Bei der Geburt ihres Jungen war Blut in die linke Schamlippe eingeschossen. Bis sie wieder auf dem Damm war, würde es Tage, wenn nicht Wochen dauern.

Sicher, auch mir war bewusst, dass die Frau bei den Huambiza nicht viel zählte. Ich hatte es ja selbst schon am eigenen Leib erfahren, als ich aus Neid verhext worden war. Aber mit dem Kommentar des Mannes, der jetzt folgte, hatte ich doch nicht gerechnet. Ich war gerade dabei, die Rasierklinge zu entsorgen, mich den von Blut und Eiter getränkten Handtüchern zu widmen, da kam der Indianer auf mich zu: »Wann darf ich sie denn wieder benutzen?« Die Wortwahl, die Vorstellung, welche Qualen die Frau erlitten hatte, wie lange es noch dauerte, bis die Wunde ganz verheilt war, der Mangel an Empathie ihres Mannes, dazu die Ausnahmesituation, in der Michael und ich gerade gewesen waren, all das führte dazu, dass die Wut in mir aufstieg. »Also erst einmal gar nicht«, entgegnete ich scharf. Im nächsten Moment musste ich an die traurige Situation der Frau denken, daran, dass sie für ihren Mann nur als vollständiges sexuelles Wesen eine Bedeutung hatte. »Erst wenn sie es auch wieder will«, fügte ich noch hinzu. Die Frau sollte fürs Erste bei uns im Camp bleiben, was bedeutete, dass auch der Mann und das Baby bei uns wohnten. Ein paar Tage zogen ins Land. Der Frau ging es zusehends besser. Dann, eines Morgens, ich wollte gerade nach ihr schauen, war ihr Lager leer. Die Frau war weg. Das Baby war weg. Der Mann war weg. Ebenso das Kanu der Indianer. Sie waren einfach verschwunden. Die plötzliche Abreise irritierte mich, kulturelle Unterschiede hin oder her.

Es dauerte ein paar Wochen, dann kamen die drei zurück. Die Frau war wieder vollständig gesund. Sie lächelte. Und sie fragten, ob sie das Baby Miguel nennen dürften. Nach Michael. Eine wunderbare Geste. Dass diese einzigartig bleiben sollte, dass nicht mehr Kinder nach Notoperationen der Mütter nach Michael oder mir benannt sind, ist aber auch gut so. In eine derart komplizierte medizinische Situation sollten wir auch in Papua nicht mehr geraten. Wenn ich als Heilerin einfachere Wunden versorgen und bei Infekten helfen konnte, dann war mir das nur recht.

Als wir eines Abends in Papua am Lagerfeuer zusammensaßen, kam das Gespräch auf die Errungenschaften der Zivilisation. Der Clanchef von gut 70 Mitgliedern, bei dem wir während dieser Expedition zu

Gast waren, schien besonders interessiert. Kiki war ungefähr 40 Jahre alt und trug einen langen grauen Bart. »Das Erste, was ich mir gönne, wenn wir wieder in Mount Hagen sind«, erzählte Michael, »ist eine eiskalte Cola.« »Cola?«, wiederholte Kiki. Davon hatte er noch nie gehört. »Wie schmeckt Cola?« »Sehr süß und herb zugleich«, sagte Michael. »Und spritzig, wegen der Kohlensäure.« »Was gibt es noch bei euch, was wir nicht kennen?«, fragte jemand aus der Runde. Ich setzte an: »Wir haben zum Beispiel Maschinen, die Wäsche waschen und anschließend gleich trocknen. Große Metalldinger. Man legt die Wäsche in die Trommel, in ein Fach kommt ein bisschen Pulver, Klappe zu, und nach einer gewissen Zeit ist die Wäsche wieder sauber und trocken. Man muss gar nicht schrubben.« Oder elektrisches Licht: »Man hat einen Schalter, der kann ganz weit weg sein, und wenn man ihn betätigt, leuchtet es woanders.« Kiki hörte uns interessiert zu. »So etwas möchte ich sehen.«

Ein Einkaufstrip nach Mount Hagen mit dem Hubschrauber stand für Michael und mich ohnehin in den kommenden Wochen an. Also fragten wir Kiki, ob er Lust habe mitzukommen. Hatte er – natürlich.

Eine Woche später landete der Chopper am Rand des Camps. Bei unserer Ankunft vor einigen Monaten hatte Kiki uns aus einem solchen aussteigen sehen. Dass er jetzt in dieses Ding mit den zirkulierenden Rotorblättern einsteigen musste, behagte ihm nicht so recht, das konnte ich an seinem Blick erkennen. Da aber seine Leute zuschauten, riss er sich zusammen. Recht selbstbewusst stieg er in blau-weiß gestreiftem T-Shirt und Shorts in den Hubschrauber. Uns war schon daran gelegen, Kiki stadtfein zu machen, auch wenn sich das T-Shirt leider als viel zu klein herausstellte. Ein paar Kleider aus Mount Hagen hatte ich immer dabei. Dazu trug Kiki seinen naturfarbenen Bilum.

Wir hoben ab, und die Urwaldriesen unter uns wurden immer kleiner. Schon zu diesem Zeitpunkt musste Kiki einen Kulturschock erlitten haben. Selbst wenn es sich bei dem Land unter ihm um seine

Heimat handelte, das Kronendach der Urwaldbäume sah er jetzt aus einer völlig ungewohnten Perspektive.

Nicht, dass man in Papua von Eindringlingen bislang verschont geblieben wäre. Die Kolonialzeit hatte ihre Spuren hinterlassen. Menschen wurden damals gefoltert und umerzogen. Dennoch beherzigten viele Clans im Dschungel noch immer einen Umgang, der sich bildlich mit dem Spruch zusammenfassen lässt: Wie man in den Wald hineinruft, hallt es auch wieder heraus. Die Papuas sind gemessen an ihrer Geschichte großzügig und tolerant. Wenn man einen Platz in ihrem Herzen hat, bedeutet das bedingungslose Zuneigung. Unerwünschten Besuch wegen ihres Goldes bekamen sie in der Vergangenheit häufiger. Von zwei wichtigen Phasen des Goldrauschs erzählt man sich bis heute: Von der Zeit der Zwanziger- und Dreißigerjahre des 20. Jahrhunderts, als Wau Bulolo zum Eldorado der Goldsucher wurde und hier schon bald mehr Luftfracht bewegt wurde als im gesamten Rest der Welt. Verrostete Kräne und Förderbänder stehen noch immer mitten in der Wildnis wie Zeugnisse aus dieser Zeit. Einmal entdeckten Michael und ich dort auch eine alte Junkers-Maschine. Ende der Achtzigerjahre strömten dann innerhalb von wenigen Wochen Tausende Goldsucher nach Mount Kare in die Highlands. An jedem Grasbüschel, das man aus der Erde zog, so erzählte man es uns, hing damals Gold zwischen den Wurzeln. Mount Kare ist noch heute eine ertragreiche Mine. Aber es war nicht nur der Kampf ums Gold, der den Papuas in ihrer Geschichte Besuch bescherte. Auch die Missionare waren umtriebig in der Verbreitung ihrer jeweiligen Glaubensrichtungen und sind es bis heute. Von Beginn an hatten wir in Papua trotzdem den Eindruck, noch etwas bewegen zu können. Sicher, auch in diesem Land blühte die Korruption gerade auf, und mit jedem Jahr, in dem sich Papua der Zivilisation weiter fügte, schien sie weiter voranzuschreiten. Wenn in kleinen Städten auf einmal Hoteltürme und Shoppingmalls gebaut wurden, wenn sich große Firmen hier niederließen, um Gas, Holz und Gold zu fördern, dann verdienten daran einige zwar ausgezeichnet, aber es waren einige wenige. Bei den Menschen auf dem Land, die zum Teil erheblich von den Umständen beeinträchtigt waren, kam nicht viel an.

Indem wir mit ihnen arbeiteten, könnte es immerhin möglich sein, sie behutsam mit der Zivilisation vertraut zu machen und ihnen die Vorteile und Kehrseiten dieser Zukunft, die mit rasantem Tempo auf sie zukam, aufzuzeigen. Ihnen zu verdeutlichen, was mit ihrem Land passieren würde, wenn sie nicht von Anfang an klare Grenzen setzten. Dass ihr Erdboden mehr wert sein sollte als zehntausend Dollar. Dass dieses Geld ihren Kindern und Enkeln nichts brachte, wenn sie dann kein Land mehr hätten, auf dem sie leben konnten, und das Grundwasser verseucht wäre. Wir versuchten ihnen zu vermitteln, dass, wenn sie den großen Unternehmen freie Hand ließen, hier bald kein Urwald mehr existieren könnte.

»Schau«, sagte ich mal zu einem Papua, als wir am Fluss standen und in den Krater einer Mine blickten, die ein Unternehmen hier gerade grub. »Das wird dein Sohn essen.« »Spinnst du?«, meinte er. »Man kann keine Steine essen.« »Aber mehr wird nicht übrig bleiben, wenn sie die Erde öffnen. Dann bekommst du zwar Geld, aber es wird nicht so viel wert sein wie gesundes Land.« Es ging uns nicht darum, ihnen Angst zu machen. Wir wollten ihnen vielmehr die Gefahren der Zivilisation näherbringen und Möglichkeiten im Umgang damit vorschlagen. Wir zeigten, wie sie nach unserer Abreise vielleicht in Handarbeit weiter Gold aus dem Fluss fördern konnten. Und wo sie es verkaufen konnten: nämlich in Port Moresby an die Metal Refinery, die mit einer Exportlizenz ausgestattet ist. Hier wird das Gold für gewöhnlich zu Barren eingeschmolzen und in aller Herren Länder verschickt. Im Gegenzug bekommt man Bargeld ausgezahlt. Für die Papuas war das ein gutes Geschäft. Michael und ich waren nicht daran interessiert, denn wir wollten unser Gold ja selbst in Europa verkaufen, wo Kunden für Nuggets allmählich einen Sinn entwickelten. Zur Metal Refinery mussten wir trotzdem, denn wir konnten das Gold nicht einfach mitnehmen. Dass wir es gefördert hatten, bedeutete nicht, dass es uns auch gehörte. Nur 80 Gramm waren zum freien Export erlaubt, den Rest mussten wir zunächst der Metal Refinery verkaufen und konnten es dann von ihr zurückerwerben. Auch eine Provision wurde noch fällig, bis das Gold verplombt und verschweißt nach Düsseldorf vor die Haustür geschickt wurde.

Dass man den Menschen im Urwald die Zivilisation nicht einfach so zumuten konnte, so wie auch wir im Dschungel ohne entsprechendes Training verloren gewesen wären, zeigte sich dann deutlich beim Besuch in Mount Hagen mit Kiki. Der Hubschrauber musste auf ihn eine gewisse Faszination ausgeübt haben, als er selbst noch festen Boden unter den Füßen gehabt hatte. Aber auf dem Flug wird er Todesängste ausgestanden haben. Für jemanden, der in seinem Leben bis dato weder in einem Helikopter über die Baumkronen geflogen noch mit 40 Kilometern pro Stunde in einem Auto unterwegs gewesen war oder die Zivilisation kennengelernt hatte, war das der reinste Höllentrip. Kiki muss sich gefühlt haben, als säße er in einer Rakete.

Auf der Taxifahrt saß er vorne, vielleicht hätten wir darauf bestehen sollen, dass er hinten einsteigt. Aber wir wollten ihm ja den besten Platz geben. Den Trip zum Hotel überstand er dann mehr schlecht als recht, seine Augen waren schreckgeweitet. Mit beiden Händen hielt er sich am Sitz fest. »Gleich ist es vorbei, Kiki«, sagte ich und versuchte ihn vom Rücksitz aus zu beruhigen. »Du musst keine Angst haben.« Es brachte nicht viel. Als er ausstieg, war er kreidebleich, seine Körperhaltung verkrampft. In Papua, das wurde uns an diesem Tag mal wieder bewusst, existiert noch ein Leben, das vergleichbar mit jenem der Steinzeit ist. Auf der anderen Seite steht die Zivilisation. Dazwischen klafft eine riesige Lücke, die auch dann bestehen bleibt, wenn der Anteil jener, die sich für ein Leben in der Zivilisation entscheiden, zunimmt. Wenn ein Mitglied eines Clans in die Stadt gezogen ist, dann kann er damit rechnen, bald ein Wantok für viele andere zu sein, die bei ihm leben wollen. Dass er ausgenutzt wird, indem sich seine Wantoks wochenlang bei ihm einquartieren und er für ihre Kosten aufzukommen hat. Wantok bleibt man auch in der Stadt. Auch diese Hilfe gehört für viele in Papua wie selbstverständlich dazu, zumindest ist das zurzeit noch so. So hart zugeschlagen hat die Zivilisation dann doch noch nicht. Man grüßt noch jeden, ist grundsätzlich freundlich.

Immerhin, als wir im Hotel ankamen, schienen Helikopterflug und Autofahrt schnell vergessen. Kiki war überrascht von den Annehmlichkeiten eines eigenen Hotelzimmers. Er setzte sich aufs Bett und lachte, als die Matratze ein bisschen nachgab. Er starrte hinaus, denn drinnen und draußen war hier von Fensterscheiben getrennt – auch das war neu für ihn. Mit seinen Fingern tastete er vorsichtig über die glatte transparente Oberfläche. Kein Eindruck war für ihn faszinierender als dieser von den Fensterscheiben. Vermutlich, weil es mit Schutz zu tun hatte. Ein Grundbedürfnis, egal, an welchem Ort auf der Welt man lebt. »Solche möchte ich mitnehmen«, sagte er, so unerklärlich, so unsagbar schön fand Kiki diese Fensterscheiben. Wir hatten alle möglichen Mitbringsel zu besorgen. Die Wünsche wuchsen auch fernab der Zivilisation, je öfter die Menschen dort damit konfrontiert waren, nicht zuletzt natürlich wegen Besuchern wie uns. Brachte ich den Kindern zu Beginn der Expedition ein paar Süßigkeiten mit, konnte ich damit rechnen, dass sie mich um eine ganze Tüte baten, wenn ich das nächste Mal in der Stadt war. Der Nächste wünschte sich einen Topf, wie ich einen hatte, T-Shirts, einen Kassettenrekorder – die Liste war lang. Mich beunruhigte das nicht. Ich halte diese Wünsche nicht für gefährlich. Wenn sie durch mich nicht im Jahr 2005 von der Existenz eines Kochtopfes erfahren hätten, dann wären sie ein paar Jahre später auch ohne mich darauf gestoßen. Die Zivilisation lässt sich nicht aufhalten. Und die Neugierde dieser Menschen ist groß.

Das Highlight unseres Aufenthalts mit Kiki in Mount Hagen stand allerdings noch bevor: ein Restaurantbesuch, inklusive der besagten eiskalten Coca-Cola. »Ich habe Hunger, lass uns losgehen«, sagte Michael, und wir drei machten uns vom Hotel aus auf den Weg. Wir bestellten Schwein, was hier ein großer Genuss ist, denn es handelt sich bei den Koteletts um das Fleisch von Tieren, die ihr Leben frei laufend verbracht haben. Ein bisschen Salz, mehr braucht es gar nicht. Wir freuten uns riesig auf das Essen, Kiki hatte vor allem große Erwartungen an das Getränk. Der Kellner brachte ihm die Cola mit Eiswürfeln, und Kiki griff schon im nächsten Moment nach dem Glas, ehe sich der Kellner umdrehen konnte. Er nahm einen ausgiebigen Schluck, verzog kurz darauf angewidert das Gesicht und spuckte quer über den Tisch. »Bah, das ist ja widerlich«, rief er. Seine Augen füllten sich mit Tränen, als hätte er gerade auf eine Chilischote gebissen. Der hohe Zuckeranteil und die Kohlensäure überforderten sein Geschmackssystem. »Mein Mund, es tut so weh. Und es ist so kalt.« Er stellte fest: So etwas Ekliges wie diese Cola hatte er noch nie in seinem Leben probieren müssen. »Wasser, ich will jetzt nur noch Wasser.« Der Kellner schaute erschrocken, brachte ihm das Wasser, und Kiki erholte sich langsam. Kurz darauf ging es um die Rechnung. Ich diktierte dem Kellner, was wir gehabt hatten: dreimal Kotelett, zwei Cola, Wasser. »Wasser?«, rief Kiki erstaunt. »Du willst für Wasser bezahlen? Das Wasser kommt doch aus dem Fluss.«

»Schau, Kiki, hier wird das Wasser in einer Flasche serviert. Jemand hat es zuvor leicht gekühlt. Dafür muss man bezahlen«, versuchte ich es ihm zu erklären. Kiki ließ sich davon nicht überzeugen. »Nein, Wasser ist wie Luft. Dafür zahlen wir doch auch nicht.« Er konnte es nicht verstehen.

Irgendwann endete jede Expedition. Abschied bedeutete auch: Nicht mehr lange, und wir würden im Luxus schwelgen. Länger als für ein paar Tage. Die Propellergeräusche des Hubschraubers drangen durch den Urwald. Sie wurden immer lauter. Der Hubschrauber war gekommen, um uns abzuholen. Sechs Monate Expedition waren vorbei, und in meinem Bauch kribbelte es vor Aufregung. Da war der Gedanke an die erste heiße Dusche. Daran, mal Radio zu hören, ohne auf den Batterieverbrauch zu achten. Nicht zusehen zu müssen, dass genug Altöl für die Lampe vorhanden war. Nicht in das rauchige Feuer pusten zu müssen, um die Glut zu erhalten. Luxus bedeutete, sich nicht alles erkämpfen zu müssen. Und das Gefühl, all das bald wie selbstverständlich zu genießen, war unweigerlich mit dem Geräusch des Hubschraubers verbunden. Dem Chick-Chick-Chick des Propellers. Michael freute sich auf seine eiskalte Cola. Ich mich darauf, einfach irgendwo bestellen zu dürfen, statt erst einmal hinunter zum Fluss laufen zu müssen, um mir Wasser für den Tee zu holen. Und ich dachte an Eiscreme. Ich liebe Eiscreme. Wahrscheinlich ist es kein Wunder, dass ich die eine Speise, die sich unter gar keinen Umständen im Urwald genießen lässt, als so großen Luxus begreife und so gerne esse wie sonst kaum etwas. Der Hubschrauber setzte auf dem braunen bewurzelten Waldboden auf, und die Rotorblätter kreiselten allmählich langsamer.

Das Geräusch des Hubschraubers sorgte bei mir für Glücksgefühle, aber es gab mir auch jedes Mal einen Stich. Ein Abschied in Papua war immer eine besondere Herausforderung. Der Clan, der zur Ersatzfamilie geworden war, ließ einen nicht einfach so ziehen. In den Tagen vor der Abreise ging es häufig mit den Anpflanzungen um unser Zelt herum los. Wo ein Garten war, da sei ja auch das Zuhause. Sie schluchzten und jammerten, hielten uns an den Kleidern fest. Häufig kamen wir wieder, für eine zweite Expedition, und weil man dort keinen Kalender hat, nahm ich ein Stück Schnur. So hatte ich es von ihnen gelernt. Ein Knoten stand für einen Mond. Kämen wir in drei Monaten wieder, schlug ich drei Knoten. Zu jedem Vollmond konnten sie dann einen davon lösen. Dabei mussten wir auch in diesem Moment der Abreise auf die Hilfe unserer Gastgeber zählen. Vor sechs Monaten waren wir mit gut 15 Tonnen Proviant im Urwald angekommen, es hatte mehrere Flüge gebraucht, um alles für die Expedition hierherzubringen. Jetzt war alles aufgebraucht, und es genügte ein einziger Flug für die Maschinen, ein bisschen Ausrüstung und uns. Nur 800 Kilogramm waren übrig geblieben, die wir in den Laderaum verfrachten mussten. Und je schneller das ging, umso besser, denn der Hubschrauber wurde pro Stunde bezahlt. Michael hatte die Männer instruiert, und gemeinsam schleppten sie die erste Dredge. Gut 80 Kilogramm schulterten sie zu viert. Sicher ging das auch zu zweit, das Leben in der Wildnis hatte deren Körper auf natürliche Weise gestählt. Arme und Beine, Wirbelsäule und Schultern schienen wie von dicken Muskeln geschützt.

Das Leben im Urwald hatte auch meinen Körper verändert. Ich wusste, wie ich mit ihm umzugehen hatte, und besaß mittlerweile viel Kraft. So viel, dass ich heute keine Schusswaffe mehr bei mir tragen muss. Was ich mit vielen Menschen, die ein Leben in der Zivilisation führen, gemeinsam habe: Ich habe Rücken. Er machte mir auch Jahre nach dem Bandscheibenvorfall noch immer zu schaffen, nur dass es bei mir kaum am ständigen Sitzen liegen konnte. Stattdessen gab es keinen Tauchgang nach Gold, ohne dass wir dabei nicht schwere Steine heben mussten. Nach 30 Jahren spürte ich das an der Wirbelsäule. Auch an meinen Füßen hatte der Alltag Spuren hinterlassen. Zurück in Deutschland stand mir nun eine aufwendige Operation bevor. Schon seit einer Weile hoffte ich deshalb nach jeder Expedition, dass es nicht die letzte war. Zunächst aber mussten auch die riesigen, unhandlichen Schläuche der Dredges im Hubschrauber verstaut und fixiert werden. Dazu nutzten wir das Material von Lastwagenschläuchen, die man zerschnitten wunderbar als Bindematerial nutzen konnte. Was wir an Küchenutensilien mitgenommen hatten, begann ich nun zu verschenken – Töpfe und Schüsseln und Teller. Die Menschen im Urwald würden sie noch gebrauchen können. Dann war alles fertig zum Abflug. Letzte Umarmungen, Küsse, Tränen, Abschied. Wir hoben ab. Das Camp und die Menschen, die uns an diesem Ort ans Herz gewachsen waren, wurden immer kleiner. Es war ein guter Moment, um nach vorne zu schauen, auf das, was kam. Über die Annehmlichkeiten der Zivilisation nachzudenken, auf die man mit großer Sicherheit zählen konnte. Davon abgesehen: Was erwartete uns eigentlich? Im ersten Schritt würden wir unser Gold in Port Moresby zur Scheideanstalt bringen. Aber was war in den vergangenen sechs Monaten eigentlich passiert?

Es gab keinen Weg rein oder raus aus dem Urwald, weder für die Menschen noch für die Nachrichten. Dafür brauchte es einen Helikopter, und unsere einzige Kontaktmöglichkeit alle paar Wochen war ein Gespräch über das Satellitentelefon. Aber auch die Gespräche mit den Menschen, die wir dann führten, mit Gisa oder meiner Schwester Gaby, waren viel zu kostbar, um über das Weltgeschehen zu reden. Letztlich hätte ein Dritter Weltkrieg ausbrechen können und wir wären unbekümmert weiter unserem Leben im Urwald nachgegangen. Wir hatten keine Ahnung, was uns erwartete. Auch das machte den Helikopterflug aus dem Urwald hinaus stets so spannend. Ungewissheit und Neugierde gehörten zu den Gefühlen, die sich am Abreisetag zwischen den Abschiedsschmerz und die Vorfreude mischten. Denn das war ja das größte Glück: Abschied vom Urwald, der letzte Blick aus dem Fenster auf das dichte Blattwerk der Urwaldriesen, auf das Licht, das sich durch die Kronen zwängte, bedeutete auch jedes Mal ein Wiedersehen mit Gisa.

GISA

Hundert Menschen können dir sagen, dass dein Schmuck schön ist. Aber wer bereit ist, dafür Geld auszugeben, schenkt dir echte Anerkennung. So empfand ich das, nachdem ich den ersten Ring verkauft hatte. Den gehämmerten Ring ohne Nugget. Von diesem ersten Verkauf lernte ich auch, dass die Menschen erst einmal von dem erfahren müssen, was ich produziere. Dass die Geschichte dahinter eben doch nicht unwichtig war. Ich setzte mich daraufhin mit einer PR-Beraterin zusammen, die mir bei der Kommunikation half. Sie stellte mich auch der deutschen *Vogue* vor. Es war November des Jahres 2014, ich hatte Geld gespart, um im Januar auf einer Modemesse in Berlin während der Fashion Week, auf der Premium, meinen Schmuck zu präsentieren. Ich war aufgeregt, meine erste Messe. David, mein Freund, half mir beim Bau des Standes. Dann klingelte, gut zwei Monate bevor es losgehen sollte, mein Handy. »Hallo, deutsche *Vogue*.« Ich dachte, welcher meiner Freunde erlaubt sich jetzt einen Scherz mit mir. Die Stimme klang schon ernsthaft. Aber trotzdem. Die *Vogue*? »Wir haben deine Kollektion hier vorliegen, wir wollen dich unbedingt unterstützen und sehr gerne zum Vogue Salon einladen.« Ich wusste nicht genau, was der Vogue Salon war, dass es sich dabei um eine Präsentationsplattform für junge Designer handelte. Immerhin, so etwas Konkretes traute ich auch niemandem meiner Freunde zu. Die Anruferin namens Kathrin musste also wirklich von der *Vogue* sein. Ich nahm an, dass es sich um eine Einladung zu einem Cocktailempfang handelte. Ein Event, auf dem man sich Champagner trinkend mit anderen austauschte. Sie nannte mir das Datum. Ich schaute im Kalender nach. Am selben Tag, zu der Uhrzeit sollte ich auch auf der Messe stehen. Natürlich wäre ich bei einer *Vogue*-Party supergerne dabei gewesen, aber nicht, wenn ich gerade Geld für einen Stand auf einer Messe gespart hatte. »Oje, das tut mir sehr leid«, antwortete ich. »Vielen Dank für den lieben Anruf. Aber da muss ich leider absagen.« Stille. »Bist du sicher?« »Ja, es ist so, dass ich an dem Tag auf der Premium zeige und keine Zeit haben werde.« Kathrin hakte nach: »Hast du denn niemanden, der da eine Weile für dich aufpassen könnte?« Klar, dachte ich, zur Not halt David, aber ich wollte den Besuchern ja meine Geschichte erzählen. Das war extrem wichtig. »Tut mir leid, aber ich muss dahin. Vielleicht können wir das ja verschieben und uns mal woanders kennenlernen?« Kathrin sagte dann: »Gisa, weißt du, was der Vogue Salon ist?« »Nein, aber ich vermute mal, eine

Party.« Ein leises Lachen auf der anderen Seite. Kathrin erklärte mir dann, dass die *Vogue* die besten Jungdesigner aus ganz Deutschland einlade, um zur Fashion Week in einem dafür organisierten Salonformat zu präsentieren. Dass viele Menschen aus der Mode kämen und es eine gute Gelegenheit für mich sei, mein Label bekannter zu machen. In dem Moment wurde mir klar, dass ich da besser nicht absagen sollte. Das Telefonat war schon filmreif: Erst sagte ich ab, dann gab ich zu, gar nicht zu wissen, worum es genau ging, und dann sagte ich natürlich euphorisch zu. Ich musste alles lernen, Schritt für Schritt. Dass gleich im ersten Jahr die *Vogue* bei mir anrief, schmeichelte mir sehr.

Auf dem Event selbst lernte ich dann auch den ersten großen Händler kennen, der später mein Kunde werden würde. Auf einmal bekam mein Vorhaben mit dem Label eine ganz andere Größenordnung. Die Nachfrage wurde immer größer. Ich bediente mich auch weiterhin aus dem Bestand meiner Mutter, mit der ich am Anfang einen Vertrag geschlossen hatte. Wir schrieben offizielle Rechnungen, und Mama war fortan meine Lieferantin, ich ihre Kundin. 2016, zwei Jahre nach Gründung, stieg die Nachfrage noch einmal an. Und ich merkte allmählich auch, dass Mama älter wurde. Schon jetzt war sie nicht mehr zehn Monate lang auf Expedition im Urwald, sondern nur noch vier. Über die Zeit betrachtet musste ich damit rechnen, dass es noch weniger werden würde. Über meine Eltern lernte ich auch andere Goldsucher kennen, die umweltfreundlich schürften. Sie verwenden die gleiche Technik, die der Natur keinen Schaden zufügt, weil man sich ausschließlich das Gold aus den Flüssen nimmt, das sie schon freigegeben hat. Auf diese Weise fand ich für Golpira noch mehr Lieferanten, die mit demselben ökologischen Anspruch an die Goldsuche gingen. Und ich begann, Gold aus Finnland zu verwenden, wo die Goldgräber eine in Europa seltene traditionelle Waschmethode anwenden.

Der gesamtgesellschaftliche Bewusstseinswandel half mir in dieser Zeit. Er hilft mir noch immer: Über grünes Gold wird zunehmend gesprochen. Die Menschen bekommen allmählich mit, dass mit Gold, zum

Beispiel aus Afrika, Kriege subventioniert werden. Dass Gold ähnlich blutbehaftet sein kann wie Diamanten. Dass es sich auch bei der Goldindustrie um eine hochkriminelle Branche handelt. Große Schmuckunternehmen wie Chopard begannen nachzuziehen, indem sie sich verpflichteten, ausschließlich verantwortungsvoll gewonnenes Gold zu verwenden. Natürlich gewährleisten nicht alle Bemühungen eine lupenreine Lieferkette, aber wenn Konsumenten zunehmend hinterfragen, was im Urwald passiert, dann kann das nur richtig und ein guter Anfang sein. Hierzu hat sicher auch das Fairtrade-Siegel beigetragen. Für Kaffee und Textilien ist es schon länger bekannt, in Deutschland wird damit seit 2015 auch fair gehandeltes Gold ausgezeichnet. Es steht für Gold, das von kleinen Bergbauern und nicht in großen Minen gewonnen wurde. Es garantiert, dass die Menschen für ihre Arbeit einen Mindestlohn bekommen, Schutzkleidung tragen und Schutzvorkehrungen getroffen werden. Dass keine Kinder daran beteiligt sind. Dass die Chemikalien, die zum Einsatz kommen, vernünftig entsorgt werden. Ein anderes Siegel, an dem man grünes Gold erkennt, heißt Fairmined. Die Standards gleichen denen des Fairtrade-Siegels, aber die Prämie für die Gemeinschaft als Anreiz für die Bemühungen ist höher. Bei der Gewinnung des Goldes, das mit beiden Siegeln ausgezeichnet ist, können aber immer noch Chemikalien zum Einsatz gekommen sein. Eine dritte Variante, für die man sich als Konsument entscheiden kann, ist recyceltes Gold. Seit die Menschheit Gold als Rohstoff entdeckt hat, wird es wiederverwertet – das ist nichts Neues. Wie recyceltes Gold einst gewonnen wurde, weiß man natürlich nicht. Aber immerhin bleibt es im Kreislauf erhalten, ähnlich wie beim Kauf von Secondhandmode. Die Ketten, die ich verwende, tragen das Fairtrade-Siegel. Das Gold aus Finnland nutze ich zum Beispiel für Ringe, Ohrringe und Anhänger. Es wird in einer Scheideanstalt in Hamburg zu Feingold verarbeitet und trägt das Siegel Fairmined Ecological. Es bedeutet, dass zu den Fairmined-Standards hier noch garantiert wird, dass keine Chemie verwendet wurde, kein Quecksilber und Zyanid. Gold und Gestein werden stattdessen durch die mechanische Arbeit mit der Goldpfanne getrennt, die auch Mama und Michael im Urwald anwenden. Mit ihren Goldnuggets arbeite ich natürlich weiterhin hauptsächlich. Bei ihnen kann ich mir sicher sein, dass das Flussgold unter sozial und ökologisch nachhaltigen Bedingungen gefördert wurde. Das ist für mich mehr wert als jedes Siegel. Ihre Nuggets sind das Herz meines Labels. Denn Golpira soll auch für die Geschichte meiner Mama und mir stehen. Wenn ich an sie denke, lächele ich. Wir haben ein gutes Verhältnis. Sie war mein Fels in der Brandung, als ich Golpira gründete, und es ist schön, mit jemandem zusammenarbeiten zu dürfen, der einen Rohstoff so gut kennt wie sie. Seit über 30 Jahren lebt Mama nicht nur für den Urwald, sondern auch für das Gold. Für mich ist sie eine große Inspiration. Eine Freundin. Eine Mutter. Wir haben alles. Ich bin ihr dankbar dafür, dass sie damals zurückkam, als ich als Teenager nicht mehr weiterwusste. Für mich hat sie ihr Leben umgekrempelt und es trotzdem in dieser Zeit geschafft, ihre eigenen Ziele nicht aus den Augen zu verlieren. Dafür bewundere ich sie.

Wir sprechen heute etwa einmal die Woche. Telefonieren ist dabei noch immer schwierig. Sie lebt jetzt in Portugal, wenn sie nicht auf Expedition ist. Man könnte meinen, da wäre sie erreichbarer als in Papua-Neuguinea, aber auch dort wohnt sie mit Michael an einem abgeschiedenen Ort. Sie muss erst aus dem Tal herausfahren, um Handyempfang zu bekommen, und nur dann erreichen sie auch WhatsApp-Nachrichten. Das mag ich, weil man schnell etwas schreiben kann und die Gewissheit hat, dass sie da ist, wenn ich sie brauche. Das haben wir konserviert: Wenn etwas ist, kann ich mich melden. Als im Sommer 2019 die Bilder des brennenden Regenwalds in Südamerika um die Welt gingen, war so ein Zeitpunkt. Ich weinte, als ich die Bilder sah – auf den Nachrichtenseiten meines Laptops, in den sozialen Medien. So kenne ich den Wald nicht. Den Ort, an dem ich mal gelebt habe. Damals war er so unberührt. Es gab keine Straßen und Zäune, keine Elektrizität. Alles war grün. Jetzt zeigten die Bilder gar nichts Grünes mehr. Die Gegend sah nicht mehr aus wie der Amazonas. Ich entwarf daraufhin eine Linie, deren Erlös zu 100 Prozent an die Umweltorganisation Regenwald e. V. geht, die dem Amazonas zugutekommt. Der Wald wird auch weiterhin brennen, aber ich hatte das Gefühl, irgendetwas tun zu wollen.

Längst nenne ich Düsseldorf mein Zuhause, da sind David und unser Hund Pepper, ein Magyar Vizsla. Hier wohnt auch Papa, den ich regelmäßig sehe. Wir stehen uns heute wieder so nahe wie vor meiner Sturm-und-Drang-Phase, die im Rückblick wahrscheinlich gar nicht so sehr von dem abweicht, was andere Eltern und deren Teenager erleben. Vor einem Jahr war ich dann mit David in Costa Rica. Zwei Wochen reisen, wie damals nach dem Abitur. Wir hatten eine Raftingtour mit Übernachtung gebucht, und als wir gegen Nachmittag mit dem Schlauchboot an der Stelle ankamen, an der die Lodge stand, hatte ich ein Déjà-vu. Die Kurve des Flusses, links und rechts riesige Bäume, der Hang, genauso sah es auch in unserem Camp in Peru aus. Niemals zuvor war ich wieder an einem Ort gewesen, der so vergleichbar war wie diese Stelle am Fluss in Costa Rica. Ich war sprachlos. Manche Menschen lieben den Strand. Oder die Berge. Bei mir ist es der Urwald. Wenn ich die Schmetterlinge sehe, die Vögel, wenn ich die Geräusche höre und die feuchte Luft rieche, geht mir das Herz auf.

EPILOG

Die Entscheidung für den Urwald war keine gegen Gisa. Abschied von ihr zu nehmen, bedeutete nie Tschüss und gut, und ich weiß, dass auch ihr das immer bewusst war. Sie wusste, dass sie geliebt wird. Wir beide litten in all den Jahren furchtbar unter der Trennung, und sicherlich gab es Momente in ihrer Kindheit, die so nicht hätten sein müssen. Aber gleichermaßen sehe ich heute, wie die Zeit auch sie hat reifen lassen. Emotional ist Gisa für mich mit Mitte 30 sehr gefestigt. Sie weiß genau, was sie will und was nicht, und handelt entsprechend. Das liegt bestimmt auch daran, dass sie bereits in jungen Jahren durch eine harte Schule gehen musste und mit einer ganzen Reihe von Situationen konfrontiert wurde, mit denen man sich für gewöhnlich erst im Laufe seines Lebens auseinandersetzt. Ich denke, dass Gisa auch deshalb heute sehr viel aushalten kann, für sie sind es dann kurze Momente, gewisse Phasen, an denen sie aber niemals zerbrechen würde. Das beeindruckt mich immer wieder.

Die Entscheidung für den Urwald hat mich somit auch als Mutter geprägt. Als Mensch sowieso, denn nur der Urwald hat mir in den vergangenen 30 Jahren gezeigt, was wir der Natur mit unserem Lebensstil antun. Es brennt in Peru, in ganz Südamerika. In Indonesien, Australien. Die meisten Brände sind menschengemacht.

Dabei handelt es sich zum einen um die Vertreter großer Firmen, die mithilfe von Brandrodungen Straßen bauen, um Rohstoffe schnell abtransportieren zu können. Einen materiellen Gegenwert dafür erhalten sie erst dann, wenn man die Rohstoffe hinausschafft, und in großem Stil gelingt das Unternehmen eben ausschließlich über den

Landweg. Zum anderen sind es die Siedler und Bauern, die unter dem zunehmenden Preisdruck für Palmöl und landwirtschaftliche Erzeugnisse immer größere Mengen liefern müssen und dafür mehr Land brauchen. Dafür wird der Primärwald geopfert, der so niemals wieder nachwachsen wird.

Auch die Goldsucher scheinen keine Grenzen zu kennen. Die nächste Goldgrube liegt vor der Küste Papua-Neuguineas, unter Wasser. Dort ist die Goldkonzentration mit 16 Unzen pro Tonne extrem hoch. Auf ähnliche Weise wird dort das Korallenmeer zerstört, wie es am Great Barrier Reef in Australien schon passiert ist. Offshore Mining ist so gesehen die nächste große Tragik der Goldarbeit.

Dass sich das Klima verändert, habe ich in den vergangenen Jahren in Papua-Neuguinea beobachtet. Die Regenzeit beginnt jetzt früher, und sie dauert verhältnismäßig länger. Den Klimawandel bekommt der Bauer in Papua viel eher und direkter zu spüren als wir Menschen in Europa. Die Zusammenhänge erschließen sich ihm viel schneller.

Die vergangenen 30 Jahre, das Leben im Wald, haben mich nicht nur zur Zeugin der Macht der Natur werden lassen, sie haben mir erst ein Bewusstsein geschenkt. Das beginnt bei Alltäglichkeiten, für die man gewiss nicht im Dschungel gelebt haben muss, um sie zu beherzigen. Aber so ist es mir damit besonders ernst: Ich wasche, wenn es geht, bei niedrigen Temperaturen. Lieber dreimal kälter und einmal heiß. Ich verwende zwar Reinigungsspray im Badezimmer, ansonsten aber ausschließlich Essig. Uns kommt auch nur Stückseife ins Haus, und wir fahren mit dem Auto eine Spitzengeschwindigkeit von 120 Kilometern pro Stunde. Modisch lebe ich im vergangenen Jahrhundert. Bei uns werden auch keine Lebensmittel weggeworfen. Wenn das Brot schimmelt, weil ich doch zu viel aufgetaut habe, bekommt es der Nachbar für seine Ziege.

In den Monaten, in denen ich nicht in Papua unterwegs bin, leben Michael und ich heute in Portugal. In einem kleinen abgeschiedenen, bewaldeten Tal. Es brennt nicht nur am anderen Ende der Welt, das Feuer zieht bis vor unsere eigene Haustür. Bereits zweimal wüteten die Flammen auch bei uns.

Einerseits genieße ich die Ruhe, andererseits wächst mit jeder Woche, die wir hier zwischen zwei Aufenthalten in Papua verbringen, die Sehnsucht nach der Wildnis.

Also bin ich froh, wenn ich mit den Vorbereitungen für den nächsten Urwaldaufenthalt beginnen kann, wenn ich wieder meine Listen schreibe. Für mich selbst brauche ich aktuell noch neue Trekkingschuhe und muss ein paar Präsente besorgen. Eine Lederhandtasche für eine gute Freundin aus Papua und Herrenschuhe in Größe 43 für ihren Mann. Ihnen sind die »Made in China«-Produkte, die es dort heute an jeder Ecke gibt, nicht recht. Denn vom Leben als Goldgräberin verabschiedet habe ich mich eben doch noch nicht. Meinen Füßen geht es besser, und das bedeutet: Solange der liebe Gott es zulässt, sind wir auch unterwegs. Wenn auch allmählich zunehmend altersgemäß. Statt tagelang zu Fuß zu laufen, sehen wir zu, einen Hubschrauber zu mieten.

Vor einigen Wochen kam die Mail eines Freundes aus dem Wald. Er ist Mitglied eines Clans, bei dem wir vor einer Weile auf Expedition waren, und hat jetzt tatsächlich Zugriff auf einen Computer. Er schickte mir Fotos, auf denen Michael und er zu sehen waren. Dazu die Frage, wie es uns gehe. Es zeigt mir: Die Zivilisation schreitet auch dort und in großen Schritten voran. In Port Moresby, dem Ort, der vor acht Jahren einer Kleinstadt glich, sind längst Einkaufszentren und Hochhäuser hochgezogen worden.

Der Zauber des Urwaldes existiert in Papua trotzdem weiterhin. Es bedeutet, dass ich beim Aufbruch nicht weiß, was uns erwartet, welche Kultur sich offenbart, in welche Situationen wir geraten, auf welche Menschen wir uns einlassen. Denn klar ist auch: Wir sind in der Minderheit und fügen uns dem Takt des Urwaldes.

Nichts anderes wünsche ich mir. Denn nur wenn ich dort bin, kann ich wirklich glücklich sein. So knochenhart und beschwerlich der Alltag im Wald ist, die Hitze und Kälte, die Insektenstiche, der Hunger und die Zivilisationsgelüste bedeuten mir nichts im Vergleich zu dem Lebensinhalt, den ich an diesem Ort gefunden habe. Dort stellt sich für mich nichts infrage, dort bin ich zu Hause.

Für mich habe ich das Paradies gefunden. Nach 30 Jahren ist das ein schönes Gefühl. Der schönste Tod, den ich mir vorstellen kann, ist jener, im Urwald zu sterben. Wenn auch nicht unbedingt von dem Biss einer Giftschlange oder infolge eines schweren Unwetters. Aber es ist einfach so: Dem Urwald habe ich mein Leben zu verdanken. Er hat mich zu dem Menschen gemacht, der ich heute bin.